D1670157

# Medien – Markt – Moral

# Medien
# Markt
# Moral

## Vom ganz wirklichen, fiktiven und virtuellen Leben

Herausgegeben von
Reinhold Jacobi

unter Mitarbeit von
David Hober und Matthias Kopp

Herder
Freiburg · Basel · Wien

Die deutsche Bibliothek – CIP-Einheitsaufnahme

Medien – Markt – Moral :
Vom ganz wirklichen, fiktiven und virtuellen Leben /
Hrsg.: Reinhold Jacobi. Mit Beitr. von Eugen Biser ... –
Freiburg im Breisgau ; Basel ; Wien ; Barcelona ;
Rom ; New York : Herder 2001

ISBN 3-451-27573-2

Alle Rechte vorbehalten – Printed in Germany
© Verlag Herder Freiburg im Breisgau 2001
Umschlaggestaltung: Finken & Bumiller, Stuttgart
Satz: SatzWeise, Föhren
Druck und Bindung: Verlagsdruckerei Schmidt, Neustadt a. d. Aisch 2001
Gedruckt auf umweltfreundlichem, chlorfrei gebleichtem Papier
ISBN 3-451-27573-2

# Inhalt

Vorwort . . . . . . . . . . . . . . . . . . . . . . . . . . . . 9

## I. Standort

*Bischof Franz-Josef Bode*
»Ich habe euch alles mitgeteilt ...« (Joh 15,15)
Vom Kommunikationsstil der Kirche . . . . . . . . . . . . . . . 15

*Wolfgang Wunden*
Medien, Markt und Moral
Ethische Maßstäbe in der Medienwelt . . . . . . . . . . . . . . 22

*Martin Thull*
Die 3. Seite der Medaille
Fernsehkritik zwischen Publikumsanspruch und Programmangebot . 26

*Reinhold Jacobi*
Attackierte Kirche
Zur angefochtenen kirchlichen Wirklichkeit in der glaubensdistan-
zierten Öffentlichkeit . . . . . . . . . . . . . . . . . . . . . 31

*Reiner Hochstein †*
Von der Vielfalt zur Einfalt?
Konvergenz im dualen System . . . . . . . . . . . . . . . . . . 41

## II.  Film

*Michael Verhoeven*
Filmemachen hierzulande – aus meiner Sicht . . . . . . . . . . . . .  53

*Ulrich Gregor*
Filmfestivals
Letzte Bastionen der Filmkultur?  . . . . . . . . . . . . . . . . . .  61

*Reinhold Zwick*
Filmästhetik und Spiritualität
Einige unzeitgemäße Gedanken  . . . . . . . . . . . . . . . . . . .  66

## III.  Gedrucktes

*Rolf Pitsch*
Perspektiven einer Pastoral für die Lesenden  . . . . . . . . . . . .  75

*Matthias Kopp*
Warum eigentlich noch lesen?
Ein Plädoyer jenseits des elektronischen Bildschirms . . . . . . . .  81

*Gernot Facius*
Zukunft der Zeitung?  . . . . . . . . . . . . . . . . . . . . . . . .  89

*Wilm Herlyn*
Braucht die katholische Kirche eine Nachrichtenagentur?  . . . . . .  99

*Erzbischof John P. Foley*
Über den nationalen Tellerrand hinaus
Aus der Medienarbeit in der Weltkirche . . . . . . . . . . . . . . . 102

## IV.  Neue Medien

*Klaus Müller*
Spiritualität digital
Theologische Provokationen durch die Cyber-Religion . . . . . . . .  117

*Matthias Wörther*
Jesus – Meister der Kommunikation . . . . . . . . . . . . . . . . .  123

*Karsten Henning*
Medien: Kommunikation und der Durst nach Leben . . . . . . . .  129

*Christian Wessely*
Religiöse Signaturen der Neuen Medien
Von Informationen, Seelen und Wahrheit . . . . . . . . . . . . . .  135

*Rainer Steib*
Medienpädagogik: ein Kürprogramm der Kirche? . . . . . . . . . .  146

*Norbert Kebekus*
Seelsorge im Internet . . . . . . . . . . . . . . . . . . . . . . . . .  151

*Klaus Driever*
Internet: Die Suche nach dem Authentischen im neuronalen Netz der
Information  . . . . . . . . . . . . . . . . . . . . . . . . . . . . . .  160

## V.  Rundfunk

*Arnim Töpel*
Denn sie wissen nicht, was sie senden sollen
Vom Gebrauchswert des Radios . . . . . . . . . . . . . . . . . . .  169

*David Hober*
Endstation Sehnsucht?
Ein Aufruf zur kulturellen Zeitgenossenschaft  . . . . . . . . . . .  174

*Markus Schächter*
Sound of Sunday
Gottesdienste beim Frühstücksei . . . . . . . . . . . . . . . . . . . 179

*Ulrich Harbecke*
Augenblick der Freiheit . . . . . . . . . . . . . . . . . . . . 184

*René Heinersdorff*
Jetzt wird es lustig oder Die Inflation der Komik im deutschen Fernsehen . . . . . . . . . . . . . . . . . . . . . . . . . . . . . 189

*Gernot Lehr*
Regulierung für elektronische Medien? . . . . . . . . . . . . . . . . 192

## Zueignung

*Eugen Biser*
Wer hilft hoffen?
Zueignung für Bischof Hermann Josef Spital . . . . . . . . . . . . 201

Autorenverzeichnis . . . . . . . . . . . . . . . . . . . . . . . . 209

# Vorwort

Für alle Welt ist die Jahrtausendwende Anlass, den gegenwärtigen Zustand von Gesellschaft, Wirtschaft, Recht, Kultur, Bildung und vielem anderen zu reflektieren: Wie ist es geworden, wo wird es hingehen?

Dies gilt selbstverständlich auch für die Kirche. Durch ihre Besinnung auf ihre Herkunft von Jesus Christus und gestützt auf die durch ihn inspirierte Zeitrechnung hat sie – katholischerseits – das »Heilige Jahr« gefeiert, eine Fülle von römischen und in allen Weltgegenden veranstalteten Fest- und Besinnungsereignissen. In ihnen geht und ging es letztlich um die Vergegenwärtigung eines Sendungsauftrags: Die Kirche, die zwei Jahrtausende durchwandert hat, schickt sich zum Gang ins dritte Jahrtausend an.

Bei dieser global ausgerichteten Besinnung zur Jahrtausendwende spielen die Kommunikationsstrukturen der Welt eine integrale Rolle. Die technische Entwicklung der elektronischen Medien mit ihrer enormen Zunahme an Bedeutung durch das Internet hält die Welt insgesamt in Atem, aber auch die Kirche als einen Teil, einen Faktor, eine Sinndimension des globalen Daseins.

Daher hat auch die kirchliche Befassung mit den Medien in den Jahren des Medienbooms zugenommen, auch wenn es immer wieder scheint, als klafften die Tempi von säkularem und kirchlichem Medienschaffen zunehmend auseinander.

Mit der Publizistischen Kommission der Deutschen Bischofskonferenz haben sich die katholischen Bischöfe bereits nach dem Zweiten Vatikanischen Konzil ein Instrument geschaffen, das vor diesem Hintergrund an Bedeutung erheblich zugenommen hat: Das duale System des Rundfunks (ab ca. 1984), die Digitalisierung der Informations- und Kommunikationsmedien, das »Web« sind Stichwörter, die auch den kirchlichen Umgang mit den Medien akzentuieren. Der Trierer Bischof Dr. Hermann Josef Spital, der diese Kommission der Bischöfe seit gut zehn Jahren leitet und damit gewissermaßen die Marschzahl für kirchliches überdiözesanes Medienengagement liefert, hat am 31. Dezember 2000 sein 75. Lebensjahr vollendet. Dies ist ein willkommener und würdiger Anlass, ihn durch eine Buchpublikation zu ehren. Das Design dazu ist bewusst nicht der »klassische« Zuschnitt eines Autorenkreises, der sich ausschließlich aus Protagonisten kirchlichen Medienengagements zusammensetzt. Die Zentralstelle Medien, die als Sekretariat der Publizistischen Kommission der Bischofskonferenz fungiert und deren Mitarbeiter diese Festgabe geplant haben, wollte die Verknüpfungen kirchlichen Medienschaffens mit den vielen Bereichen säkularer Medienphänomene publizistisch verdeutlichen und damit das kirchliche Angewiesensein auf ein geschwisterliches Miteinander mit den Medienschaffenden der diversen Gebiete manifestieren. Insofern ist auch nicht die persönliche Bekanntschaft oder Freundschaft mit Bischof Spital entscheidendes Kriterium der Auswahl. Die Weltoffenheit, die Vielfalt der Aufmerksamkeits- und Interessengebiete von Bischof Spital, die leidenschaftliche Zuneigung zu allen Methoden und Formen der Kommunikation von ihren spirituellen über ihre wirtschaftlich-politischen hierzulande bis zu den globalen in Welt und Weltkirche waren der Maßstab für die erfreulicherweise durchweg unmittelbar durch Zusage eingelöste Bitte an Fachleute aus Kirche und Kultur, Wissenschaft und Gesellschaft, einen Beitrag zu leisten. Diesen Autoren gilt der Dank der Zentralstelle Medien, insbesondere ihrer beiden für die Redaktion verantwortlichen Mitarbeiter und Kollegen David Hober und Matthias Kopp, und auch mein ganz persönlicher Dank.

Denn ich hatte die ehrenvolle Aufgabe, Bischof Spital über fast die gesamte Zeit seines Vorsitzes der Kommission als deren Sekretär zu begleiten. In dieses letzte Jahrzehnt des Jahrhunderts und des Jahrtausends fiel die prägende Arbeit von Bischof Spital im Hinblick auf diverse Medienentwicklungen, von denen beispielhaft die Konsolidierung und anschließend rasante Entwicklung des Unternehmens »Weltbild« genannt werden sollen. In diese Zeit fallen umfängliche Arbeitsdokumente der Kommission wie »Multimedia. Der Wandel der Informationsgesellschaft« (1995) und »Positionierung der katholischen Kirche in den elektronischen Medien« (2000). In diese Zeit fällt auch das in mehrjähriger Mühe erarbeitete Mediendokument der beiden Kirchen »Chancen und Risiken der Mediengesellschaft. Gemeinsame Erklärung der Deutschen Bischofskonferenz und des Rates der Evangelischen Kirche in Deutschland« (1997).

Verantwortlich mitarbeiten konnte Bischof Spital in dieser Zeit auch an den drei wichtigsten Dokumenten des Päpstlichen Rats für die sozialen Kommunikationsmittel, als dessen Mitglied er viele Jahre lang den Austausch von Erfahrungen aus der deutschen Kirche mit solchen aus der Weltkirche mitprägte: die »Pastoralinstruktion ›Aetatis novae‹ zur sozialen Kommunikation zwanzig Jahre nach Communio et progressio« (1992), »Ethik in der Werbung« (1997) und »Ethik in der sozialen Kommunikation« (2000).

Es ist zu hoffen und zu wünschen, dass das vorliegende Buch, das den Horizont zwischen Buch, Presse, Radio, Fernsehen, Kino-Film, Multimedia und den vielen Anwendungs- und Reflexionsperspektiven dazwischen abschreitet, einerseits beim Geehrten selbst, andererseits bei möglichst vielen Lesern Anklang und Interesse findet, womit der Fachmann wie der interessierte Laie gleichermaßen gemeint ist; denn diese beiden Richtungen der Medienaufmerksamkeit sind gleichermaßen nützlich für den medienorientierten Diskurs. Deswegen wurde die Gattung des Essays für die hier vorliegenden Beiträge gewählt, was nicht hindert und nicht hindern sollte, dass ab und an die methodische Strenge des wissenschaftlichen Zugriffs durchblitzt oder die Mitteilung persönlicher und subjektiver Autorenbetroffenheit aufleuchtet.

Die Kirche geht auch weiterhin durch die Zeit, die als »neue« Zeit immer wieder anbricht. Dass es ihr dabei an notwendiger Kenntnis und an kluger Nutzung aller sich anbietenden oder auch sich spröde sperrenden Medien nicht gebricht, das ist der Wunsch der kirchlichen Medienverantwortlichen, und insbesondere des berufenen Sprechers Bischof Spital. Auch wenn wir ihn diesmal – aus einleuchtenden Gründen – hierzu nicht eigens befragen konnten.

*Reinhold Jacobi*

# I. Standort

# »Ich habe euch alles mitgeteilt …« (Joh 15,15)

## Vom Kommunikationsstil der Kirche

Bischof Franz-Josef Bode

Als Bischof bei »Beckmann« – ich in einer Fernseh-Runde mit einem Talk-Master, einer Ministerin und einer Künstlerin, die die extreme Situation einer Flugzeugentführung durchgemacht hat. Kirche in einer vielgestaltigen, bunten Öffentlichkeit. Das zehnminütige Gespräch mit dem Bischof aus Osnabrück haben rund 1,8 Millionen Menschen wahrgenommen – mit unterschiedlichen Reaktionen: Die einen empfinden die Ebene einer solchen Talk-Runde als unangemessen für einen Bischof, als zu oberflächlich, ohne Verkündigungsgehalt.

Oder es wird in der Tradition Neil Postmans kritisch gefragt: Lässt sich hier nicht ein führendes Mitglied der Kirche, die erklärtermaßen für den Schutz und die Förderung menschlicher Beziehungsfähigkeit und wirklicher menschlicher Kommunikation stehen will, missbrauchen in einem Medium, das um des wirtschaftlichen Erfolges willen die Menschen aus ihren sozialen Bindungen herausreißt, sie vereinzelt, isoliert und letztlich kontakt- und sprachlos zurücklässt?

Andere wittern gar episkopale Selbstbeweihräucherung, mutmaßen hinter vorgehaltener Hand Eitelkeit. – Weit mehr Menschen allerdings zeigen durch ihre Reaktionen, für wie notwendig sie es halten, dass Kirche auch im Fernsehen und in anderen Medien vorkommt, im Gespräch, auch im unterhaltenden Gespräch, nicht nur in Nachrichtensendungen oder in spirituell-theologischen Beiträgen. – Allein während des Katholikentages in Hamburg bin ich hundertfach positiv auf den Fernsehauftritt angesprochen worden.

### Kirche muss »vor-kommen«

Kirche muss »vor-kommen«, von sich aus, gerade auch dort, wo sie durch konkrete Personen im Gespräch mit Menschen unterschiedlicher Lebenserfahrungen und Lebenseinstellungen ein Gesicht bekommt. Eine weithin anonyme Institution, von Schlagzeilen über die immer gleichen Themen vorgeführt und begleitet, wird keinen Menschen gewinnen. Die Begegnung mit konkreten Personen ist gefragt. Erfahrungsaustausch und Dialog – ganz besonders auch mit Verantwortlichen der Kirche – werden nicht nur von Einzelnen gesucht, sondern auch von der Öffentlichkeit.

Eine interessante Erfahrung im Hintergrund: Vor der Sendung kamen wir in der Runde der Gesprächsteilnehmerinnen und -teilnehmer schon nach fünf Minuten auf ein völlig unerwartetes Thema: Beichte, Seelsorgegespräch, seelsorgliche Begleitung, Standortbestimmung, Sich-Aussprechen-Können – nicht vom Bischof eingeworfen, sondern von den anderen.

Kirche, christlicher Glaube und Lebensdeutung müssen vorkommen. Ein Glaube, dessen wesentlicher Kern das Leben mit einem menschgewordenen Gott ist, mit einem Gott, den es bis zur Torheit des Kreuzes zu den Menschen drängt, der sich den Menschen aussetzt, um sie an sich zu ziehen (Joh 12,32), kann nicht im Privatissimum individueller Innerlichkeit bleiben, sondern gehört auf den Markt, auf den Areopag der bunten pluralen Weltanschauungen und Suchbewegungen heutiger Menschen in unseren Breiten.

»Das Wort Gottes muss ›laufen‹ …«, hat der Theologe Karl Rahner einmal gesagt. Doch das geschieht nicht wie von selbst. Darum fügt er hinzu: »… aber getragen durch die, die gesandt sind« (vgl. K. Lehmann / A. Raffelt, Rechenschaft des Glaubens. Karl-Rahner-Lesebuch, Freiburg 1979, S. 292). Eine Ermutigung, die sich besonders an Priester und Bischöfe richtet.

### Erneuerung von innen her

Auch das Thema des Heiligen Jahres 2000 »Christus gestern, heute und in Ewigkeit« – ein Thema von ungebrochener Aktualität – erfordert nach wie vor eine tiefe, kritisch-aufbauende Kommunikation mit dieser Zeit, mit dieser Öffentlichkeit, mit den Sorgen, Sehnsüchten und Hoffnungen dieser Menschen. Leitwort dafür bleibt die Präambel der Pastoralkonstitution »Gaudium et spes« (GS): »Freude und Hoffnung, Trauer und Angst der Menschen von heute, besonders der Armen und Bedrängten aller Art, sind auch Freude und Hoffnung, Trauer und Angst der Jünger Christi. Und es gibt nichts wahrhaft Menschliches, das nicht in ihren Herzen seinen Widerhall fände. Ist doch ihre eigene Gemeinschaft aus Menschen gebildet, die, in Christus geeint, vom Heiligen Geist auf ihrer Pilgerschaft zum Reich des Vaters geleitet werden, und eine Heilsbotschaft empfangen haben, die allen auszurichten ist. Darum erfährt diese Gemeinschaft sich mit der Menschheit und ihrer Geschichte wirklich engstens verbunden.« (GS Nr. 1)

Weitergeführt wird dieser Ansatz in dem auch nach 25 Jahren noch immer hochaktuellen Schreiben Pauls VI. »Evangelii nuntiandi« (EN). Der Papst stellt dort die beschwörende Frage:»Ist die Kirche – ja oder nein – nach dem Konzil und dank des Konzils, das für sie in dieser geschichtlichen Wende eine Stunde Gottes gewesen ist, fähiger geworden, das Evangelium zu verkünden und es überzeugend, im Geiste der Freiheit und wirksam in das Herz des Menschen einzusenken?« (EN Nr. 4)

Etwas später stellt er dann fest:»Der Bruch zwischen Evangelium und Kultur ist ohne Zweifel das Drama unserer Zeitepoche, wie es auch das anderer Epochen gewesen ist. Man muss somit alle Anstrengungen machen, um die Kultur, genauer die Kulturen, auf mutige Weise zu evangelisieren. Sie müssen durch die Begegnung mit der Frohbotschaft von innen her erneuert werden. Diese Begegnung findet aber nicht statt, wenn die Frohbotschaft nicht verkündet wird.« (EN Nr. 20)

»Diese Begegnung findet aber nicht statt, wenn die Frohbotschaft nicht verkündet wird.« – Der Papst entwickelt dann einen vielschichtigen, intensiven Verkündigungsbegriff vom Zusammenspiel des gelebten Zeugnisses, d. h. des personalen Angebots, mit der ausdrücklichen Verkündigung im Wort, in der Zielrichtung auf die Zustimmung des Herzens, d. h. auf die personale Existenz des Menschen, ausgerichtet, dabei nicht ohne ganzheitlich erfahrbare konkrete Gemeinschaft und nicht ohne konkrete Zeichen und Symbole, vorrangig in den Sakramenten, und dann mit dem Anspruch für den Menschen, immer neu aufzubrechen, damit Kirche nicht nur sich selber lebt, nicht nur um sich selber kreist.

Freilich steht Kirche immer unter der Herausforderung der Selbstevangelisierung (EN Nr. 15), indem sie sich selber immer neu vom Evangelium in Frage stellen, provozieren und begeistern lässt und auch im kritisch-konstruktiven Dialog mit den Menschen lernende und nicht nur lehrende Kirche ist (»Und alle werden Schüler Gottes sein.« Joh 6,45).

## Kommunikation ist (k)ein Geheimnis

Die tiefste Begründung für eine in diesem Sinn kommunikative Kirche – kommunikativ in sich selbst und im öffentlichen Dialog mit der Welt und den Menschen – gibt das Konzil in der dogmatischen Konstitution über die Kirche »Lumen gentium« (LG) selbst im Rückgriff auf uralte ekklesiologische Aussagen. »So erscheint die ganze Kirche als das von der Einheit des Vaters und des Sohnes und des Heiligen Geistes her geeinte Volk.« (LG Nr. 4) Die Pastoralinstruktion »Communio et progressio« (CeP) greift diesen Gedanken auf: »Nach christlicher Glaubensauffassung ist die Verbundenheit und die Gemeinschaft der Menschen – das oberste Ziel jeder Kommunikation – ursprünglich verwurzelt und gleichsam vorgebildet im höchsten Geheimnis der ewigen Gemeinschaft in Gott zwischen dem Vater, dem Sohn und dem Heiligen Geist, die ein einziges göttliches Leben haben.« (CeP Nr. 8) In den Koordinaten eines trinitarischen Gottesglaubens muss sich die Kommunikation von Kirche bewegen. Wo sie nicht aus dieser Quelle gespeist ist oder auch dorthin zurückverweist, besteht sie nicht den »Wahrheitstest«, d.h. die Probe der Echtheit der Evangelisierung (EN Nr. 24).

Im trinitarischen Leben Gottes entäußert sich der immer größere Gott, der Schöpfer und die Ur-Autorität, die Macht und Liebe in eins ist, ins »immer Kleinere« durch die Hingabe seines Sohnes bis in alle Bedingungen des Menschlichen, bis in den Tod, um so als Gott-über-uns ein Gott-mit-uns zu sein. Die Kraft dieser Bewegung ist der Heilige Geist selbst, der in diesem Geschehen das Band der Einheit und der Garant der Verschiedenheit zugleich ist und der damit der Gott-in-uns und -zwischen-uns, ja -unter-uns wird, ja in gewissem Sinn der Gott-durch-uns, da Gott den Menschen durch die Menschwerdung radikal in seine Kommunikation mit einbezieht und ihn zu einem lebendigen Träger dieser Kommunikation macht.

Die Aussage Jesu »Ich nenne euch nicht mehr Knechte; denn der Knecht weiß nicht, was sein Herr tut. Vielmehr habe ich euch Freunde genannt; denn ich habe euch alles mitgeteilt, was ich von meinem Vater gehört habe.« (Joh 15,15) ist der wohl dichteste Ausdruck der Kommunikation Jesu mit dem Vater (in der Kraft des Geistes) und zugleich der Kommunikation Gottes mit dem Menschen im »Kommunikator Christus«. Eine »knechtische« Beziehung zu Gott wäre eine Beziehung zu einer undurchsichtigen, nebulosen, fremdartigen, rätselhaften Gott-heit, von der ich mir irgendein Bild aus verschiedenen Elementen zusammensetze. Die »freundschaftliche« Beziehung zu Gott ist eine transparente, hör- und antwortbereite dialogische Beziehung. In ihr enthält Gott dem Menschen nichts vor (vgl. Hebr 1, 1–2: »Viele Male und auf vielerlei Weise hat Gott einst zu den Vätern gesprochen durch die Propheten; in dieser Endzeit aber hat er zu uns gesprochen durch den Sohn, den er zum Erben des Alls eingesetzt und durch den er auch die Welt erschaffen hat«, oder auch Psalm 8, 5–7: »... hast ihm alles zu Füßen gelegt.«) In ihr enthält aber auch der Mensch Gott nichts vor (alles verkaufen, alles preisgeben für diesen Schatz, für diese Perle; vgl. Mt 13, 44 ff.) und entspricht gerade darin dem bleibenden Geheimnis des immer größeren Gottes.

### Konsequenzen für den kirchlichen Alltag

Diese Verwurzelung kirchlicher Kommunikation nach innen und außen, diese Rückbindung an ihr eigenes Selbstverständnis als Abbild des trinitarischen Gottes selbst erfordert ein immer neues Nachdenken und Handeln im spannenden Miteinander von Kirche und Öffentlichkeit, eine immer tiefere Entwicklung eines entsprechenden Kommunikationsstils. Dazu gehören heute vor allem größtmögliche Glaubwürdigkeit und Transparenz – gerade junge Leute habe ein besonderes Gespür dafür! Dazu gehört kompetent vermittelte, umfassende, begründete Information, aber auch die klare Mit-teilung von Erfahrung und Betroffenheit, von persönlichem Engagement und Zeugnis, von Bewertung und Deutung. Sowohl »Communio et progressio« als auch das Schreiben des Päpstlichen Rates für die sozialen Kommunikationsmittel »Aetatis novae« enthalten eine Unmenge konkreter Hinweise und Vorschläge für die Kommunikation, auch für deren Planung in den Bischofskonferenzen und Diözesen bis hin zur Ebene der Gemeinde. Die Spannungen und Berührungsängste innerhalb der Kirche, hervorgerufen durch mangelnde Transparenz und Konfliktfähigkeit, und ebenso die Spannungen und Berührungsängste kirchlicher Verantwortungsträger mit Medien und Öffentlichkeit in ihrer Vielgestaltigkeit und Buntheit – zuweilen durchaus hervorgerufen durch die eine oder andere negative Erfahrung – müssen mehr und mehr gewandelt werden in einen ganzheitlich kommunikativen Stil in und mit der Öffentlichkeit.

Hier – und auch in Hinblick auf die eingangs vorgebrachte Skepsis gegen den Auftritt in der Talk-Runde »Beckmann« – sei auf die Botschaft von Papst Johannes Paul II. zum 32. Welttag der sozialen Kommunikations-mittel 1998 hingewiesen: »Man darf niemals vergessen, dass mediale Kom-munikation nicht ein utilitaristisches Tun ist, einfach darauf gerichtet, zu motivieren, zu überreden oder zu verkaufen. Noch weniger ist sie ein Ver-mittler für Ideologie. Die Medien können gelegentlich die Menschen auf Konsumeinheiten oder konkurrierende Interessengruppen reduzieren oder Zuschauer, Leser und Hörer als bloße Zahlen manipulieren, von denen man sich einen Vorteil verspricht – ob Verkauf von Produkten oder politische Unterstützung; all das zerstört die Gemeinschaft. Es ist die Aufgabe von Kommunikation, Menschen zusammenzubringen sowie ihr Leben zu berei-chern, und nicht, sie zu isolieren und auszubeuten. Die Mittel der Kom-munikation können – richtig genutzt – dazu beitragen, eine menschliche Gemeinschaft zu schaffen und aufrecht zu erhalten, die auf Gerechtigkeit und Liebe beruht; und insoweit sie das tun, werden sie Zeichen der Hoff-nung sein.«

Doch das verlangt nach der Bereitschaft, sich auf die Realität einzulas-sen. Medien und Öffentlichkeit sind nicht zu umgehen, wir müssen lernen, mit ihnen umzugehen. Dazu gehören Hintergrundgespräche, vertrauens-bildende Maßnahmen und Begegnungen, Dialogfähigkeit, Professionalisie-rung, ethische und pädagogische Bemühungen genauso wie die Suche nach zeitgemäßen Formen der Kommunikation in einer komplizierter werden-den Mediengesellschaft.

Ein derart gepflegter Umgang widersteht dann auch kirchlicherseits der Versuchung, eine Sonderbehandlung für eigene institutionelle Interessen jenseits vernünftiger Medienmaßstäbe wie Objektivität und Unparteilich-keit zu erwarten oder einzuklagen; er widersteht der Versuchung, religiöse Botschaften auf eine emotionale, manipulative Art anzubieten, als handele es sich um Konkurrenzerzeugnisse im Überangebot eines Marktes; er wi-dersteht der Versuchung zu unnötiger Heimlichtuerei ebenso wie der Ver-suchung, die Medien als Instrumente für Kontrolle und Vorherrschaft zu benutzen (vgl. Päpstlicher Rat für die sozialen Kommunikationsmittel, Ethik in der sozialen Kommunikation Nr. 18).

## Nötig ist ein vielfacher Aufbruch

Um die Chancen und Risiken der Mediengesellschaft richtig einzuschätzen, ist ein vielfacher Aufbruch nötig: ein Aufbruch zum Wesentlichen unserer

Botschaft im trinitarischen Gottesglauben, zum stärker Existentiellen gegenüber dem Institutionellen, zum tieferen, wenn auch vielgestaltigen Miteinander, zum ganzheitlich-weltoffenen Katholischen, zu neuem gegenseitigen Vertrauen und Zutrauen, zu einer »kommunikativen Diakonie« und zu einer Sprache, die nicht nur über etwas informiert, sondern in der Gott selbst zur Sprache kommt – thematisch oder unthematisch –, aber getragen von einer Erfahrung, die sich aus der Freundschaftsbeziehung zu Gott nährt, in der alle Mit-teilung und Mit-teilbarkeit gründen.

In dieser Weise muss Kirche mit ihrem Glauben vorkommen in der Öffentlichkeit, ganz in der Fülle katechetischer, liturgischer, diakonischer Kommunikation, von der Predigt in der Kirche bis zum Talk bei »Beckmann«, von den sakramentalen Kommunikationsformen bis zu den verborgenen Schätzen religiöser Motive in Kunst und Kultur. Aber auch in Kirche muss ein Stil von Kommunikation vorkommen und sich ausbreiten, für den Transparenz und Glaubwürdigkeit höchste Werte bedeuten.

# Medien, Markt und Moral

## Ethische Maßstäbe in der Medienwelt

Wolfgang Wunden

Medien und Markt: Fernsehbilder sind nicht nur suggestiv, sie kosten und bringen auch gutes Geld. Massenmedien haben ökonomische Dimensionen; Medienunternehmen produzieren auf Märkten und für Märkte, höchstes Gut ist die zugewendete Aufmerksamkeit möglichst vieler Zuschauer. Dies Szenario schlägt voll auf die Moral der Medien durch. Medien und Kommunikation in einer von Marktkräften dominierten Welt – ein Thema ersten Ranges für die Kirche. Wird es der Theologie gelingen, zentrale Einsichten ihrer Tradition (zentriert um Begriffe wie Person – Geist – Kommunikation – Gemeinschaft – Identität – Symbol – Wahrheit) unter den Bedingungen der marktförmigen »Informationsgesellschaft« noch einmal öffentlich einzubringen? Früher hat die Kirche besonders die Kommunikatoren, d.h. die »Macher« (von Filmen beispielsweise) oder Journalisten moralisch angesprochen. So noch Paul VI.: Journalisten sollen wahr und fair berichten, Filmemacher die edleren, weniger die destruktiven Seiten des Menschen ansprechen. Dies war eine individualethische Sicht; kaum gerieten dabei Organisationen, Institutionen und Strukturen (politische, mediale, ökonomische, gesellschaftliche) in den Blick. Dass eine Sammlung moralischer Regeln für Journalisten zu kurz greift, wenn man dabei die strukturellen Bedingungen der Medienproduktion und Medienrezeption außer acht lässt, ist auch ohne konkrete Belege unmittelbar einsichtig. Arbeit an den Strukturen der Medienproduktion, Einbettung einer journalistischen Individualethik in eine ethische Theorie des Sozialen ist unumgänglich.

Sozialethik ist nun ein Gebiet, auf dem die Kirche mit Blick auf die Industriegesellschaft des 19. und 20. Jahrhunderts Wesentliches und Wegweisendes zu sagen hatte: Wert und Würde der Arbeit und gerechter Lohn waren damals die großen Themen. Für die kommende Mediengesellschaft des 21. Jahrhunderts ist eine Sozialethik der Medien, eine Ethik der Medienstrukturen gefragt. Sozialethik untersucht Bedingungen und Folgen des Handelns in Großsystemen. Christliche Sozialethik bewertet dies Handeln nach Kriterien wie Gemeinwohl, Gerechtigkeit und Menschenwürde. Könnte, ja sollte dies nicht auch ein sinnvolles und effektives Programm für eine Ethik der Medien zwischen Markt und Moral sein?

An konkreten Fällen kann man studieren, wie kompliziert es ist, Bedingungen und Folgen (medien)politischen Handelns im sozialen Feld nachzuweisen. Versuchen wir es dennoch am Beispiel der Systemwende zum dualen Rundfunk in den vergangenen siebziger und achtziger Jahren. Die durch diese Entscheidung ausgelöste Kommerzialisierung des Rundfunks hatte zwiespältige Folgen. Schon unter ökonomischen Gesichtspunkten ist die Bilanz gemischt. Die deutsche Rundfunkwirtschaft wuchs und wächst zwar kräftig, im kommerziellen Rundfunk entstanden bis 1998 immerhin, aber auch nicht mehr als 17.500 Arbeitsplätze (davon 10.000 feste Arbeitsverhältnisse). Zwar haben sich die Erträge des Rundfunks insgesamt seit dem Start des privat-kommerziellen Rundfunks 1984 vervierfacht; dennoch liegt das Betriebsergebnis im Schnitt aller kommerziellen Rundfunk-Unternehmen immer noch im Minus. Fast alle Privatsender sind von einer Rückzahlung der Anlaufverluste weit entfernt. Alles in allem eine ernüchternde ökonomische Bilanz.

Doch Rundfunk ist nicht nur Ökonomie; Rundfunk ist in erster Linie Inhalt, ist Programm. Zunächst und grundsätzlich ist bilanzierend festzuhalten: der Markt ist weiter in den kulturellen Bereich vorgedrungen als früher. Der teils offensichtliche, teils verborgene Einfluss von Werbung und PR auf das Programm ist nur ein Indiz dafür: Die Kampfzone hat sich ausgeweitet, in der das mediale Wirtschaftskapital mit seiner expansiven Logik das kulturelle Kapital der Gesellschaft aufzuzehren droht. Die Kommerzialisierung des Programms, zunächst als größere Vielfalt gesehen, führt zu Einbußen in wichtigen langfristigen Wirkungsbereichen (Integration / kulturelle Leistungen / Information), begünstigt die Spaltung der Gesellschaft in »haves« und »have nots«. Die Folgen für das politische System sind noch nicht abzusehen, betrachtet man vor allem die vielen Menschen, die lieber fernsehen als dass sie zu einer Zeitung oder einem Buch greifen. Mündigkeit im Sinne informierten Urteils über politische Maßnahmen und Entwicklungen wird nicht gefördert. Die gesellschaftlichen Folgen der Kommerzialisierung des Rundfunks passen insgesamt zu den Trends, die für die Erlebnisgesellschaft geltend gemacht wurden: Spaß und Genuss, Emotionalisierung und Personalisierung von Information. Sie verstärken die Belastung der ohnehin Belasteten: zum Beispiel der Eltern und Erzieher. Ob die »Kinder der Freiheit« (Ulrich Beck) die freizügige Medien-Moral, die sie in erheblichem Umfang konsumieren, verkraften, steht noch völlig dahin.

Die christlichen Kirchen – bemüht, es sich mit den technologiepolitisch orientierten, der Wirtschaft und den Verlegern verbundenen konservativen Kräften der medienpolitischen Wende um 1980 nicht zu verderben – haben in dieser Zeit gleichwohl versucht, »Menschendienlichkeit« als Kriterium für die Einführung der »neuen Medien« geltend zu machen. Die Kirchen haben dabei Lehrgeld gezahlt: In das Innere der Entscheidung wurden sie nicht zugelassen. Der Rat der Kirchen, soweit er das Kriterium der Menschendienlichkeit entfaltete, verhallte ungehört.

Markt und Moral: Auf die Problematik hat Johannes Paul II. vor zehn Jahren (Enzyklika »Centesimus annus«, Nr. 36 ff.) hingewiesen. Das Problem heutigen Wirtschaftens, führt er aus, bestehe heute nicht mehr nur darin, eine bestimmte Menge ausreichender Güter anzubieten, sondern auch in der »Nachfrage nach der Qualität: Qualität der zu erzeugenden und zu konsumierenden Güter, Qualität der beanspruchten Dienste, Qualität der Umwelt und des Lebens überhaupt«. Die Nachfrage nach einem qualitativ befriedigenderen und reicheren Leben, fährt der Papst fort, sei an sich berechtigt. »Man muss dabei aber die neue Verantwortung und die neuen Gefahren unterstreichen, die mit dieser geschichtlichen Phase zusammenhängen. In der Art und Weise, wie die neuen Bedürfnisse entstehen und definiert werden, drückt sich immer auch eine mehr oder weniger zutreffende Auffassung vom Menschen und seinem wahren Wohl aus. Die Entscheidung für bestimmte Formen von Produktion und Konsum bringt immer auch eine bestimmte Kultur als Gesamtauffassung des Lebens zum Ausdruck. Hier entsteht das Phänomen des Konsumismus. Bei der Entdeckung neuer Bedürfnisse und neuer Möglichkeiten, sie zu befriedigen, muss man sich von einem Menschenbild leiten lassen, das alle Dimensionen seines Seins berücksichtigt und die materiellen und triebhaften den inneren und geistigen unterordnet«, fordert der Papst. Versäume man das, könnten Konsumgewohnheiten und Lebensweisen entstehen, die nicht selten der körperlichen und seelischen Gesundheit schaden.

Die vom Papst dann auf Drogen und Pornographie angewendeten Gesichtspunkte sind zweifellos auch für Kommunikations- und Medienfragen relevant. Sicher wäre es nicht vernünftig, ideologisch (das heißt: ohne Berücksichtigung der Funktionslogik moderner westlicher Gesellschaften) den Markt zu verteufeln. Wichtig aber wäre es – da sich der Markt wirkungsvoll seinen Weg sucht – im Kontext des Marktes die humanen Belange zu »optimieren«. Denn »das Wirtschaftssystem besitzt in sich selber keine Kriterien, die gestatten, die neuen und höheren Formen der Befriedigung der menschlichen Bedürfnisse einwandfrei von den neuen, künstlich erzeugten Bedürfnissen zu unterscheiden, die die Heranbildung einer reifen Persönlichkeit verhindern« (Centesimus annus). Solche humanen Belange liegen vor allem in der Förderung der Qualität aller Programme, der öffentlich-rechtlichen wie der kommerziellen. Dies kann unter Image-Aspekten geschehen etwa durch Preisauslobungen, durch Vergabe von Qualitäts-Siegeln, etwa durch einen unabhängigen Medienrat, oder durch Qualitätszirkel. Auch die Sensibilisierung des professionellen Nachwuchses für Qualitätsfragen gehört dazu. Programme, die die unveräußerliche Menschenwürde verletzen oder Mitmenschen ausgrenzen, müssen boykottiert werden; die Intimsphäre und sonstige Rechte der Persönlichkeit müssen gewahrt und geschützt werden. Die Meßlatte von Unterhaltungssendungen darf nicht so niedrig hängen, dass man – so drückte es Thomas Gottschalk kürzlich aus – auch auf dem Bauch rutschend nicht mehr unter ihr durchgleiten kann.

Qualität zu fördern, Qualität zu sichern, und dann auch: den Zugang zu Qualitätsmedien für alle zu sichern – das wäre ein ambitioniertes medienpolitisches Programm für die Kirchen im Zeitalter der Medien zwischen Markt und Moral.

## Die 3. Seite der Medaille

Fernsehkritik zwischen Publikumsanspruch und Programmangebot

Martin Thull

»Eine gelungene Sendung ist eine, die mich nicht dümmer entlässt als ich vorher war, die mich nicht nieder macht, sondern aufrichtet, die mir zutraut, ein selbstbestimmter und verantwortlicher Mensch zu sein.« (Ulrich Harbecke)

Was für ein Unterfangen!? In einem Angebot von rund 30 Fernsehkanälen allein im Kabel die wenigen Sendungen herausfinden, die das Zusehen lohnen oder anschließend rechtfertigen, die also einer Kritik »würdig« sind. Was sind die Kriterien? Wie ist ein Urteil zu begründen?

Medienkritik kann in erster Linie Programm nur begleiten. Und sie kann vielleicht etwas ausrichten, wenn sie »Mut zur Lücke« beweist. Nicht menschenmöglich ist, alles im Auge zu behalten. Deshalb muss sie Kriterien entwickeln, nach denen sie ein Programmangebot einstuft. Objektive Kriterien finden, wenn es die denn überhaupt gibt. Aber zumindest nachvollziehbare Maßstäbe. Und sie muss Zusammenhänge kennen, die Produktionsbedingungen, das Programmumfeld. Eine Fernsehsendung steht ja nie so in Raum und Zeit wie etwa ein Theaterstück oder ein Kinofilm. Sie ist eher isoliert. Eine Fernsehsendung ist eingebettet in ein Umfeld, das ihren Konsum fördert oder behindert. Es gibt geeignete Sendeplätze für Dokumentationen, die unterschieden sind von denen für Fernsehspiele oder Features. Diese äußeren Umstände gilt es – im Idealfall – mit zu berücksichtigen, ehe der Kritiker eine Empfehlung ausspricht oder sein Urteil fällt.

Kritik heißt dann nicht nur »unterscheiden«, sondern auch »abscheiden«. Nämlich das abscheiden, was die Wiederholung des immer Gleichen, was altbekannt ist, Kritik muss also eine Auswahl aus dem umfangreichen Angebot treffen. Und sie muss sich für eine der beiden Funktionen entscheiden: Will sie vorab informieren, um dem Publikum die Auswahl zu erleichtern. Oder will sie sich anschließend mit ihrem Urteil der Diskussion stellen.

## Vorab der Tipp für ein TV-Menü

Beginnen wir mit der ersten Funktion: Nehmen wir den 29. Februar 2000. Der zusätzliche Tag. Etwa 15 Talk-Shows, mindestens 16 Dokumentationen und Reportagen, 24 Spielfilme sind im Programmangebot bei flüchtiger Durchsicht zu finden. Um nur drei Genres zu nennen. Wer wollte, könnte 24 Stunden das Fernsehgerät einschalten – und würde doch nur ein Bruchteil dessen sehen, was die Sender im Angebot haben. Orientierung tut also Not, kleine Markierungen können helfen, dem Zuschauer die Auswahl zu erleichtern. Hinweise auf neue Formate, auf leicht übersehene Themenstellungen, auf mehrere Sendungen zur gleichen Thematik auf verschiedenen Kanälen. Neugierig machen auf Angebote, die in der Flut des Beliebigen sonst untergehen.

Im Alltag bedarf es der aufwendigen Analyse der Programmfahnen bereits Wochen vor dem Ausstrahlungsbeginn, will man rechtzeitig vor der Ausstrahlung einer Sendung einen Hinweis geben, ob sie sehenswert ist oder der Leser der Kritik besser anderes treibt. Nach der Sichtung des Programms kommt das Bemühen um eine Kassette, um vorab das zu sehen, was später über den Sender geht. Dies gelingt immer seltener, weil die Sender zum einen immer aktueller planen, zum anderen, weil Sendungen oft erst kurz vor Ausstrahlungstermin fertiggestellt werden. Eine Voraus-Kritik kann sich deshalb oft nur auf die – in jedem Fall lobpreisenden – Angaben des Senders verlassen, ergänzt um die Erfahrung der jeweiligen Kritikerin oder des Kritikers mit einem bestimmten Autor, Regisseur, Kameramann oder einer Redaktion. Voraus-Kritiken können nur in seltenen Fällen noch auf eine eigene Anschauung zurückgreifen. Das merkt man ihnen meist auch an, sind sie doch im Vergleich der Programmzeitschriften und Tageszeitungen oft textgleich (weil aus den Programmfahnen der Sender abgeschrieben), nichtsagend (aus eben diesem Grund) und eben lobpreisend (wie gesagt).

Der »Fernsehdienst« beispielsweise stufte an diesem 29. Februar als »sehens- und/oder diskussionswert« ein: Die Kindersendung »Floris Zapp Zerapp«, ein Magazin, in dem der kleine Flori bunte und lustige Kindergeschichten aus seiner Wunderkiste zaubert. Oder die Unterhaltungssendung »Der geschenkte Tag«, bei dem es in einer Unicef-Gala darum geht, möglichst viel Geld für Kinder in Not zu sammeln. Und die Dokumentation über Rumäniens vergessene Kinder mit dem Titel »Gestohlenes Leben«. Und ein Wiedersehen mit »Loriot« und seiner Karikatur des bürgerlichen

Alltags. Wer dieses »TV-Menü« – und mindestens 25 andere wären denkbar – zu sich nahm, hatte bereits gut zweieinhalb Stunden Programm konsumiert, die Kindersendung nicht gerechnet. Hinzu kam dann vielleicht noch die »Tagesschau« und das »heute-journal«. Dann sind die gut drei Stunden zusammen, die im Durchschnitt der erwachsenen Bundesbürger vor dem Bildschirm hockt.

### Verbindung herstellen und Diskrepanz verdeutlichen

Aber dieses Programmangebot ist nur die eine Seite der Medaille. Die andere ist das Publikum, ähnlich vielfältig zusammengesetzt wie das Angebot. Und die Zuschauerinnen und Zuschauer bestehen nicht nur aus den paar Millionen 14 bis 49jährigen, die die Werbeindustrie als »relevant« einstuft. Sondern da sind die Kinder und die Älteren, da sind die je unterschiedliche Interessen verfolgenden Frauen oder Handwerker oder Akademiker. Alle wollen bedient werden – vom Programm wie von der begleiten Medienkritik. Konsumenten, die vorher oder nachher das Urteil eines anderen, eines Kundigeren lesen möchten. Die sich daran reiben wollen, sich bestätigt fühlen möchten. Ein Urteil suchen, das nachvollziehbar ist, plausibel und weiterführend, das Hintergründe aufzeigt und vielleicht sogar Zusammenhänge beleuchtet.

### Subjektive Einordnung

Zurück zur zweiten Art der Fernsehkritik. Aufwendiger in der Erstellung und ergiebiger in der Wirkung auf Publikum wie Macher sind die Kritiken, die im Nachhinein erscheinen. Mit Sorgfalt an eine Kritikerin oder einen Kritiker vergeben, die sich mit den beteiligten Menschen oder dem Thema auskennen, erschließen sie dem Publikum ein Fernsehspiel, eine Dokumentation oder eine Unterhaltungsserie aus subjektiver Sicht. So jedenfalls im Idealfall. Denn der jeweilige Kritiker, die jeweilige Kritikerin betten ihr Urteil über eine Sendung ein in einen größeren Zusammenhang, zeigen Vorgeschichte und/oder künftige Weiterungen des Themas oder im Schaffen der Verantwortlichen auf und helfen so der Leserschaft, sich ein eigenes Urteil über das Gesehene zu bilden. Im Idealfall eben.

Den Idealfall finden wir am ehesten in den Medienfachdiensten »epdmedien« und »Funkkorrespondenz«, die von den beiden christlichen Kirchen getragen werden. Dort wird seit rund 50 Jahren eine Tradition gepflegt, der es gelingt, auch bei Personalwechsel den Qualitätsstandard der programmbegleitenden kritischen Beiträge zu erhalten. In Redaktionen wie Mitarbeiterschaft hat sich im Laufe der Jahrzehnte ein Fachwissen angesammelt, das Urteile sicher und unabhängig macht. Die Ursache dafür liegt vor allem darin, dass keine kommerziellen Interessen verfolgt werden, die die Kritik beeinflussen könnten. Vor allem aber, weil die Kritikerin oder der Kritiker Platz haben, einen Gedanken zu entwickeln, einen Inhalt zu erzählen und ein Urteil zu begründen.

## Qualitätsvirus orten und pflegen

Dies besonders unterscheidet die fundierte Kritik in einem der Fachdienste von dem Schnellschuss der Tageszeitung, bei dem der Kritiker oder die Kritikerin auf 25 Zeilen das Fernsehereignis des Vorabends würdigen muss. Insofern sind beider Erträge auch kaum vergleichbar. Fastfood gegen Feinschmecker – der Vergleich wäre unfair. Kritik, wie sie neben den genannten Fachdiensten vielleicht noch große Tageszeitungen wie die »Frankfurter Allgemeine Zeitung«, »Frankfurter Rundschau«, »tageszeitung« oder »Berliner Zeitung« pflegen, hat aber neben dem Publikum einen zweiten Adressaten: die Macherinnen und Macher in den Redaktionen, an der Regie oder am Schneidetisch, in der Produktion oder beim Drehbuchschreiben. Erst im Blick auf diesen Adressatenkreis rechtfertigt sich der getriebene Aufwand an Zeit und damit Geld. Denn hier können gefährdete Sendetermine gestützt, Irrwege aufgezeigt, Stärken hervorgehoben und Schwächen aufgedeckt werden. Die fundierte Kritik wird so zu einer Argumentationshilfe im jeweiligen Sender – eine erfolgreiche Reihe fortzusetzen oder einen Irrweg aufzugeben.

Kritik so verstanden wird zum Ferment, das den Qualitätsvirus ortet und pflegt, für seine Verbreitung sorgt und Widerstand aufbaut gegen eine angeblich heilbringende Impfung namens »Quote«. Die Kritiker wissen, dass zwischen Qualität und Quote kein Widerspruch zu bestehen braucht. Gelingt es den Machern – unter den kritischen Augen von Publikum und Kritik der seltene Glücksfall – beides in Einklang miteinander zu bringen, umso besser. Für die Kritik ist die Quote nur ein Aspekt unter vielen anderen Gesichtspunkten: die mediengerechte Umsetzung einer Thematik etwa, die Sorgfalt in der Darstellerführung oder Ausstattung, die Plausibilität der erzählten Geschichte, sachliche Richtigkeit der geschilderten Vorgänge, das von der Programmplanung gewählte Programmumfeld, das Zusammenspiel mit verwandten Beiträgen im gleichen oder in anderen Sendern, die Einordnung in das Gesamtwerk eines der Beteiligten, der Grad an Innovation für das Genre und/oder Medium, die politischen Hintergründe einer Programmentscheidung. Denn so viel ist auch sicher: Eine von der Kritik hochgepriesene Reihe hat dann so gut wie keine Chance mehr – inzwischen auch in den öffentlich-rechtlichen Systemen –, wenn die Zuschauer sie nicht einschalten. So wenig, wie die Kritiker eine Sendung oder Reihe niederschreiben können, so wenig können sie eine am Leben erhalten. Sie können Argumente liefern, die Entscheidungen fallen an anderer Stelle.

So lange aber der Austausch von inhaltlichen Argumenten noch eine Rolle spielt im Kampf der Zahlen von Produktionskosten, Werbeumsätzen und Einschaltquoten, so lange hat Kritik Wirkung. Die dialogisch angelegte Kritik, die nicht aburteilt, sondern Hilfestellung zu Urteilsbildung beim Publikum und Argumentationshilfe bei der Durchsetzung von Programmvorhaben ist, hält sie die beiden Seiten Publikumsanspruch und Programmangebot zusammen. Sie bestimmt Nähe oder Ferne zwischen beiden.

Der Kritiker sitzt wie der Käfer zwischen Baum und Borke, zwischen Publikumsansprüchen und Programmangebot, zwischen den beiden Seiten einer Medaille. Er bestimmt den Abstand zwischen Anspruch und Angebot, stellt die Verbindung her oder macht die Diskrepanz deutlich. Eine Münze hat nicht nur die beiden Seiten Kopf und Zahl, sie hat eine dritte Seite, an der man beispielsweise ihre Stärke ablesen kann. Diese dritte Seite stellt – in unserem Bild – die Fernsehkritik dar. Sie hat mit beiden Seiten zu tun und hält sie in der nötigen Spannung – sie ist die 3. Seite der Medaille.

# Attackierte Kirche

## Zur angefochtenen kirchlichen Wirklichkeit in der glaubensdistanzierten Öffentlichkeit

Reinhold Jacobi

Um eine entscheidende Bewertung gleich vorweg zu nehmen: Die katholische Kirche wie – unter leicht veränderten Bedingungen und Erscheinungsformen – auch die evangelische Kirche wird heute nicht signifikant intensiver angegriffen als vor Jahrzehnten. Auch zu Beginn des Jahrhunderts, auch in den Zwanzigerjahren gab es Satire und scharfe Attacken auf die Kirche und ihr Erscheinungsbild, gab es den Ultramontanismus-Vorwurf, die Prälaten-Karikaturen, die Moralinsäure-Kritik und anderes mehr. Die Zeit des Nationalsozialismus ist unvergleichlich anders, da in ihr die Kirche nicht attackiert, sondern verfolgt wurde. Vergleichbar ist wiederum die Nachkriegszeit. Nach einer Phase der Hochschätzung von Glaube und – entsprechend – Kirche, bei der es darauf ankam, alle fundamentalen Kräfte der Gesellschaft am Aufbau des zerstörten Landes zu beteiligen, so auch die Kirche, stellte sich allmählich »Normalität« ein in der Form, dass sich die »Wohlstandsgesellschaft« für zunehmend autark hielt in der Erhaltung ihres Zustands: Friede, Prosperität, Bildung, psychophysische Versorgung wurden zu Elementen der Verlässlichkeit und Gewährleistung. Und nachdem die Wiedervereinigung geschafft war nebst Verschwinden des Eisernen Vorhangs stellte sich zunehmend ein Bewusstsein säkularer Zufriedenheit ein. Die Bedeutung der Kirche als Glaubensgemeinschaft, im Vereinigungsprozess der Nation noch von fundamentalem Rang, begann innerlich zu einem eher peripheren Phänomen zu mutieren, ein Prozess, der anhält und der nur punktuell und lediglich vereinzelt zu resignativen bzw. defätistischen Einschätzungen betroffener Christen oder betroffener Hirten führt.

Noch ist die Kirche ein stabiles Element der gesellschaftlichen Struktur, noch wird sie in der Politik als notwendiger und willkommener Partner des Diskurses angesehen, wenn auch hier und dort mit deutlichen Spuren nachlassender Selbstverständlichkeit. Noch wird von der Kirche ein maßgeblicher Beitrag zur gesellschaftlichen Stabilität erwartet. Aber wird diese Einschätzung auch von der Mehrheit der Bevölkerung geteilt?

Umfragen zur Rolle der Kirche und zur religiösen Selbsteinschätzung stimmen da eher skeptisch. Die Einschätzung scheint zu greifen, dass die Transzendenz ein eher nachrangiges Moment der Daseinsbetrachtung und Wirklichkeitsbetrachtung ist. Die Aufklärung als Versprechen immanenter Lebensbewältigung trägt Früchte: Kirche, Glauben, Religion gibt es »dann auch noch«.

## Mediale Öffentlichkeit als Spiegel gesellschaftlicher Befindlichkeit

Die Gesellschaft beschäftigt sich also eher weniger mit der Kirche. Wohl gilt ein weiterhin großes Interesse der Religion bzw. dem Religiösen. Aber die christlichen Kirchen in ihrer konkreten Verfasstheit mit ihren manifesten Erwartungen und Prinzipien gelten als eher »anstrengend«. Vor diesem Hintergrund ist die Wahrnehmung interessant, in welcher Weise sich die mediale Öffentlichkeit als Spiegel der gesellschaftlichen Befindlichkeit und der gesellschaftlichen Frageansätze mit der Kirche befasst. Untersuchungen stellen ein eher defizitäres Bild dar, wenn es um die Präsenz kirchlicher Themen in den Nachrichten und anderen Informationssendungen der elektronischen Medien geht: Bei den Privaten kommt die Kirche so gut wie nicht vor, und auch die Öffentlich-Rechtlichen öffnen ihre Sendezeit nur, wenn zentrale römische Ereignisse oder Entwicklungen auch in der Bundesrepublik zu referieren sind von der Bedeutung etwa der Auseinandersetzung der Bischofskonferenz mit Rom und deutscher Gesetzgebung um den § 218 oder etwa der Entscheidung des Bundesverfassungsgerichts zu Kruzifixen in Schulen.

Im unterhaltenden Teil der Medien spielt sich häufiger kritisch Kirchenrelevantes ab insofern, als sich ironische Einlassungen oder ausgebaute Satire mit kirchlichen Themen befassen. Kabarettisten von einigem Format wie Bruno Jonas, Matthias Beltz, Friedrich Küppersbusch, Jürgen von der Lippe haben sich einschlägig mit Scherzen ihrer Art in Sachen Kirche befasst, aber auch Nachwuchskomiker wie Olli Dietrich, Ingo Appelt oder Ingolf Lück kolportierten Einschlägiges, ganz zu schweigen von »Spezialisten« wie Didi Hallervorden mit seinen wiederholten Unsäglichkeiten in seiner Sendung »Spottlight« bei diversen Fernsehsystemen. In den letzten Jahren machten publizistische Einzelphänomene von sich reden wie die Aufmacherüberschrift »Bayern ohne Balkensepp« (taz 1995) in Sachen Kruzifix-Urteil, die Abbildung eines Kruzifixes als Klorollen-Halter auf dem Titel-Bild von »Titanic« (1995) nebst anderen Varianten im Heft, die Formulierung »Latten-Gustl« für den gekreuzigten Jesus (Juso-Schülerzeitung »Brav-da«, 1996), das »Gedicht« »Ten Ways To Kill A Pope« (taz 1996), ein ans Kreuz geschlagener Fisch in der Sketch-Reihe »Eine schrecklich heilige Familie« (RTL 1996), eine statt der Jesusgestalt gekreuzigte Frau am Hirtenstab des Papstes auf einem Spiegel-Titelbild (1998), ein unflätiger Rundumschlag gegen die katholische Kirche in Sachen Abtreibung, Empfängnisverhütung, Sexualmoral generell einschließlich des Themas sexueller Missbrauch von Kindern in Form eines »Gedichts« von Wiglaf Droste »Mein lyba Dyba oder: Karneval der Katholiken« (taz 1998) und andere mehr.

Hinzu kommen Beispiele aus der Werbung wie etwa die Nachstellung der klassischen Abendmahlsszene aus der Renaissance für eine Jeans-Werbung mit Oben-ohne-Frauen anstelle der Apostel in einer Werbung der Firma Otto Kern (1993) oder die Werbung für ein T-Shirt mit einem gekreuzigten Schwein im Internet (1997). Wie denn religiöse Versatzstücke in der Werbung überhaupt immer wieder auftauchen. In aller Regel geschieht dies jedoch freundlich, sympathisch, eher liebenswürdig und witzig, wobei häufig jedoch der erschreckend antiquierte optische Darstellungsmodus auffällt: Offenkundig hat die Kenntnis von Kirche bei den Werbe-Fachleuten zumeist Ende der Fünfzigerjahre halt gemacht.

### Zwischen Diffamierung, Kritik und Häme

Die Einschätzung solcher medialer Phänomene ist nicht einfach. Mal handelt es sich um Ironie, mal um Häme, hier um Diffamierung, dort um Kritik, häufig um Satire. Nur wenige Befunde lassen sich auf ein- und denselben Nenner bringen. Und schwierig ist es, sie als Ausdruck einer einzigen bestimmten Haltung gegenüber der Kirche zu werten. Ein Kabarettist wie Dieter Hildebrandt etwa kühlt sein kritisches Mütchen gern an kirchlichen Phänomen, da er die Kirche als einen Hort gestriger, antiaufklärerischer Phänomene ansehen mag, was ihm »gegen den Strich« geht. Ein Journalist der schreibenden Zunft aber, der etwa über die Affäre um den seinerzeitigen Wiener Erzbischof Kardinal Hans-Hermann Groer schreibt und dabei deutliche Benennungen wie eine scharfe Kommentierung wählt, hat einen geradezu objektivierbaren aufklärerischen Auftrag, den ihm nicht nur seine Zeitung im Wettstreit mit konkurrierenden Publikationen, sondern die Gesellschaft insgesamt gibt. Denn dieser muss daran gelegen sein, skandalöses

Verhalten in jedem Falle zu dekuvrieren, insbesondere dann, wenn es sich um prominente Urheber handelt.

## Kirche: Wahrhaftigkeit und Glaubwürdigkeit?

Die Kirche als gesellschaftlicher Faktor, als eine nach wie vor im Hinblick auf Mitgliederzahl erhebliche und unübersehbare Größe kann für sich keine Sonderrolle in der publizistischen Behandlung ihrer verantwortlichen Vertreter erwarten. Die Kirche als organisierte Einrichtung der Gesellschaft ist nicht sakrosankt. Wenn also ein Kirchenangestellter, der Gelder für ein ihm anvertrautes kirchliches Sozialunternehmen veruntreut, öffentlich in die Mangel genommen wird, dann ist dies ganz normal. Wenn ein Priester sich an Minderjährigen vergeht, dann gehört dies nicht unter den Teppich gekehrt. Die Affäre um Kardinal Groer hat der österreichischen Kirche und weit darüber hinaus dem Ansehen der Kirche generell zumindest im deutschsprachigen Bereich insbesondere dadurch fundamental geschadet, weil es Wochen dauerte, bis man sich kirchenamtlich dazu durchgerungen hatte, die Verfehlungen zu benennen und einzuräumen: Das Entsetzen über den Tatbestand wurde schließlich übertroffen durch die Empörung über den quälend hinhaltenden Umgang mit den Fakten und über die innerkirchlichen Auseinandersetzungen darüber.

Der eigene kirchliche Umgang mit Fakten und Personen ist also der Maßstab für die kirchliche Glaubwürdigkeit, mit der sie auftragsgemäß und evangeliumsgetreu Verhältnisse im individuellen wie im gesellschaftlichen Leben mit hohen moralischen Maßstäben misst. Das ist durch vereinbarte strikte kirchliche Vorschriften und Normen vielfältig vorgegeben und auch gewährleistet und wird in aller Regel auch strikt eingehalten. Was den Skandal ausmacht, ist gegebenenfalls die Bemühung, um des intakten Images willen offenkundige oder offenkundig gewordene Vorgänge ungeschehen zu machen oder zu verharmlosen. Das befördert den Verdacht der Doppelmoral, lässt zweierlei Maß befürchten und manipuliert dadurch an den Wurzeln kirchlichen Ansehens in der Öffentlichkeit, die man üblicherweise Wahrhaftigkeit und Glaubwürdigkeit nennt.

Publizistische Attacken gegen die Kirche in dem genannten Zusammenhang können also nicht als Ausdruck antikirchlicher Voreingenommenheit gelten. Solche Annahme und die damit meist verbundene Opfermentalität sind Selbsttäuschungen und schaden der Kirche im Zweifel mehr als der Anlass für die publizistische Einlassung. Insofern ist gerade für die Kirche eine hohe Bereitschaft zu selbstkritischer Betrachtungsweise und zu Transparenz empfehlenswert, nicht zuletzt auch deswegen, weil es eben die willkürlichen und eigenwilligen Attacken gegen kirchliches Leben, kirchliche Einrichtungen und Ausdrucksformen des Glaubens gibt. Solche Beiträge im Sinn etwa einiger obengenannter satirischer Bemühungen sind zumeist Ausdruck einer distanzierten Einstellung gegenüber einem Phänomen, das vielen in unserer heutigen Gesellschaft als unzeitgemäß, als gegenläufig zur Realität, zur Modernität, zum Zeitgeist gilt. Dort wird die Kirche als Ort der Beharrung, des gebremsten Tempos, der verschlossenen Augen vor dem Fortschritt und dessen Unaufhaltbarkeit angesehen. Abgesehen davon, dass diese Sicht ihrerseits ignorant ist und an der Wirklichkeit kirchlicher Forschungseinrichtungen, kirchlichen Diskurses mit den Wissenschaften, modernster Ausstattungspolitik kirchlicher Krankeneinrichtungen, Sozialinstitutionen und Bildungsinstitute u. a. m. weltweit krass vorbeigeht, kann die Gesellschaft insgesamt mit ihrer Neigung, dem galoppierenden Fortschritt zu huldigen und dabei atemlos bis zum seelischen Infarkt zu werden, eine retardierende Haltung letztlich gar nicht schaden.

### Schweigen oder reden?

Mit anderen Worten: Medienkritik, Medienschelte, Medienattacken gegenüber der Kirche sind im Zweifel nicht zu dramatisieren, da sie äußerst unterschiedliche Anlässe und Voraussetzungen haben und sehr verschiedenen Mentalitäten entspringen. Denn auch der Menge nach sind kirchenkritische Attacken nicht signifikant problematischer geworden. Eine solche quantifizierende Wahrnehmung wird durch die in den letzten 15 Jahren enorm gesteigerte Menge der elektronischen Medien zu begründen sein: Die Fernsehprogramme haben sich verzehnfacht. Dass bei der nicht automatisch mitgewachsenen Programm-Menge Rückgriffe auf eher schon Abgelegtes vorkommen, auf Wiederholungen, Dubletten und von anderen Abgekupfertes, liegt auf der Hand.

Hinzu kommt die Neigung, auch die letzten Tabus zu brechen. Insofern ist es signifikant, dass die Werbeagentur der erwähnten Textilfirma, die vor wenigen Jahren für ihre Produkte mit Bildarrangements aus der Bibel warb und damit zumindest geschmacklich heftig danebengriff, in einer kritisch nachfragenden Fernsehsendung als Ziel der Kampagne explizit zu Protokoll gab, die Kirche stelle das letzte noch bestehende Tabu der Gesellschaft dar und dieses müsse gebrochen werden.

Respekt, Ehrfurcht und Rücksichtnahme gegenüber der Glaubensgemeinschaft Kirche sind angesichts einer solchen deutlichen Haltung, geäußert in einem Massenmedium, bei weniger meinungsfesten Mitmenschen und solchen, die von Kirche auch vorher kaum eine Ahnung erworben haben, nur schwer aufzubauen. Überhaupt liegt ein Grund für die verbreitete beiläufige Bereitschaft, Kirchenkritik in den Medien eher gelassen und unaufgeregt zur Kenntnis zu nehmen, im Zweifel darin, dass religiöse Kenntnisse inzwischen nur noch eher mäßig vorhanden sind. Wo keine Kenntnis von Bibel, Sakramenten, Kirchengeschichte, Struktur von Kirche, religiösen Symbolen vorhanden ist, da kann auch kaum Widerstand gegen einschlägige Attacken etwa in Form von Satiren entstehen: Was man nicht mehr weiß, macht einen nicht mehr heiß. Genau dieses Phänomen meint die Schauspielerin Anke Engelke, Rückgrat der seinerzeitigen Comedy-Sendung »Die Wochen-Show« (SAT.1), wenn sie alberte, schon jetzt glaubten sogar Theologiestudenten, Karfreitag sei der Gefährte von Robinson Crusoe.

Die von Elisabeth Noelle-Neumann beschriebene »Schweige-Spirale« erfährt zu Beginn sicherlich eine Phase, in der sich Halbwissen mit Viertelwissen noch plaudernd austauscht, bevor die definitive Artikulationsunfähigkeit anbricht. Insofern wäre zumindest in dem Augenblick, in welchem eher eifernde Kirchenvertreter ihrerseits Medienschelte betreiben wegen allzu zahlreicher antikirchlicher Attacken, zu prüfen, ob selbst der satirische Umgang mit dieser oder jener Einzelheit besonderen kirchlichen Interesses nicht besser ist als die ultimative Gleichgültigkeit gegenüber Kirche, als das definitive Desinteresse an und die finale Unkenntnis über Elemente von Glaube und Kirche.

Es empfiehlt sich also dringlich zu verhindern, dass das Kind Interesse an Kirche mit dem Bade strikter Abwehr von Kritiken mit allen Mitteln und unter allen Umständen ausgeschüttet wird. Daher gilt es zu trennen im Umgang mit Medienattacken nach Anlass, Intention, Inhalt, Form und zu wählenden Reaktionen.

Selbstverständlich bewegt sich auch die Kirche mit ihren Organisationsformen im rechtlich geordneten Rahmen der gesamtgesellschaftlichen Wirklichkeit. Daher gilt auch für Vertreter der Kirche der Schutz durch einschlägige Regelungen des Strafrechts vor Verleumdung, Beleidigung und ähnlichen Tatbeständen. Nicht selten wird unnötigerweise auch heute noch Abstand genommen von Maßnahmen der Gegenwehr gegen unhaltbare Anschuldigungen oder falsche Darstellungen in den Medien, obwohl zur Korrektur unter anderem das Verlangen nach Richtigstellung bzw. das Recht auf Gegendarstellung zur Verfügung steht.

### Rechtliche Chancen?

Bei immer wieder angesprochenem Verdacht auf blasphemische Angriffe gegen die Kirche – vorgebracht in vielen Fällen von satirischen Beiträgen vor allem in den Medien – stellt sich die Rechtssituation grundsätzlich als wenig hilfreich dar. Der einschlägige § 166 Strafgesetzbuch (StGB), der sich mit den Tatbeständen von »Beschimpfung von Bekenntnissen, Religionsgemeinschaften und Weltanschauungsvereinigungen« befasst, nennt als einziges und entscheidendes Schutzgut den »öffentlichen Frieden«. Der Begriff der Blasphemie ist dem Gesetzeswerk unbekannt. Die grundrechtliche Garantie der Meinungsfreiheit gemäß Art. 5 Grundgesetz, unter welche Pressefreiheit und Kunstfreiheit subsummiert sind, obsiegt in aller Regel bei Abwägung mit anderen Rechtsgütern, so auch mit dem – wie dargestellt unzureichend geschützten Rechtsgut Integrität religiösen Bekenntnisses gemäß § 166 StGB. Ein in diesem Kontext stehendes, nach Auffassung vieler Christen rechtliches Defizit abzubauen, wäre eine rechtspolitische Forderung, die in diversen Legislaturperioden des Bundestages auch hin und wieder geäußert wurde, sich aber nicht realisieren ließ und aus hier nicht weiter zu diskutierenden Gründen vermutlich auch auf absehbare Zeit hin nicht realisieren lassen wird.

Bei dieser Stumpfheit des § 166 StGB muss also auf andere Mittel möglicher Reaktion auf Angriffe – tatsächliche bzw. vermeintliche – zurückgegriffen werden. Das geeignetste Mittel ist der kritische und gezielte Umgang mit den entsprechenden Medien. Der einzelne Christ muss sein Recht auf Meinungsäußerung im Zweifel strikt und deutlich wahrnehmen, sich melden, argumentieren und »Waffengleichheit« herzustellen versuchen dadurch, dass er sich selbst medial äußert. Die Kirche verfügt zudem ihrerseits über eine Reihe von einschlägigen Publikationsorganen, die entsprechend informiert und motiviert werden müssen bzw. können für den Fall, dass Gegenwehr tatsächlich notwendig ist bzw. sinnvoll erscheint. Auch halten die säkularen Medien eine Fülle von Interventionsmöglichkeiten vor, die lediglich genutzt werden müssen. Unter anderem haben auch die Kirchen in den einschlägigen Aufsichtsgremien der Rundfunkanstalten, in den Vollversammlungen der Landesmedienanstalten für den privaten Rundfunk wie in den Rundfunkräten der öffentlich-rechtlichen Systeme, Sitz und Stimme. Darüber hinaus gibt es ein differenziertes Netz kirchlicher Rundfunkbeauftragter in allen Diözesen sowie im überdiözesanen Bereich.

Intervenieren heißt aber auch organisieren, heißt Aufwand und Arbeit. Wer sich für seinen Glauben bzw. seine Kirche stark machen und sich im Falle der Beschwernis bei öffentlichen Attacken äußern will, der sollte sich nicht zuerst an kirchliche Verwaltungen wenden mit der Aufforderung, dass diese tätig werden sollten, sondern sich selbst initiativ an die Quelle des Ärgernisses richten. Das Kirchenvolk hat seine eigene Würde und Verantwortung. Spätestens seit dem Zweiten Vatikanischen Konzil müsste dies auch in den Alltag hinein adaptiert werden.

## Für eine neue Streitkultur

Öffentliche Attacken gegen die Kirche oder solche Aktionen, die allem Anschein nach Angriffe sind, müssen aber auch und ganz besonders als Aufforderung an die kirchlichen Medienschaffenden verstanden werden. Die erwähnten »eigenen« kirchlichen Publikationsorgane bieten sich natürlich zu kritischen Auseinandersetzungen an. Die hierbei Tätigen müssen entsprechende Kompetenz für eine differenzierte Streitkultur haben. Wo das Schema schwarz-weiß, Rechthaben versus Unrechthaben nicht greift, muss argumentiert werden. Die Öffentlichkeit der Leser bzw. Zuschauer/Zuhörer ist nach wie vor an Argumenten interessiert. Wie es die Kategorie der Kontroverstheologie gibt, so sollte eine Art Kontroverspublizistik gerade im weltanschaulichen Bereich kultiviert werden. Allzu häufig werden »sachliche Berichterstattung« und uninspirierte Fadheit vor dem Hintergrund eines Streitfalls miteinander verwechselt. Katholische Publizisten in einschlägigen Kontroversfeldern müssen meinungs- und insbesondere konfliktfähig sein.

Dazu gehört als Basis ein gerütteltes Maß an Kenntnissen über Kirche und Glauben. Die Situation, die noch vor wenigen Jahren bzw. Jahrzehnten gegeben war, hat sich maßgeblich geändert: Musste man seinerzeit kirchlicherseits scharf darauf achten, dass Qualifikation nicht nur durch geleistetes Theologiestudium gewährleistet, sondern maßgeblich durch publizistische Professionalität flankiert wurde, so kann man heutzutage weitestgehend davon ausgehen, dass journalistische Qualifikation vorhanden ist, zur der aber eine profunde theologische Kompetenz hinzutreten muss. Denn die im kirchlichen Umfeld Publizierenden müssen Religion und Glauben in einer viel fundamentaleren Weise explizit machen als ehedem, als religiöses Grundwissen Allgemeingut war und dadurch Verständigungen leicht hergestellt werden konnten.

Die deutschen Bischöfe sind sich dieser Problematik insofern deutlich bewusst, als sie erheblich in die Ausbildung junger Leute investieren, die publizistisch tätig werden wollen. Sinnvollerweise geschieht dies mit dem Ziel, dass die Ausgebildeten vorrangig in die säkularen Medien gehen und dann dort auch bereit sind zur Auskunft über ihren und anderer Leute Glauben. Auch dies ist ein Moment der Gegenstrategie gegen die »Schweige-Spirale«. Anders ausgedrückt: Auch im Hinblick auf den Glauben gilt in der Öffentlichkeit – des Büros, des Geschäfts, der Reisegesellschaft, der Zeitung, der Parlamente –: Von nichts kommt nichts. Oder: Wird der Glaube nicht erwähnt, bezeugt, artikuliert, so gibt es kein wahrnehmbares Bewusstsein von seiner Relevanz. Dann nimmt auch keiner mehr Anstoß daran, wenn tatsächlich unflätige Attacken gegen kirchliche Einrichtungen oder gegen Glaubensinhalte geritten werden.

### Worum es letztlich geht

Im übrigen gilt auch für dieses Umfeld das Prinzip der Verhältnismäßigkeit. Leider wird allzu vieles, was in Publizistik und Werbung an kirchlichen Akzenten aufscheint, bereitwilligst und offenbar ohne längere Prüfung als Angriff, vor allem aber als Blasphemie gewertet. Und allzu häufig wird zunächst der Eindruck erweckt, als fehle es an Nüchternheit. Gelassenheit, Unaufgeregtheit und Schärfe der analytischen Wahrnehmung sind die Voraussetzungen, bei kritischer Gegenwehr gegen Angriffe ernstgenommen zu werden und möglichst Erfolg zu haben.

Dazu gehört vor allem eine differenzierende Betrachtungsweise der entscheidenden Wertigkeiten: Werden die verfasste Kirche und deren Mitglieder kritisch angegriffen, so ist dies – wie schon erwähnt – ein anderer Tatbestand als die Beschimpfung und Beleidigung der Erwähnten. Vor allem aber sind immer wieder Glaubensinhalte gegen Organisationsstrukturen abzugrenzen. Kirchliche Reaktion sollte deutlich und scharf sein, wenn es sich um die Diffamierung, Beleidigung oder Beschimpfung von zentralen

Glaubenswahrheiten handelt, die katholischerseits maßgeblich im Glaubensbekenntnis niedergelegt sind. Auch die Sakramente und deren ritueller Vollzug und vor allem der Gekreuzigte selbst sollten sakrosankt sein. Das heißt, dass in solchen Bezügen Gegenwehr angezeigt und geradezu von Nöten ist. Wenn dies mit der auch dann gebotenen Gelassenheit und Sachlichkeit geschieht, wird dem Anliegen am ehesten gedient.

Und was wäre das Anliegen? Die Inschutznahme für eine nach wie vor große Anzahl von Angehörigen unserer Gesellschaft kostbarster und wichtigster Elemente ihrer Existenz, der Verheißungs- und Erlösungsperspektive über ihr irdisches und damit begrenztes Dasein hinaus. Und: Geht einer Gesellschaft der Sinn für die Transzendenz, was Hand in Hand mit einer angemessen respektvollen Haltung zum Ausdruck zu bringen ist, verloren, so verliert sie eines ihrer Fundamente. Solches zu verhindern lohnt allen persönlichen und publizistischen Aufwand.

# Von der Vielfalt zur Einfalt?

## Konvergenz im dualen System

Reiner Hochstein (†)

War es purer Zufall, das Ergebnis einer Planung von langer Hand oder ein böses Omen, dass ausgerechnet im Jahre 1984, dem Jahr George Orwells düsterster Zukunftsprognosen und medialer Überwachungsszenarien, in Ludwigshafen der »Urknall« geschah und das duale Fernsehsystem in der Bundesrepublik Deutschland aus der Taufe gehoben wurde? Wir sind heute im Jahr 2000 weit davon entfernt, dass Orwells »Newspeak«, »Doublethink« und »Thought Police« die deutsche Fernsehlandschaft – oder gar die Bundesrepublik Deutschland – prägen, aber nach 16 Jahren deutschen Privatfernsehens taucht nun »Big Brother« auf, Orwells allmächtiges Kameraauge als markthörige Medieninszenierung, als permanente 24-Stunden-Überwachung einer Schar von Freiwilligen, die die »Grenzerfahrung« suchen, als Produkt einer scheinbar unersättlichen Medialität.

### Big Brother als Grenzposten

Beim Thema »Konvergenz im dualen System« kann man für dieses Produkt »kreativen« und »innovativen« Schaffens der Fernsehmacher nur dankbar sein: Scheint doch »Big Brother« endlich wieder deutlich die in den vergangenen Jahren nicht immer mit spitzer Feder gezogene Trennlinie zwischen den Angeboten des öffentlich-rechtlichen Fernsehens und den Verlockungen der Kommerzveranstalter zu markieren. 16 Jahre Privatfernsehen haben unsere Rundfunklandschaft radikal verändert. Lange Zeit standen die öffentlich-rechtlichen Programmmacher den innovativen Impulsen der Privatanbieter passiv, fast hilflos gegenüber. Versuche, die junge und frische Gangart der Privaten mit schwergewichtigen Kulturargumenten ins Abseits zu verbannen, schlugen fehl. Stattdessen hielten bald Zeitgeist-konforme Gesichter auch Einzug in die Trend-angepasste Optik der Traditionsbastionen ARD und ZDF, gesellte sich die Quote zur bislang argumentations-

erprobten Qualität. Zum anderen haben die Privaten längst die Marktres-
source Information erkannt, bemühen sich umtriebige Programmmanager,
die in Teilen qualitativ hochwertige Ware der Kommerzproduktion anzu-
preisen. Heute finden sich Talk-Shows, Infotainment und rasant geschnit-
tene Programmfolgen auf beiden Seiten. Information und Kultur sind
längst keine exklusiven Domänen der Programme ohne Marktzwänge. Mas-
senattraktivität ist eine Formel, mit der auf beiden Seiten Erfolg gemessen
wird. Haben sich mittlerweile beide Systeme angenähert, ja sogar angegli-
chen? Hat ein mehr als 15 Jahre währender Konvergenzprozess unterschiedliche Ansätze ausgehöhlt? Oder ist die klare Trennlinie zwischen beiden
Systemen auch heute noch deutlich zu erkennen, die der ARD-Programm-
Chef Struwe selbstbewusst beschreibt: »Die einen schauen auf den Kommerz, wir schauen auf Qualität«?

### Der Zuschauer als umworbener Kunde

Sicherlich ist unstrittig, dass die reine Quantität audiovisueller Produkte
sich in den vergangenen Jahren enorm vermehrt hat. Brachte aber die von
vielen ersehnte Kanalvermehrung auch die erwartete Angebotsvielfalt? Bei
aller Vielschichtigkeit des Begriffes Vielfalt selbst – beim Start 1984 sprach
man von der Programmvielfalt, der Vielfalt politischer und kultureller Ge-
biets- und Lebensraumbezogenheit, der Zielgruppenvielfalt, der Pluralität
der Veranstalter und der politischen Meinungsvielfalt –, ist nicht zu übersehen, dass sich trotz einer vordergründig ernüchternden Bilanz, mehr
»more of the same« vorgesetzt zu bekommen, die Vielfalt im Sinne der
Auswahlmöglichkeiten beträchtlich vergrößert hat.

Programmvielfalt ist zunächst aber kein Selbstzweck. Der Adressat des
Fernsehprogrammangebotes, der Zuschauer, ist in den vergangenen Jahrzehnten im Kalkül der Programmverantwortlichen immer weiter in die »erste Reihe« gerückt. Er ist Ziel-, Dreh- und Angelpunkt des Wirkens von
Produzenten, Programmeinkäufern und Planern. Das scheint in dieser
deutlichen Ausprägung nicht immer so gewesen zu sein, hätte sonst der
Zuschauer nicht erst, so der frühere RTL-Chef Thoma, vom Privatfernsehen
»entdeckt« werden können? Hatte der stets auf die hohe Kultur bedachte
Anspruch der öffentlich-rechtlichen Fernsehanstalten am Ende etwa den
eigenen Zuseher aus dem Blick verloren? Eine sicher überzogene Interpretation und doch legt die pointiert vorgebrachte Eigenwerbung Thomas den

Finger auf die Wunde, dass einem über Jahrzehnte entwickelten Selbstverständnis und Selbstbewusstsein eines öffentlich-rechtlichen Fernsehsystems, das den Bildungs- und Kulturauftrag manchmal als selbstbezogene Vorzeigeproduktion verstand, die Kommunikations- und Dialogfähigkeit mit dem Rezipienten ein wenig abhanden gekommen war. Private Fernsehveranstalter hingegen, vordergründig frei von gesellschaftspolitischen Zwängen, hoben den »TV-Kunden« auf den Thron, machten die Einschaltquote zur Maxime ihres Handelns.

Es war ein für die öffentlich-rechtlichen Anstalten schmerzlicher Prozess, zu erkennen, dass Zuschauer sich anderen, scheinbar trivialen Angeboten zuwenden konnten (und dies auch taten), dass die eigene Monopolstellung mit bisher nur interner sportlicher Konkurrenz zwischen ARD/ZDF und den Dritten durch ernst zu nehmende Mitbewerber und eine echte Konkurrenz-Situation abgelöst wurde.

Aber auch nach 1984 hat der Tag für jeden TV-Konsumenten nur 24 Stunden. Gegenüber damals hat sich die durchschnittliche tägliche Nutzungszeit von rd. 120 Minuten um ein gutes Drittel auf über 190 Minuten erhöht. Diese Steigerungsrate nimmt sich zu der geradezu explosionsartigen Steigerung der angebotenen Programmstunden eher bescheiden aus: 30 frei empfangbare Sender im Kabel, je nach technischem Aufwand über 100 Programme über Satellit, und bei Nutzung der digitalen Übertragungstechnik mehrere hundert Programme, die in der Regel 24 Stunden täglich senden – die wachsende Vervielfältigung scheint keine Grenzen zu kennen. ProSieben strahlte als erster Fernsehsender ab 1990 rund um die Uhr aus, alle anderen – auch ARD und ZDF – zogen nach. Der einstige Sendeschluss, wer erinnert sich noch daran, erscheint heute wie ein beschauliches Symbol einer weit zurückliegenden, scheinbar intakteren Medienwelt. Der Zuschauer sieht sich also trotz erheblich gesteigerten Angebotes nicht wesentlich mehr an, aber er nutzt zappenderweise die unterschiedlichen Angebote. Das Verhalten des Fernsehkonsumenten hat sich der Daueroffensive angepasst, ungeachtet dessen, ob die Organisationsform des Veranstalters öffentlich-rechtlich oder privat ist.

### Die Programmvielfalt – ein vielschichtiger Definitionsversuch

Mehr Programme stehen im Wettbewerb um eine begrenzte Verteilmasse, die die natürliche Aufnahmefähigkeit des durchschnittlichen Zuschauers den Programm- und Marketingdirektoren vorgibt. Die Versuchung, ein beim Zuseher erfolgreiches Programm zu übernehmen, zu wiederholen, zu imitieren, ist groß und bewährtes Prinzip beider Sendersysteme. Die Flut von Talk-Shows am Nachmittag, Daily Soaps zum Feierabend oder Politrunden am späten Abend sprechen für sich. Dennoch würde die Kurzformel, dass die Vielfalt letztlich zur programmlichen Einfalt führe, zu kurz greifen. Angesichts der Vielschichtigkeit der heutigen Programmlandschaft besitzt der Zuseher innerhalb der unterschiedlichen Programmformate ungleich mehr Auswahlmöglichkeit als je zuvor, also Vielfalt in der Auswahl: Eine Reihe von Vollprogrammen und eine Vielzahl von Spartenprogrammen, öffentlich-rechtliche und private Programme, von Arte bis n-tv, belegen bei einer kritischen Gesamtbetrachtung dies eindrücklich.

Mit der Fixierung der Programmverantwortlichen auf die Quote kamen allerdings bislang herrschende Definitionen von Qualität und Programmerfolg erst mal ins Wanken. Quote schien, und die Privaten machten es eindrucksvoll vor, nicht immer auf qualitativ soliden Säulen zu stehen. Aufgeregte Nachahmungsaktivitäten waren die erste Reaktion auf Seiten der Öffentlich-Rechtlichen. Ergebnis dieser Entwicklung ist, dass – und hier hat in der Tat ein sichtbarer Konvergenzprozess stattgefunden – die Programmstruktur, die Formatierung des gesamten Programmablaufs, immer ähnlicher und austauschbarer geworden ist.

Dies lässt aber nicht zu, von einer generellen Vereinfachung des Programms oder gar der Inhalte zu sprechen. Ohne Zweifel sind Vielfaltanforderungen abhängig vom Programmformat. Spartenprogramme sind gegenüber Vollprogrammen von der Anlage her bereits »einfältig« und zeigen ausschließlich Sport, Musik oder Spielfilme. Hier ist allenfalls die gezeigte Bandbreite innerhalb der gewählten Sparte im Hinblick auf die Vielfalt von Relevanz.

Bei den Fernsehveranstaltern, die mit dem Anspruch antreten, ein Vollprogramm zu präsentieren, sind andere Maßstäbe an die Vielfalt anzulegen. Ein zentraler Aspekt sind die Programmfunktionen Information, Unterhaltung, Bildung und Service und deren Konkretisierung im Programmangebot. Deckt das einzelne Programm alle Bereiche ausreichend ab und ist damit in der Binnensicht vielfältig oder wird einzelnen Funktionen mehr Bedeutung zugemessen? Wenn auch die Vollprogramme angesichts einer zunehmenden Zahl von Spartenangeboten in der Gesamtsicht zur Vielfalt weniger beitragen müssen, so ist diese Frage ein Indikator der vergleichenden Diskussion über die Angebote von öffentlich-rechtlicher und privater

Seite. An einer sich auf systematische Analyse stützenden gemeinsamen Diskussionsgrundlage sind die privaten Veranstalter ebenso wenig wie die öffentlich-rechtlichen interessiert. Bei der Einschaltquotenmessung funktioniert die Zusammenarbeit mit den Öffentlich-Rechtlichen, hier ist sie auch zwingend geboten, um mit einer gemeinsamen Währung arbeiten zu können. Bei der kontinuierlichen Programmforschung wird sie von beiden verweigert. Die vorliegenden Programmuntersuchungen belegen die subjektiven Eindrücke des unbefangenen Fernsehzuschauers, die in der Regel dahin gehen, dass erhebliche Unterschiede in den Funktionsanteilen der Programme privater und öffentlich-rechtlicher Fernsehveranstalter zu konstatieren sind – in der Regel zu Gunsten der Unterhaltungsfunktion bei privaten Fernsehveranstaltern. Bei einzelnen Veranstaltern ist durch die mangelnde Ausprägung einzelner Funktionen auch die Frage zu stellen, inwieweit sie noch den Anforderungen an ein Vollprogramm genügen, was u. a. bei der Rangfolgeentscheidung in Kabelnetzen von elementarer Bedeutung ist und was deren Vielfaltsbeitrag im Hinblick auf Funktionen relativiert.

Innerhalb der Funktionsbereiche greift der Begriff der Genrevielfalt. Wird beispielsweise die Funktion Unterhaltung nur mit dem Genre Spielfilm abgedeckt, oder ist sie breiter gefächert mit Quizshows, Serien, Fernsehfilmen etc.? Von Genre-Einfalt kann bei den Vollprogrammen nicht gesprochen werden, obgleich gewisse Schwerpunkte in der Unterhaltungsausrichtung, z. B. der Fiction-Bereich bei Pro Sieben, zu konstatieren sind. Die Vielfaltdimension kann auf noch weitere Ebenen angewandt werden, wie z. B. Vielfalt innerhalb des Genres und nicht zuletzt Vielfalt innerhalb einer Sendung. Wenn beispielsweise 66 Prozent aller Sendezeitanteile der Sendung »Blitz« im Programm von SAT.1 auf Katastrophen/Unglücke, Kriminalität und Human Interest entfallen, so stellt sich schon die Frage nach der »Einfalt« in der Vielfalt. Und »Einfalt« impliziert geradezu zwangsläufig mangelnde Qualität. Ein Indikator für qualitative Einschätzungen, die quantitativ messbar sind, stellt z. B. die Prüfung der Boulevardisierung von Informationssendungen durch Themenerfassung dar. Dabei ist im Nachgang zu »Blitz« nicht uninteressant, dass das ARD-Magazin »brisant« in der Kategorie »Katastrophen etc.« einen Wert von 47 Prozent erreichte. Bei gleichem Genre ermöglichen offensichtlich unterschiedliche Interpretationen verschiedene Inhaltsgewichtung.

### Die Konvergenz als Bindeglied?

So vielfältig der Vielfaltsbegriff ist, so umfassend und vielschichtig sind auch die Formen der Konvergenz. Beim Genre Daily Soap präsentiert die ARD die »Verbotene Liebe« und den »Marienhof«, RTL die »Gute Zeiten, schlechte Zeiten.« Bei den Daily Talks setzt die ARD mit »Fliege« auf Gottes Segen, die private Konkurrenz mit Arabella, Sonja, Vera oder Birte auf die Verlockung attraktiver Damen. Daily Soap und Daily Talk sind Beispiele dafür, dass bestimmte Programme, die als Format aus einem vergleichbaren Guss sind, nicht nach der Trennlinie öffentlich-rechtlich/privat verlaufen müssen. Zentral ist weniger das Genre an sich, als vielmehr Stil, Präsentationsform und vor allem inhaltliche Aufbereitung der auf die Fernsehagenda gesetzten Themen.

Wie sind die Privaten vorgegangen? Haben sie öffentlich-rechtliches Programm kopiert, um erfolgreich zu sein? Der RTL-Slogan aus der Frühphase »erfrischend anders« gaukelt Innovation und Abkehr von öffentlich-rechtlichen Angeboten vor. Tatsächlich aber kommt der Innovationsschub der Anfangsstunden nicht immer aus den eigenen Reihen. So hat z. B. RTL in der Anfangsphase bekannte Radiomoderatoren von Radio Luxemburg ins Studio gesetzt, deren Smalltalk gefilmt und gesendet. Innovation bestand auch darin im Ausland, insbesondere in den Vereinigten Staaten, erfolgreiche Formate zu kaufen und für Deutschland zu adaptieren (wie z. B. das »Wheel of Fortune« – »Glücksrad« bei SAT.1), was nicht als Beitrag zur Konvergenz im dualen System gewertet werden kann. Konvergenz manifestiert sich aber in der Strategie, Rechte für massenattraktive Sportarten zu kaufen wie Tennis, Fußball-Bundesliga, Boxen, Formel 1 usw. und wenn man, wie die privaten Veranstalter, die Rechte z. B. für die Bundesliga innehat, die Präsentation aus den Programmen der öffentlich-rechtlichen fast völlig abzuziehen, was z. B. das Ende der traditionsreichen Samstagabend-Sportschau der ARD mit Fußball-Bundesliga-Berichterstattung bedeutete. Der Kampf um die Rechte in der Sportberichterstattung, der auch in anderen Bereichen, z. B. beim Kauf von Spielfilmrechten zu beobachten ist, lässt Konvergenz zwischen Öffentlich-Rechtlichen und Privaten in den Bereichen erkennen, in denen es um Formate mit zu erwartendem großem Zuschauerinteresse geht und beide Anbietergruppen diese für sich gewinnen wollen.

Differenzierter ist die Frage der Konvergenz im Bereich ausgewählter Genres zu bewerten. Das Bestreben der privaten Veranstalter, höhere Einschaltquoten zu erzielen, führte zu einer Reihe von programmlichen Aus-

wüchsen mit Fehlentwicklungen, die im Laufe der Jahre von den Landesmedienanstalten immer wieder mehr oder weniger massiv korrigiert werden mussten. Dazu zählen die Gewaltangebote im Vorabendprogramm Anfang der neunziger Jahre (an denen die öffentlich-rechtlichen aber auch
nicht ganz unbeteiligt waren), rechtliche Auseinandersetzungen um porno-
grafische Angebote im Nachtprogramm und im Bereich der Eigenproduktionen die Diskussion um das Reality-TV, Talkshows im Tagesprogramm,
eigenproduzierte TV-Movies im Abendprogramm und aktuell im Jahr 2000
die Diskussion um »Big Brother.« Die Debatte beschränkt sich im Wesentlichen auf das Angebot der privaten Fernsehveranstalter, von Konvergenz
kann bei diesen Formaten eher nicht die Rede sein, wenn man von verein-
zelten Auswüchsen öffentlich-rechtlicher Eigenproduktionen einmal absieht.

Den Bereich der klassischen großen Samstagabend-Unterhaltung für
die ganze Familie überlassen die privaten Veranstalter eher den öffentlich-
rechtlichen, aber nur diesen Bereich. Eine vergleichbare, die Zuschauer ver-
einende Fernsehshow wie »Wetten dass«, die die Plätze 1–5 der erfolgreichsten Sendungen des Jahres 1999 belegt, wird in den Programmen der
privaten Veranstalter nicht gesendet, dies mag auch mit der Ausrichtung
auf die für die Werbewirtschaft relevante Zielgruppe 14–49 Jahre zusammenhängen. Für diese Altersgruppe wird produziert, sie ist auch Adressat
der Comedy-Produktionen, die in der ARD in dieser Form fehlen. Im übrigen können im Unterhaltungsshowbereich die Grenzen schon mal ver-
wischen, dies manifestiert sich z. T. schon im Wechsel der Moderatoren
zwischen privat und öffentlich-rechtlich.

Ein Bereich in dem private Veranstalter kontinuierlich versuchen, Konvergenz anzustreben, ist der Informationsbereich. Die gescheiterten Angriffe auf die Tagesschau der ARD, an der sich alle Versuche messen lassen
müssen, sind ungezählt. Nicht umsonst haben 30 Prozent der im Rahmen
einer Untersuchung befragten Fernsehzuschauer angegeben, dass das Programm der ARD informativ sei, gefolgt von RTL mit 15 Prozent. Private
Fernsehveranstalter neigen daher zur Boulevardisierung der Nachrichten-
inhalte, und dies seit 16 Jahren. Diesen Befund erhoben schon die Pro-
grammforscher zum Kabelpilotprojekt Ludwigshafen/Vorderpfalz. Diesem
Trend wirken bei privaten Veranstaltern zu sehende erfolgreiche Informa-
tionsformate wie z. B. Spiegel-TV entgegen, die zeigen, dass Qualität auch in
privaten Programm honoriert wird. Der Programmchef des ZDF, Markus
Schächter, ist der Überzeugung, dass »Qualität Quote macht und keine

Herzattacken.« Mit der nicht von der Hand zu weisenden Einschätzung, dass Qualität ein Wettbewerbsvorteil ist, streben private Veranstalter auch Kompetenz im Bereich Nachrichten an. Zumindest auf mittlere Sicht besteht hier Konvergenz. Qualitatives Engagement der privaten Veranstalter über den Nachrichtenbereich hinaus führte zu bislang 17 Grimme-Preisen. Angesichts von Angeboten wie »Big Brother« ist es allerdings fraglich, ob sich der Qualitätsgedanke bei allen Veranstaltern etabliert hat. Die ARD kompensiert zumindest Angebote wie »Verbotene Liebe« mit Literaturverfilmungen (»Klemperer«).

Konvergenz im weiteren Sinne besteht in dem Bestreben von öffentlichrechtlichen und privaten Fernsehveranstaltern, neben den existierenden Vollprogrammen Spartenprogramme wie Phoenix, N24, n-tv, Kinderkanal, Super RTL usw. anzubieten, um bestimmte Zielgruppen zu bedienen.

### Qualität als Markenkriterium

Dem Publikum selbst sind alle akademischen und marketingtechnischen Überlegungen wohl ziemlich gleich. Es will gutes Fernsehen. Ob dies heute besser gelingt als vor 1984 ist nicht mit einem klaren Ja oder Nein zu beantworten.

Vor dem Hintergrund einer zunehmenden Zahl von Spartenprogrammen und einer sich abzeichnenden Segmentierung der Zuschauerschaft ist es für Veranstalter von Vollprogrammen dringend geboten, Profil zu entwickeln und den Sender als Marke mit Image zu etablieren. Ist die Form der Programmfolgen nicht mehr einziges Unterscheidungskriterium, folgen Programmformate immer ähnlicher werdenden Rhythmen, wird der Qualitätsbegriff in Zukunft an Gewicht zulegen. Hier können Kommerz und Qualität nicht zwangsläufig gegeneinander ausgespielt werden.

Konvergenz ist keine Einbahnstraße, sondern ein wechselseitiger Prozess, der in toto eine vielfältige Medienszene hervorgebracht hat. Es besteht insgesamt kein Anlass, düstere Szenarien vom Kulturverfall zu beschwören. Denn: ungeachtet einer Ausweitung televisiver Banalitäten und Trivialitäten ist Fernsehen in vielen Bereichen – beispielsweise die Professionalisierung des weltweiten Informationsmarktes – deutlich besser geworden. Angesichts der Verleihung des 36. Grimme-Preises, Indikator für anspruchsvolles und qualitativ hochwertiges Fernsehen, im März 2000, resümiert Grimme-Direktor Paukens: »In der Programmentwicklung des bundesdeutschen

Fernsehens allein eine Tendenz zum Schlechteren, zum kontinuierlichen Niveauverlust zu erkennen, lässt auf eine eingeschränkte Perspektive schließen. Mit der Verbreitung von TV-trash ist in den letzten Jahren zugleich ein Trend zur Qualitätsverbesserung auszumachen.« Dies ließe sich sowohl in der Spitze als in der Breite der Produktionen ausmachen, kaum ein Genre bliebe ausgeschlossen.

Aber dass trotz aller Konvergenzfacetten und qualitativ beachtlichen Produktionen in beiden Lagern beim Qualitätsfernsehen die Öffentlich-Rechtlichen immer noch die Nase deutlich vorne haben, zeigt eindrucksvoll die Statistik der Grimme-preisgekrönten Fernsehprogramme seit 1964 (ARD mit 461, ZDF mit 154, RTL mit 7, SAT.1 mit 4 Produktionen). Auch wenn die Öffentlich-Rechtlichen mit einem nicht unerheblichen Vorsprung von 20 Jahren ins Rennen gehen, ist doch auch bei proportionaler Betrachtung die Gesamtgewichtung unmissverständlich.

# II. Film

# Filmemachen hierzulande – aus meiner Sicht

Michael Verhoeven

Als Filmemacher beschäftigt mich die Frage, durch welche Betrachtung, Konzentration des Blickes, also Auslassung und Eingrenzung nimmt die Geschichte, die ich erzählen will, einen anderen Verlauf. Bei Filmen, die historische Wahrheiten behandeln, laufen alle Gedanken auf die Frage zu, wie Geschichte, Zeitgeschichte sich anders hätten entwickeln können.

Der Kurzfilm »Tische« (1969) war mein erster Laborversuch, die Hand in ein laufendes geschichtliches Verfahren zu halten.

In Paris wurde über einen Frieden in Vietnam verhandelt. Aber erst einmal wurde verhandelt, welche Form der Tisch haben sollte, an dem über den Frieden zu verhandeln war. Ein runder Tisch hätte alle vier Kriegsparteien gleichberechtigt erscheinen lassen. Aber der Frieden sollte ein Sieg sein, der Gegner also schon durch die Form des Tisches ins Unrecht gesetzt werden.

Während dieser Pariser Vorgespräche wurde in Vietnam munter weitergestorben. Mein Film war für alle Parteigänger ein Ärgernis. Konservative Kritiker schalten mich einen Kommunisten, weil ich die von Amerika propagierte Tischform nicht gutheißen mochte, und »linke« Kritiker und Kollegen entdeckten in mir enttäuscht den Amerika-Hörigen, weil ich nicht die vom Vietcong geforderte Tischform als die einzig richtige gelten ließ.

Meine simple Forderung, über das Ende des Sterbens zu verhandeln, an welchem Tisch auch immer, schien beiden Seiten unverständlich. Ich saß zwischen den Stühlen, ein angemessener Platz für jemanden, der versucht, die Hand ins Feuer zu legen. Dabei hatte ich mir also die Finger verbrannt und das Jahr drauf (wieder zum Thema Vietnam) mit meinen Spielfilm »o. k.« – die ganze Hand.

Aber außer, dass ich angespuckt wurde und ein paar Freunde die Straßenseite wechselten, wenn sie mir begegneten, wurde mir für meinen Eingriff in die Gegenwart kein Haar gekrümmt.

Der Eingriff des Filmemachers in die Gegenwart blieb aber leider auch für diese ohne Folgen. Das ist das Glück der Demokratie und der Preis der Freiheit.

In dem kurzen Schwarz-weiß-Film »Coiffeur« (1971) habe ich diese Art Freiheit selbst zum Thema gemacht. Da wird der gekreuzigte Jesus von Spaziergängern auf dem Ölberg vom Kreuz genommen und zuhause gesund gepflegt. Am Ende wird der genesene Heiland von seinem »Rettern« in einen modischen Anzug gesteckt – der Film spielt in der Gegenwart – und auf Fasson gebracht. Zurechtgestutzt zu jedweder Brauchbarkeit. Der Preis der Freiheit ist hoch.

Wird ein Film in unseren glücklichen Tagen der Freiheit überhaupt politisch wirksam? Ich hatte einmal mit meinem Vater, der im Dritten Reich Filme gemacht hat (besser sollte ich sagen, auch schon im Dritten Reich) einen Streit, ob seine Filme zwischen 1937 und 1945 politische Filme waren. Der Streit war heftig, ich war damals 17, und mein Vater sehr im Recht, denn meine Vorwürfe waren so voreilig wie falsch. Heute sehe ich das – wie vieles Andere auch – ganz anders.

Paul Verhoeven, mein Vater, hat 1937 »Die Fledermaus« verfilmt (Hans Moser spielte den »Frosch«) und später »Das kleine Hofkonzert« (nach dem von ihm mitverfassten Bühnenstück) und »Der Tag nach der Scheidung« und viele andere Komödien, die meisten nuanciert und warmherzig. Er war ein guter Beobachter, deshalb lag ihm das Kammerspiel.

Ja, aber waren seine Filme politisch? Darum ging damals der Streit zwischen Vater und Sohn. Für den Vater waren es bloße Kammerspielfilme, als wären sie außerhalb des Dritten Reiches entstanden. Für den Sohn (der leicht reden konnte, denn er hatte nie eine Diktatur von innen gesehen) waren es schlicht Filme im Dritten Reich, die innerhalb des herrschenden Systems ihre Funktion hatten. Der Vater war bis zu Tränen empört über die Vorwürfe des Sohnes, der damals nicht bereit war anzuerkennen, dass es Haltung und Enthaltung bedurft hat, über 1000 Jahre hin Filme ideologischer Unterwanderung unbeirrbar abzulehnen.

Ich war und bin immer noch der Meinung, dass der künstlerische Rückzug in die Refugien des allgemein Menschlichen nicht wirklich gelingt und dass auch thematisch ganz unpolitische Filme eine durchaus politische Wirkung haben. In schwerer Zeit haben solche »unpolitischen« Filme es den Menschen leichter gemacht, das Leben im System auszuhalten. Das ist die schöne Seite der Medaille. Aber diese Filme haben das System selbst ausgehalten, gehalten, gestützt. Das ist die hässliche ...

Mein Vater hat immer davon berichtet, dass er nie persönlichen Repressalien ausgesetzt war, nicht, als er sich weigerte, in die Partei einzutreten, nicht, als er sich weigerte, bestimmten Einladungen zu folgen, bei denen sich die Machthaber im Glanz der versammelten Künstler sonnen durften. Nicht einmal, als er sich weigerte, Nazi-Filme zu machen. Aber ich erkenne und anerkenne nicht erst heute, dass es einer charaktervollen, gewissenhaften Künstlerschaft und eines mutigen Eigensinns bedurft hat, wenn einer damals den anständigen Weg gehen und in Kauf zu nehmen wollte, dass die Annehmlichkeiten der ganz großen Anerkennung als Künstler an ihm vorbeigingen.

In Zeiten der Unterdrückung anderer ist ohne Beschädigung der eigenen Person der uneingeschränkte Ruhm als Künstler eben nicht zu haben.

Die große Enttäuschung für meinen Vater war dann in der Nachkriegszeit die Erfahrung, dass sehr bald nach der sogenannten Stunde Null viele Gewichte und Gewichtungen sich wieder verschoben und die Heroen großdeutscher Vergangenheit neue Reputation erlangten. Möglich gemacht hat diese Pervertierung von Treue und Glauben der Kalte Krieg, der manchem alten Kameraden Rückendeckung gab. Ich will diesen Krieg, für den das Wort *kalt* ein sehr passendes Attribut ist, nicht in Verwandtschaft bringen zu den Abgründen des gerade überstandenen Faschismus. Aber wie im wirklichen Krieg gab es feindliche Lager, Sieger und Verlierer, Kriegs-Gewinnler und Opfer, wenn auch meist ohne Blutvergießen.

Leider ist diese Verklärung und Verdrängung in den Filmen der 50er Jahre hierzulande kaum einmal zum Thema geworden. Gegenüber dem italienischen »Verismo« und dem »Cinema verité« der französischen Filmkunst haben wir gerade bei Stoffen der Vergangenheitsbewältigung heroischen Kitsch produziert, die andere Form der Verdrängung.

Das »Heute« beginnt nicht gestern um Mitternacht. Es beginnt mit dem, was gestern war. Und so ist das Heute als Moment einer Bewegung zu sehen, in der alle Bewegungen des Gestern enthalten sind und weiterwirken. Deshalb ist diese Jahrtausendwende nur ein kalendarisches Phänomen, vielleicht der Beginn neuer Bewegungen, aber keinesfalls der Abschied von unserer Vergangenheit.

Als ich selbst begann, Filme zu inszenieren, war die große Zeit des Aufbruchs einer neuen Generation, die »Opas Kino« den Kampf angesagt hatte. Getragen war unser Aufbruch von einer bis in weite Teile der Gesellschaft reichenden Protestbewegung gegen das in Ritualen erstarrte Establishment, gegen die »alten Zöpfe«, Restbestände der Adenauer-Republik, in der so manche Relikte aus brauner Vorzeit sich häuslich niedergelassen hatten. Wir nannten uns Jungfilmer, was ja für ein paar Jahre durchaus seine Berechtigung hatte, und machten »gesellschaftsrelevante« Filme, zumindest war das unsere Absicht, und wir waren bemüht, dem wirklichen Leben mit den Geschichten, die wir zu erzählen hatten, näher zu kommen, in Form und Inhalt. »Abschied von Gestern«, ein Filmtitel von Alexander Kluge, war das Programm. Die Filme dieser Jahre waren von schönster Vielfalt. Man kann das heute überprüfen, sie begegnen uns ja jetzt wieder, in den Mitternachtsprogrammen der Sender versteckt. Aus dem Anspruch, politische Filme zu machen, bezogen wir eine große Kraft und die Berechtigung, sie zu machen und so zu machen.

Heute weiß ich, dass unsere Arbeit möglich war, weil sie als Ganzes von außen mitgetragen wurde. Von der deutschen Filmindustrie (wenn es nach 1945 je so etwas gegeben hat) wurden unsere Filme als Störfälle angesehen. Aber wir waren von unserem eigenen Mut begeistert, gegen den Strom zu schwimmen, wenngleich unsere individuelle Gegenbewegung Teil einer kollektiven Strömung in Europa war und eigentlich nicht des großen Mutes bedurfte, der uns begeisterte.

Es war riskant und zugleich schön, alles, was man als junger Mensch besaß, aufs Spiel zu setzen, um einen Film zu machen, diesen einen. Darin lag auch viel Mut, denn es gab noch nicht die Absicherung der diversen Förderungstöpfe. Sehr bald gehörte dann schon wieder eine Menge Mut dazu, die Filme *anders* zu machen als die rasch etablierten neuen Codices sie haben wollten. Die künstlerischen Tabus brachen nach und nach zusammen. Wir durften als Filmemacher alles zeigen und alles sagen ohne hartes Lager bei Wasser und Brot. Viele Filme verschwanden in den Kellern der Archive, aber nicht aus Zensurgründen, sondern weil sich die Filme auf dem Markt, der damals noch längst nicht so stark vom amerikanischen Mainstream dominiert war wie heute, nicht durchsetzen konnten. Politische Zensur gab es kaum. Regiekollegen aus den Defa-Studios berichten Anderes.

Ein junger Lehrer, der wegen seiner politischen Überzeugung vom Berufsverbot bedroht war, hatte es in unserer Republik schwerer als ein Regisseur, der über den Lehrer einen Film machen wollte. Zensur in unserem Teil

Deutschlands betraf in den Adenauer Jahren vor allem sexuelle Inhalte. Noch Anfang der 60er Jahre durfte die Fritz-Kortner-Inszenierung der Aristophanes-Komödie »Lysistrata« zur abendlichen Sendezeit nicht über den Bildschirm gehen. Damals gab es (glücklicherweise) noch kein Fernsehprogramm rund um die Uhr, aber viele Menschen stellten sich den Wecker in der Nacht, um den Film (jetzt gerade!) zu sehen. Ich auch.

Was war das Unzumutbare des Films? Dass Sexualität als Kraft gezeigt wird, die nicht vom Teufel kommen kann, wenn sie Kriege verhindert? Auch der pure Pazifismus könnte im kalten Krieg die unwillkommene Botschaft gewesen sein.

Wer im Zeitalter des multimedialen Exhibitionismus über solche altbackenen Skandale mild lächelnd den Kopf schüttelt, verkennt, mit welchem Mut damals um die kleinen Freiheiten der Kunst gerungen werden musste. Es war klar, dass wir jungen Filmemacher für die Befreiung des Kinos von sexuellen Fesseln fochten.

Meine Filmkomödien »Hoppe hoppe Reiter« (1968), und »Der Bettenstudent« (1969), stellten in der allgemeinen Sex-Euphorie aber schon unbequeme Sinnfragen. Mit meinem Film »Der Graben« wurde ich dann von manchem Mitstreiter als »unsolidarisch« gebrandmarkt. In dem listig als »Aufklärungsfilm« bezeichneten Werkchen habe ich den Protagonisten in der geschäftsträchtigen Sexualoffensive von Markt und Medien den Boden unter den Füßen verlieren lassen. Ich wollte vorführen, wie ich mir einen Mann vorstelle, der sich in den Heilsbotschaften des Kolle-Journalismus und der Schulmädchen-Reporte verheddert hat. Viele Kollegen und Kritiker verstanden meinen Film als repressiv, andere als »Verrat an der Sache«. Solidarität ist auch in scheinbar friedlichen Zeiten keine einfache Angelegenheit. Und während Christof Wackernagel als »der Bettenstudent« einen Jungen spielte, der genau wie das berühmte »Engelchen – die Jungfrau aus Bamberg« nur eines will, nämlich Liebe, diskutierte ich mit dem frühreifen Jungschauspieler über Wilhelm Reich, wie das damals gute Sitte war. Ich konnte nicht ahnen, dass Christof schon tief in die unseligen Aktivitäten der RAF verstrickt war, die unter dem Gegendruck der Staatsgewalt zunehmend von der Gruppe zur Bande mutierten.

Wichtige deutsche Filme sind über unser halbes »Deutschland im Herbst« gemacht worden, wobei der Film dieses Titels nicht einmal der wichtigste war. Schön, dass es in dieser Zeit Kollegen gab, die nicht gefragt haben, was geht und was nicht geht, sondern Filme gemacht haben, die in diese heikle Gegenwart eingegriffen haben. Heute sind das Zeitzeugnisse und es gibt zu wenige davon.

Sensibilisiert durch die Studentenbewegung und die Fragen, die von ihr in den Mittelpunkt geschubst wurden, habe ich ein Projekt, das mich schon ca. 15 Jahre begleitet hatte, wieder aufgegriffen und neu gesehen: die Geschichte der »Weißen Rose«. Weil mich dieses Projekt auf eine lange Reise der Wahrheitssuche geschickt hat, will ich etwas genauer darauf eingehen.

Die »Weiße Rose«, das ist die große Geschichte von einem kleinen Kreis von Studenten im Widerstand. Wegen der zeitlichen und meiner persönlichen Nähe zur aktuellen Studentenbewegung musste ich streng darauf achten, dass zwischen ungleichen historischen Gegebenheiten nicht Vergleiche aufkommen. Deshalb habe ich die dramatische Episode vom 13. Januar 1943 an der Münchner Universität, die als »Studentenrevolte« in die Geschichte eingegangen ist, in unserem Film stark zurückgenommen.

Zuerst hatte ich die Absicht, das Aufbegehren der Weißen Rose als ein »Fanal« darzustellen, wie es mir aus dem Schrifttum bekannt war: Bruder und Schwester werfen von der Galerie das sechste und letzte Flugblatt in den Lichthof, Augenblicke, bevor unten die Hörsaaltüren aufgehen. Und während dieses sechste Flugblatt der Weißen Rose hundertfach auf die in den Lichthof drängenden Studenten niederfällt, lassen sich Hans und Sophie nach ihrem »letzten Fanal« widerstandslos festnehmen: wir legen Zeugnis ab, dafür gehen wir in den Tod. Ein schönes Bild, das zugleich Konzept des Films sein sollte: da opfern sich zwei junge Menschen, um die träge Masse der schweigenden Mehrheit zu bewegen. Diese Beiden, Bruder und Schwester, wiegen vor der Geschichte tausendfache Ergebenheit und Mittäterschaft auf. Aber dann begann der wichtigste Prozess dieses Filmvorhabens: die eigene Recherche von Person zu Person.

Wie in einem Schneeballsystem bin ich gemeinsam mit meinem Co-Autor Mario Krebs von einem Überlebenden, Verwandten, Mitstreiter, Vertrauten zum Nächsten verwiesen worden. Jeder hat ein anderes Steinchen zum Mosaik einer weitgehend unbekannten Weißen Rose beigetragen, etwa ein Jahr waren wir auf dieser Spurensuche quer durch Deutschland. Nicht alle Steinchen passten zueinander. Manches blieb ungeklärt, aber von dem schönen Fanal musste ich mich frühzeitig verabschieden. Dass das sechste Flugblatt gar nicht von den Studenten stammte, sondern von ihrem Professor, ist das erste Indiz gegen die Fanaltheorie, das den Historikern schon längst hätte auffallen müssen. Dass Hans den Entwurf eines neuen, von

Christoph Probst handschriftlich verfassten Flugblattes in der Tasche trug, dass also das »Fanal« (»Hier stehen wir, wir können nicht anders«) zwangsläufig auch zu Probsts Verhaftung führen musste, ist der zweite Hinweis auf die Hinfälligkeit einer Fiktion vom Fanal der Weißen Rose. Zumal die Freunde von Hans und Sophie von diesem »Fanal« gar nicht unterrichtet waren und die Adressenlisten und Korrespondenzen in der konspirativen Wohnung herumlagen und die Mitverschworenen ans Messer der Gestapo liefern mussten.

So nahm mein Projekt schon in den Phasen der Recherche eine völlig andere Gestalt an, als ich eigentlich beabsichtigt hatte. Auf politisch wirksame Ziele der jungen Widerstandsgruppe war ich von vornherein eingerichtet, nicht aber auf politisch definierte. Nach dem Einsatz von Hans Scholl, Willi Graf und Alexander Schmorell an der russischen Front im Sommer 1942 haben sie ihr fünftes Flugblatt nicht mehr mit »Weiße Rose« überschrieben, sondern Flugblatt der Widerstandsbewegung in Deutschland. Sie haben sich als Teil einer größeren Bewegung gesehen und Kontakt zu allen Gruppen des Deutschen Widerstands gesucht, in den Kirchen, in den Gewerkschaften, vor allem in der Wehrmacht.

Über Falk Harnack, der durch seine Familie sowohl zum Kreisauer Kreis als auch zur Roten Kapelle, einer kommunistischen Widerstandsgruppe, in enger Beziehung stand, hatten sie die ermutigende Information, dass der Putsch der Wehrmacht unmittelbar bevorstand. Ohne ihre eigene Rolle zu überschätzen, wollten sie zur Stelle sein, wenn es endlich soweit war. Sie sammelten sogar Waffen, um mitzuhelfen, wenn es am Tag X darum ginge, Rathäuser, Postämter und andere Schaltstellen der NS-Bürokratie zu besetzen. Sogar Ministerämter in einem Schattenkabinett hatte die Weiße Rose bereits aus ihrem Kreis theoretisch vorgesehen.

Letzte Konsequenz aus unserer umfassenden Recherche war der Nachspann zu meinem Film, der zu einer erbitterten Auseinandersetzung mit Vertretern der Regierungsparteien führte. Zuerst in zwei Sätzen, dann in einer modifizierten Fassung von sechs ausführlichen Paragraphen habe ich den Bundesgerichtshof unter Druck gesetzt, seine Rechtsprechung zu korrigieren, der zufolge der Freislersche Volksgerichthof, der die Weiße Rose zum Tode gebracht hat, ein ordentliches Gericht gewesen sein sollte, deren Richter nur dem Gesetz und ihrem Gewissen unterworfen waren.

Als ich schon als Verleumder in die Ecke gestellt und beinah zermürbt war, haben Überlebende und Angehörige der Weißen Rose sich schützend vor mich gestellt und gemeinsam haben wir erreicht, dass am 25. Januar 1985 der Bundestag die berühmte Erklärung abgab, dass der sogenannte Volksgerichtshof nichts anderes war als ein Instrument zur Vernichtung politischer Gegner. Mein Blick in unsere Vergangenheit war direkt auf unsere Gegenwart von hier und heute gefallen und hatte konkrete politische Folgen. Wenn ich heute auf 35 Jahre Filmregie zurückblicke, würde ich manches anders machen, konsequenter, humorvoller, direkter. Aber Filme entstehen immer in einem bestimmten Moment und einer bestimmten Wahrheit.

In der Wirklichkeit gibt es viele Wahrheiten.

Wirklichkeit im Film ist immer Fiktion.

Auch der sogenannte Dokumentarfilm ist subjektive Sicht, ist Interpretation, ist Fiktion.

Die Blicke von Vielen auf ein und dasselbe haben eines gemeinsam: die Verschiedenheit.

# Filmfestivals

## Letzte Bastionen der Filmkultur?

Ulrich Gregor

Die Filmfestivals wurden geboren in den zwanziger Jahren aus dem Bestreben, Filme zusammenzuholen und zu zeigen, die sonst ihr Publikum nicht erreichen, für diese Filme öffentliche Aufmerksamkeit herzustellen und sie miteinander in einen Vergleich zu bringen. Der erste Impuls für die Veranstaltung von Filmfestspielen war jedenfalls ein kultureller, das gilt sicherlich für die Film- und Fotoausstellung in Stuttgart 1929, eines der frühesten Ereignisse dieser Art, oder auch für den etwa gleichzeitigen »Kongress des unabhängigen Films« im schweizerischen La Sarraz.

Etwas später entdeckten staatliche Institutionen den Prestigewert von Filmfestivals, und auch die erstarkende Filmwirtschaft begann, sich die Plattform von Festivals für ihre Belange zunutze zu machen. Für die totalitären Regimes der dreißiger und vierziger Jahre – in Osteuropa bis zum Zusammenbruch des Kommunismus – war der Wert eines Festivals im System der staatlichen Repräsentation hoch angesetzt (und mit den entsprechenden Zensur- und Steuerungsmechanismen verbunden). Wer je als Vertreter eines Festivals die Ostblock-Staaten mit ihren Kino-Instanzen kennenlernte, kann davon ein Lied singen. Aber auch die westlichen Demokratien stehen Festivals (jedenfalls den großen) keinesfalls indifferent gegenüber und werfen gern, je nach politischer Großwetterlage, ein wachsames Auge auf Filmfestspiele unter dem Gesichtspunkt der nationalen Repräsentanz und der Pflege außenpolitischer Beziehungen.

Die wirtschaftlichen Interessenträger der Filmindustrie – nationale Exportorganisationen, die Produzentenverbände – haben sich im Umfeld der Filmfestivals schon immer lautstark zu Wort gemeldet und diese Veranstaltungen für sich reklamiert. Insbesondere die Produzentenverbände haben ihre Bedingungen in den Reglements von Festivals der sogenannten A-Klasse festgeschrieben und beaufsichtigen diese Festivals durch ihre dorthin entsandten Repräsentanten.

In neuerer Zeit sind als weitere Kraft nun noch die Sponsoren hinzugekommen, nachdem die staatlichen Zuschüsse für Filmfestivals geringer ausfielen (in manchen Ländern, so in Nordamerika, zahlt der Staat überhaupt keine Zuschüsse für Filmfestivals). Banken, Bierhersteller, Zigarettenfirmen, die Automobilbranche und Fernsehsender sind bereit, für Festivals Geld zu spenden, jedoch nicht aus Mäzenatentum, sondern zur Hebung ihres eigenen Ansehens. Sie möchten die Position eines Medienpartners erlangen und allüberall repräsentiert sein.

Zwischen diesen divergierenden Interessenfeldern müssen die Verantwortlichen von Filmfestivals navigieren und dabei versuchen, ihre Identität nicht zu verlieren – je nachdem, wo sie diese suchen oder vermuten und mit was für einem Typ von Veranstaltung man es zu tun hat.

Gleichzeitig lässt sich beobachten, dass der Stellenwert von Filmfestivals in letzter Zeit angestiegen ist und eine inflationale Ausbreitung solcher Veranstaltungen zur Folge hatte, die niemand mehr zu zählen in der Lage ist. Sicherlich hat es etwas damit zu tun, dass wir heute in einer Ereigniskultur leben und dass man für ein Kunstwerk oder ein kulturelles Produkt nur dann Aufmerksamkeit findet, wenn man aus der Präsentation eines Objektes ein Event macht und dieses mit besonderen Werbemaßnahmen garantiert. Werbung ist alles im Umfeld von Filmfestivals, sie ist der wichtigste Faktor zur Sicherung der Medienresonanz, die wiederum eine Maßeinheit für den Erfolg eines Filmfestivals liefert. Man mag das bedauern, aber es ist eine Realität. Sicher ist auch die enorme Konkurrenz zwischen gleichartigen Veranstaltungen, die Überflutung mit Fernsehen und Video daran schuld, dass wir normale Angebote der Kultur oft nicht wirklich wahrnehmen, sondern nur das Herausgehobene, Außergewöhnliche, Einmalige und Sensationelle. So wird auf Festivals gern mit kleinen, leicht durchschaubaren Tricks gearbeitet und jede Vorführung gleich zu einer Spezialvorführung oder besser noch zu einem »special« erhoben.

Gleichfalls kann man beobachten, dass Filmfestivals oft von Gemeinden, Städten oder Provinzen geschätzt und subventioniert werden, weil sie diesen Gelegenheit geben, in Erscheinung zu treten und sich zu profilieren. Aus der Sicht von Festival-Organisatoren kann man solche Unterstützung durchaus annehmen, wenn damit keine Pressionen in Richtung auf erzwungene Zuschauer-Resonanz und Programm-Einebnung verbunden sind.

Wenn man von unseren Regionen einmal absieht, so kann man in europäischen und asiatischen Ländern dieses Phänomen einer starken regionalen Förderung von Filmfestivals beobachten, so in Pusan/Korea, wo jetzt ein im asiatischen Raum führendes Festival stattfindet (bis vor kurzem hatte man von dieser großen Handels- und Hafenstadt außerhalb Koreas noch nichts gehört). Oder in Japan: dort gibt es höchst renommierte Festivals für Dokumentarfilm in Yamagata und für asiatisches Kino in Fukuorka, die jeweils von ihren Städten oder Regionen mit Mitteln ausgestattet werden, von denen europäische Organisatoren nur träumen können.

Auch die besondere Blüte von kleineren italienischen Filmfestivals in der Provinz (Pesaro, Taormina, Viareggio, Turin) hat sicher etwas mit dem Bestreben von Provinzverwaltungen zu tun, sich gegenüber der Landesregierung zu profilieren. Das gleiche trifft für die Vielzahl Nordischer Filmfestivals in den skandinavischen Ländern zu (zum Beispiel Haugesund in Norwegen), die in der Pflege ihrer nationalen oder regionalen Filmkultur ihre Hauptaufgabe sehen und hier zu beachtlichen Resultaten kommen. Das schweizerische Filmfestival in Solothurn ist klein, aber fein und gehört seit den 70er Jahren zu den wichtigen europäischen Filmveranstaltungen.

Es gibt die großen Filmfestivals wie Cannes, Venedig, Berlin und Toronto, die ein breites thematisches Feld bearbeiten und nicht zuletzt den Ansprüchen der Filmindustrie nachkommen, die sich vielfach auch mit einzelnen Sektionen ausgestattet haben, die unterschiedlichen Genres oder Stilrichtungen des Kinos gewidmet sind. Insgesamt gleichen die großen Festivals oft Warenhäusern oder Supermärkten, wo sich jeder sein eigenes Programm zusammenstellt und die ein eigenes Profil wegen der Überfülle an Programm kaum mehr haben können. Besser sind im Vergleich dazu die kleineren und mittleren Veranstaltungen dran, die das eigene Profil pflegen, übersichtlich sind und die gezeigten Filme noch individuell betreuen können (was eigentlich das Ziel jeden Festivals sein sollte).

Das Programm vieler Filmfestivals besteht heute darin, dass es nicht mehr möglich ist, für jeden vorgeführten Film eine adäquate publizistische Resonanz zu erzeugen. Die Medien sind wählerisch, konzentrieren sich am liebsten auf spektakuläre Filme, auf Stars oder auf Preisträger, wollen auch dann nicht mehr berichten, wenn ein Film irgendwoanders schon gelaufen ist (auf solche Weise wird die Konkurrenz zwischen Festivals gefördert), berichten überhaupt zunehmend mehr über Partygeflüster und Gesellschaftsklatsch, nur noch teilweise über Filme: eine Gesamtbeurteilung oder Analyse von Festivals unterbleibt zumeist – zum Bedauern der Veranstalter von Festivals.

Auf den Festivals findet auch ein gnadenloser Kampf der Filme untereinander statt, einige sind sowieso im Gespräch und besitzen aktive Verleih-

und Vertriebsfirmen, andere können sich den Luxus eines eigenen Presseagenten nicht leisten und finden nur schwer einen eigenen Verleih. Das ist kein Wunder, denn wenn das Fernsehen sich nicht durch Ankauf bzw. spätere Ausstrahlung an der Distribution eines Films beteiligt, kommt eine solche überhaupt nicht mehr zustande; denn es ist in vielen Fällen nicht möglich, die Lizenzgebühr für einen Film und die zum Start nötigen Kopien- und Werbekosten aus dem Verleih allein zu erwirtschaften. So gelangen die Filme nach ihrer Festival-Aufführung nicht mehr ins reguläre Kino, eine Fernsehausstrahlung unterbleibt bei allen Sendern, auch den öffentlichen mittlerweile, die um ihre Zuschauerquoten bangen. So beschränkt sich die Karriere vieler Filme, oft sogar der besten unter ihnen, auf die Zirkulation im Rahmen von Festivals. Das mag man beklagen, aber auch das ist eine Realität, die nicht zuletzt durch das Publikum selbst hervorgerufen wird.

Man kann interessanterweise beobachten, dass auch schwierige und entlegene Filme in Festivalsituationen durchaus ein Publikum finden, das bereit ist, sich auf diese Filme einzulassen und sie zu diskutieren, dass aber dieses selbe Publikum ausbleibt, wenn ein Film außerhalb eines Filmfestivals läuft und im normalen Kinoprogramm erscheint. (Sowieso muss man sich fragen, was das normale Kinoprogramm eigentlich noch ist, ob es noch besteht, ob es nicht zusammenschmilzt auf die Multiplexe, die nur noch Mainstream-Filme en suite spielen, die ihr Repertoire bearbeiten und ab und zu auch die Premiere eines mittleren deutschen Films einschieben können.)

In dieser Situation sind die Festivals eine wichtige Bastion der Filmkultur geworden, sie liefern eine letzte noch bestehende Basis dafür, dass künstlerisch ambitionierte Filme überhaupt noch gesehen werden können. Von daher kann man die Multiplikation, das immer größere Anwachsen der Filmfestivals sogar begrüßen, denn immerhin werden so Zuschauer für einen Film gewonnen. Der Haken ist nur, dass die Festival-Aufführungen meist keine Einspielergebnisse für die einzelnen Filme erbringen und dass es diesen Aufführungen an Kontinuität mangelt: Wenn sich ein Film durch den Festival-Erfolg Ansehen erworben hat, ist er nach einigen Aufführungen wieder verschwunden, in dieser Sicht kann und muss man über jedes Provinzfestival froh sein, das bestimmte Filme noch zur Aufführung bringt.

Ganz ohne Alliierte sind die künstlerisch ambitionierten Filmfestivals aber doch nicht, und auf diese Kräfte muss man setzen, sie stärken und ermutigen. Natürlich gibt es im Fernsehbereich kleine, noch verbliebene

Inseln der anspruchsvollen Filmkultur, es seien nur Arte, das Kleine Fernsehspiel und hier und da Dritte Programme genannt. Aber die Fernsehsender können keine Kontinuität der Arbeit erbringen. Hier müssen zwangsläufig die Verleiher ins Spiel kommen, und glücklicherweise gibt es einige ambitionierte Kleinverleiher, deren Anstrengung man bewundern muss. Es gibt die Verbände der Kinos, vor allem den Bundesverband Kommunale Filmarbeit, der Tourneen von Filmen ermöglicht, genau so wie die AG der Programmkinos. Schließlich können auch die Festivals noch etwas mehr für die Zirkulation der von ihnen gezeigten Filme tun, indem sie – soweit möglich – zur Herstellung von Kopien beitragen oder diese selbst in den Verleih bringen (solche Anstrengungen unternimmt das Internationale Forum der Berlinale in Zusammenarbeit mit den Freunden der Deutschen Kinemathek). Bei dieser Arbeit kommt es nicht auf die große Zahl erzielter Umsätze und Zuschauerzahlen an, sondern darauf, dass ein Film nicht von der Bildfläche verschwindet, dass er präsent bleibt, in Bewusstsein verankert wird, auch wenn er nur eine begrenzte Zahl von Aufführungen hat und wenn es nur eine einzige Kopie für den Verleih geben mag.

Filme sollen nicht sterben oder vergessen werden. Für diese Ziel zu arbeiten, ist die Aufgabe aller, die sich dem Kino als Kunstform und Ausdrucksmittel verpflichtet fühlen.

# Filmästhetik und Spiritualität

## Einige unzeitgemäße Gedanken

Reinhold Zwick

»Die Transzendenz ist in Tausende von Fragmenten zerbrochen, die wie Bruchstücke eines Spiegels sind, in denen wir flüchtig noch unser Spiegelbild greifen können, bevor es vollends verschwindet.« Als Jean Baudrillard diese Diagnose an den Anfang seines nachmals vielzitierten Essays »Videowelt und fraktales Subjekt« (in: Ars Electronica [Hrsg.], Philosophien der neuen Technologie, Berlin 1989, 113–131) stellte, verband er sie noch mit der Hoffnung, dass die Fragmente Fraktale wären, dass also »wie in den Fragmenten eines Hologramms in jeder einzelnen Scherbe das gesamte Universum enthalten« ist. Aber gesetzt, dieses Ganze ist nicht nur behauptet: wer soll es noch wahrnehmen, wenn zugleich auch das Subjekt in Fraktale zerfällt und das Wahrnehmen im Gestöber des Virtuellen und Simulierten zusehends die Orientierung verliert? Die Zeiten, da die möglichst totale Immersion, d. h. das möglichst vollständige Eintauchen, das Ganz-Umfangen-Werden von künstlich generierten Simulacren zum Zauberwort der medientechnologischen Avantgarde geworden ist, da die ›wirkliche Wirklichkeit‹ mit der rasanten Globalisierung des Digitalen mehr und mehr entschwindet und im immer schnelleren und immer weiträumigeren Zirkulieren im ›Netz‹ die Identitäten zerfließen, diese Zeiten sind schwere Zeiten für das, was sich herkömmlich mit dem Begriff Spiritualität verbindet. Nicht dass die neuen Technologien, die längst auch auf das Kino ausgegriffen haben, keine eigene Spiritualität – samt zugehörigen Riten und Kulten – ausbilden würden (vgl. jetzt: Ch. Wessely / G. Larcher [Hrsg.], Ritus – Kult – Virtualität, Regensburg 2000). In ihrer unverkennbar (neo-)gnostischen Kontur ist diese neue Spiritualität aber zu einer wenigstens ebenso großen Herausforderung für den christlichen Glauben und die christliche Spiritualität geworden, wie die ›erste‹ Gnosis vor annähernd 2000 Jahren. Im Gegensatz zum Entkörperlichungs-Pathos auf den Panieren der Cyber-Propheten steht christliche Spiritualität unter dem Vorzeichen der Inkarnation: der Fleischwerdung des Logos, einer Menschwerdung, die sich ausdrücklich und unaufgebbar im Welthaften, Leiblichen ereignet. Unter dieser Leitperspektive sieht Christian Schütz in seinem grundlegenden Artikel für das von ihm herausgegebene »Praktische Lexikon der Spiritualität« (Freiburg 1992) die christliche Spiritualität durch vier tragende Momente markiert (1178 f.): (1) durch ihre »*Christozentrik*«, (2) durch ihren »zutiefst *dialogischen*« Charakter, durch den sich christliche Existenz stets in den »Dialog mit den Menschen, dem Leben und der Welt« gestellt weiß, (3) durch ihre »*Alltäglichkeit*«, die »einer überhöhenden Betrachtungsweise des Geistes (widerspricht)« und im Sinne des inkarnatorischen Prinzips gerade dem »sogenannten normalen oder profanen Leben eine ungeheure Aufwertung« zuteil werden lässt, und (4) durch ihre »Humanität«, ihre Sorge »um das wahre ›Humanum‹, um die erfüllte Menschlichkeit des Menschen« und ihre geduldige Aufmerksamkeit für die Prozesse der Menschwerdung wie auch deren Hemmnisse.

Nicht anders als die ›alten‹ Künste war das Kino, spätestens nach seinem Erwachen zur ›siebten Kunst‹, schon immer, wenngleich mit schwankender Frequenz und Intensität, auch ein Kommunikator und Medium spiritueller Erfahrungen und Suchbewegungen – sich solchen Erfahrungen, solchem Suchen und entsprechenden Krisen verdankend wie auch zu ihnen anstiftend. Worin heute, im Kino nach Bresson, Bergman oder Tarkowskij die spirituelle Qualität des Films begründet sein könnte, sei hier unter drei Stichworten skizziert, die im Horizont der aktuellen Hausse des Virtuellen antithetisch zu Leitbegriffen der Cyberkultur stehen. Die Stichworte sind: Sinnenhaftigkeit, Wirklichkeitshaltigkeit und Entschleunigung. Ihre gemeinsame Basis ist die Option, dass sich das Spirituelle im Kino zuvorderst von der Filmästhetik her bestimmt. Insofern soll auch von den oben vorgestellten Grundaspekten christlicher Spiritualität die stärker inhaltlich ausgelegte Christozentrik ausgeklammert bleiben, wogegen sich die anderen Kategorien – Dialog, Alltägliches und Humanität – durchaus mit den genannten Stichworten vernetzen.

### Sinnenhaftigkeit

In einer sozialwissenschaftlichen Diplomarbeit über Internetarbeit mit Jugendlichen las ich unlängst: »Für mich ist das Internet Kommunikation pur«, und: »Der Chat ist nichts anderes als ein Gespräch zwischen Menschen und die E-Mail nicht anderes als der herkömmliche Briefverkehr.«

Bereits im Kino – also immer noch in einer medial konstruierten Wirklichkeit – hätte der Verfasser dieser Zeilen – und die vielen, die ähnlich denken – oftmals Gelegenheit zu begreifen, welche Qualitäten des Dialogs er hier mit leichter Hand abgeschrieben hat, ohne sie überhaupt unter ›Verluste‹ zu verbuchen. Ich würde ihm dazu, als nicht zu schwere Kost, Jeremy Podeswas »The Five Senses« empfehlen, eine ebenso unaufgeregte wie nachhaltige Erinnerung an die gegen jede Simulation resistente Dignität der unmittelbar sinnenhaften Berührung und der direkten Kommunikation. Die Menschen kommen in diesem Film desto mehr zueinander wie auch zu sich selbst, als ihre Sinne für das Authentische und Unverstellte sensibel werden und es vom Synthetischen und falschen Schein unterscheiden lernen. In ineinander verflochtenen, humorvollen und nachdenklichen Geschichten erzählt Podeswa von sinnlichen Entdeckungen, etwa von der Entdeckung, wie der Andere und wie »die Liebe riecht«, wirklich riecht, jenseits aller Deodorant-Uniformen, oder wie Musik jenseits der digitalisierten Makellosigkeit klingt, oder dass es eben doch armselig ist, wenn das Essen zwar gut aussieht, aber nach nichts schmeckt, wie es sich anfühlt, wirklich angefasst zu werden und wie es ist, den anderen und sich selbst jenseits der Masken und Verstellungen zu sehen. Diese Geschichten von nicht programmierbarer sinnenhafter Nähe stehen quer zu der zu Entsinnlichung, Entkörperlichung und Entindividualisierung tendierenden Kommunikation in den neuen, digitalen Medien, quer zu den emphatischen Verheißungen der Telepräsenz und technisch herstellbaren Immersion, mit der sich diese Medien angeblich schon in naher Zukunft weit über die ›banale‹, in ihren Segnungen unstrittige Ebene des beschleunigten Informationsaustauschs emporschwingen sollen. Mit seinem sanften, aber beharrlichen Protest gegen die Erosionen der Aisthesis, gegen die Verblendung des Wahrnehmens durch das Glänzen des Designs und die Totalästhetisierung in einer Welt des ›Als ob‹ findet »Five Senses« einen vielleicht unerwarteten Verbündeten: in der biblischen Spiritualität, jedenfalls der im Zustand vor ihrer Kontamination durch neuplatonisches Gedankengut. Wie sich in der hebräischen Wurzel »jd'« abbildet, verschränken sich in dieser Spiritualität geistig-geistliches ›Erkennen‹ und körperlich-sinnenhaftes Wahrnehmen.

## Wirklichkeitshaltigkeit

Eng verflochten mit dem Moment der Sinnenhaftigkeit ist das, was ich als die Wirklichkeitshaltigkeit des Kinos bezeichnen möchte. Gegenüber den digital generierten Welten, die auch im Film auf dem Vormarsch scheinen und in ihrer Wirklichkeits-Simulation zwar immer täuschender werden, aber doch immer konstruiert, immer ›fake‹ bleiben, setze ich nach wie vor mit André Bazin auf die Erschließungskraft des Kamerablicks auf die ›wirkliche‹ Wirklichkeit, sei sie schön oder hässlich. Ich setze mit Bazin und seinem Weggefährten Amédée Ayfre darauf, dass gerade durch die unvermeidliche leichte Exzentrizität der Wahrnehmung durch das Auge des Objektivs gegenüber dem natürlichen Auge dem Film ein Potential zur Entbergung, ja Offenbarung eines ›Mehr‹ an Realität zuwächst, so dass die Oberfläche der durch das Kameraauge eingefangenen Erscheinungen transparent wird auf eine größere Tiefe hin (vgl. R. Zwick, Tiefe in der Wirklichkeit. André Bazins Beitrag zu einer »Theologie des Films«, in: Communicatio Socialis 28 [1995] 66–89). Diese in sich schon eminent spirituelle Bewegung auf die Tiefe in den Erscheinungen hin wird in besonderer Weise christlich qualifiziert, wenn sie sich verbindet mit einer Aufmerksamkeit für das (scheinbar) Kleine und Alltägliche, das Niedere und Geringgeachtete, kurz: mit einer inkarnatorisch gestimmten Wahrnehmung, die das Heilige auch und gerade im Profanen zu erspüren sucht. So gesehen kann selbst der Blick auf das Unscheinbarste, ist er nur richtig justiert, zum Fenster auf die Tiefe des Seins werden, wie beispielsweise in jener magisch-erratischen Sequenz in dem ansonsten recht geheimnislosen Film »American Beauty«, in der eine lang ausgehaltene Einstellung den Tanz einer Plastiktüte im Wind festhält. Und so gesehen liegt etwa auch die Beziehung zwischen einem Film über den öden Alltag und die schuldhaften Verstrickungen arbeitsloser Jugendlicher in Nordfrankreich und dem seltsamerweise in seinem Titel aufgerufenen »La Vie de Jésus« in der dem Mann aus Nazareth und dem Film gemeinsamen Aufmerksamkeit und Verstehensbemühung für die Menschen am Rande. Die eigentlich spirituelle Qualität dieses Films erwächst aber erst aus der Art und Weise, wie das Kameraauge auf die Menschen, ihr Sein und Handeln sieht, so nämlich, dass im geduldigen, liebenden Blick der Mensch im Täter sichtbar wird, ohne dass deshalb die Tat leichthin entschuldigt und das Opfer verhöhnt würde.

### Entschleunigung

Die Wirklichkeit beginnt desto eher zu sprechen, das Unscheinbare desto intensiver das auch in ihm beschlossene Geheimnis bemerkbar zu machen, als ihr, als ihm Zeit gelassen wird. Pier Paolo Pasolini notierte 1945 in seine tagebuchartigen »Roten Hefte«, wie er ausgerechnet in einer Zeit der tiefsten religiösen Krise doch »die Bedeutung des Wortes ›mystisch‹ wiedergefunden« hatte: »Ich verbrachte Stunden vor einem Blatt oder einer Hand, um *sie zu verstehen*, das heißt, um die Grenze oder die Naht zu überwinden, wo ich endete und der andere begann: das Blatt, der Baumstamm. Ich dachte nicht direkt an Gott, sondern an den Anderen, etwas für mich sehr viel Wichtigeres. Mit der Entdeckung dieser neuen Dimension glaubte ich schließlich an Wunder und Prophezeiungen« (zit. nach N. Naldini, Pier Paolo Pasolini. Eine Biographie, Berlin 1991, 83). Im Horizont der immer rasenderen Beschleunigung in allen Lebensbereichen und Lebensvollzügen braucht auch der im Medium des Films geführte Dialog »mit dem Menschen, dem Leben und der Welt« (s. o.) mehr denn je Geduld und Gelassenheit, will das Kino sein Potential, zum Raum spiritueller Erfahrungen zu werden, stärken. Der Film ist zuvorderst Zeitkunst, und – ähnlich wie in der Musik – liegt auch in der Bearbeitung der Zeit und der damit verbundenen Modi der Wahrnehmung seine große spirituelle Chance. Gegen die Wogen eines Kinos der Narkotisierung, das den Zuschauer durch einander jagende Eindrücke, durch ein Stakkato des Immer-Neuen, Nie-Gesehenen nicht nur den Alltag, sondern letztlich sich selbst vergessen lassen will, stemmen sich auch heute immer wieder Filmemacher, die auf nachgerade skandalöse Weise dem Zuschauer Langsamkeit statt Tempo und Erinnern und Eingedenken statt Sensationen zumuten. Ich denke hier etwa an die Arbeiten von Regisseuren wie Abbas Kiarostami und Theo Angelopoulos oder an die Überraschung, für die David Lynch mit seinem Film »The Straight Story« gesorgt hat. Erfreulicherweise haben wenigstens viele Filmkritiker und Festivaljurys diese originäre Qualität der filmkünstlerischen Zeitbearbeitung nicht vergessen und helfen sie vielfach den ›langsamen‹ Filmen, dass sie nicht von vornherein gemieden oder ihnen bei ersten Spannungen schleunigst entflohen wird.

So wie das Innehalten, Ausruhen und Zu-Sich-Kommen bei Exerzitien unerlässlich ist, und sei es – wie bei den heute wiederentdeckten ›Exerzitien im Alltag‹ – nur für relativ kleine Zeitstrecken, so kann auch der Kinobesuch zu einem Exercitium der Zeit und des Wahrnehmens werden. Wer es zulässt, sich im Kinosessel einem anderen, entschleunigten Rhythmus des Wahrnehmens zu überlassen, der wird womöglich mit einer Re-Sensibilisierung des Sehens belohnt, die über den Kinobesuch hinaus anhält und anfangen lässt, die Wirklichkeit wieder auf ihr Mehr an Tiefe hin ›einzusehen‹. Dieses Berührt- und In-Bewegung-Gebracht-Werden gelingt desto eher, als sich zusammen mit der Entspannung der Zeit auch die in ihr erzählte Geschichte lockert, als der Panzer einer geschlossenen, dicht verfugten Dramaturgie aufgebrochen wird und sich durch Reduktion, Fragmentierung und Ellipsen Leerstellen und Leerräume öffnen, die der Zuschauer mit seinem eigenen Vorstellen beleben kann, beleben muss. Nur so wird ein wirklicher Dialog von Werk und Betrachter möglich, eine Begegnung, in die beide etwas einbringen und die sie deshalb beide wechselseitig bereichert. Diesen Dialog hatte auch Abbas Kiarostami im Auge, als er anlässlich des hundertsten Geburtstags der Filmkunst sein Plädoyer ›Für ein unfertiges Kino‹ formulierte. Darin meinte er:»Als Filmemacher vertraue ich auf die kreative Interaktion mit dem Zuschauer – sonst würde das Kino mit ihm zusammen sterben. Schlechte Geschichten, die perfekt funktionieren, haben einen wesentlichen Nachteil: Sie funktionieren so gut, dass das Publikum keine Möglichkeit hat, zu interagieren … Ich glaube an eine Art Kino, das dem Zuschauer größere Möglichkeiten bietet und ihm mehr Zeit gibt. Ein Kino, das nur eine Hälfte kreiert, ein unvollständiges Kino, dessen zweite Hälfte der schöpferische Geist des Zuschauers selbst gestalten muss. Diese gehört dem Zuschauer und entspricht jeweils der individuellen Welt des Einzelnen, so dass aus einem Film Hunderte entstehen. Die Welt eines jeden einzelnen Films enthüllt eine neue Wahrheit.«(zit. nach der Programm-Broschüre zu Kiarostamis Film»Der Wind wird uns tragen«; Pegasos Hefte zum Film Nr. 45).

## Abspann

Um die Jahrtausendwende scheint das Kino derzeit die Religion und das Numinose als auch für das Multiplex-Format taugliches Sujet entdeckt zu haben. Filme wie»Stigmata«,»End of Days« oder – in satirischer Brechung –»Dogma« greifen in erstaunlicher Deutlichkeit auf theologische Themen zurück und bereiten sie massenwirksam auf. Und ein Erfolgsfilm wie»The Sixth Sense« hat einen neuen Boom der eher ›spiritistischen‹ als spirituellen Filme angestoßen, der durch das inzwischen lange florierende Mystery-

Genre auf den Fernsehkanälen zusätzlichen Rückenwind erhält. Diese Trends haben aber kaum etwas mit dem Thema »Spiritualität« zu tun. Denn die ihnen zuzurechnenden Filme sind entweder zu grell oder zu perfekt, zu ›immersiv‹ inszeniert, als dass sie die Wahrnehmung durch unterbrechende Seherfahrungen aufrauhen und wieder empfindlich für ein aufmerksameres, auch dem vermeintlich Unscheinbaren gegenüber waches Sehen machen könnten. Immerhin werfen einige von ihnen eine Reihe von Fragen auf, die auch für die zuvorderst ästhetisch verfasste Spiritualität des Films eine wesentliche Rolle spielen. So etwa der mit mythischen und religiösen Versatzstücken gesättigte Film »Matrix«, wenn er danach fragt, was Wirklichkeit und was Simulation ist und in der Entfaltung seiner Erlösergeschichte die beiden Paradigmen dahingehend bewertet, dass noch die schlechteste ›wirkliche‹ Wirklichkeit besser ist als die Narkotisierung des Bewusstseins durch die perfekte Harmonie-Illusionierung. Damit zielt »Matrix« thematisch ins Herz der heutigen Medien- und Wahrnehmungsproblematik, ohne freilich ästhetisch selbst die Wahrnehmung des Zuschauers und seine schöpferische Mitarbeit am Film dorthin führen zu können, dass ihm die in der Filmhandlung mühsam erkämpfte Wirklichkeit in ihrer diesen Kampf erst begründenden Tiefe und Fülle erfahrbar würde. Hierzu bedarf es einer anderen Filmsprache, vielleicht einer, die sich im Feld zwischen unseren drei Stichworten bewegt – »vielleicht«, denn jedes normative Postulieren wäre hier fehl am Platz. Sicher auch abseits der von mir in diesem Zusammenhang favorisierten ästhetischen Pfade wird es immer wieder Filme geben, die ›wirklich‹ sehen lassen, die zum Blick in die Tiefe hinter den Erscheinungen anstiften können. (Einen ganz anders ausgelegten Pfad von großer spiritueller Kraft sehe ich beispielsweise in der Golgota-Sequenz von Derek Jarmans »The Garden« beschritten, in einem Crescendo visuell verfremdeter Bilder.) Immer wieder kann das Kino so zu einer Schule der aufmerksamen Wahrnehmung, zu einem Exercitium des Sehens und Hörens werden und damit allemal zu einem spirituellen Propädeutikum – wenn nicht mehr. Und hoffentlich wird es dann auch immer noch eine kirchliche Filmarbeit geben, die im vorurteilsfreien Blick auf den Reichtum der gesamten Filmkultur gerade solche Filme stützt und ihnen Aufmerksamkeit verschafft. Dazu braucht es auch weiterhin Bischöfe, die diese Arbeit als wertvollen Dienst am Menschen und am Glauben schätzen und fördern.

# III.  Gedrucktes

# Perspektiven einer Pastoral für die Lesenden

Rolf Pitsch

Lesen und Gelesenes verstehen ist im Licht der Bibel betrachtet eine Weggeschichte (Apg 8, 26–39). Die Apostelgeschichte überliefert uns den Bericht von der Begegnung des Philippus mit einem Äthiopier. Dieser war nach einem Besuch in Jerusalem auf dem Weg nach Hause und las in einer Schriftrolle die Worte des Propheten Jesaja. Der hochgestellte Äthiopier hatte die lange Reise auf sich genommen, um im Tempel zu beten. Der Zutritt zum Allerheiligsten der Juden war ihm jedoch verwehrt worden. Für die Heimreise erstand er den Jesaja-Text in der Hoffnung, durch die Lektüre an der erlösenden Botschaft Jesu teilhaben zu können. Er las laut vor sich hin. Dies hörte der vom Herrn Gesandte und fragt: Verstehst du was du liest? Die Antwort gleicht einem Hilfeschrei: Wie soll ich es verstehen, wenn es mir keiner erklärt. Und es folgt die Einladung: Komm, setzt dich zu mir (in den Wagen) und erkläre mir die Worte. Philippus nimmt die Einladung an, hört seinem Gastgeber zu und legt ihm den Text aus. Das sich anschließende Gespräch führt zu der Erkenntnis: Dann kann auch ich zu Jesus, zur Gemeinschaft der Glaubenden gehören. Und beim Anblick eines Flusses kommt es zur Taufe. Der Äthiopier ist erfüllt und Philippus lässt ihn allein.

Diese biblische Geschichte kann grundlegend sein für alle perspektivischen Überlegungen zum Lesen, zum Gespräch über Gelesenes und zum Auftrag der Kirche zur Förderung des Lesens. Sie ergänzt in spezifischer Weise eine Vielzahl von biblischen Aussagen zur menschlichen Kommunikation. Dies wird besonders schön in der Textübertragung von Irmgard Weth in der Neukirchener Kinder-Bibel herausgearbeitet. Dabei trägt der Textabschnitt die Überschrift »Ein Minister aus Afrika« und enthält so (nochmals als wäre es notwendig) den deutlichen und programmatischen Hinweis für alle Westeuropäer, dass die Kultur des Lesens nicht von unserem Kontinent stammt. Die Übertragung in dieser Kinderbibel kann uns für unsere Überlegungen nicht nur wegen des Textes helfen. Kinder(-auswahl)bibeln haben den Vorteil, dass sie der Verständlichkeit wegen biblische Aussagen durch die Textübertragung deutlicher herausarbeiten und mit Illustrationen ergänzen. Die Illustration von Kees de Kort zeigt uns drei Männer in einem Einspänner. Das Pferd greift kräftig aus. Der Wagenlenker scheint mit einem Ohr am Gespräch teilzuhaben. Ein prächtig gekleideter, dunkelhäutiger Herr legt voll innerer Anteilnahme und mit weit aufgerissenen Augen, der rechte Arm zeigt nach vorn, sein Anliegen dar. Der dicht neben ihm Sitzende hört zu. Die beiden bilden eine sichtbare Gemeinschaft auf einem Weg. Der Betrachter kann sich vorstellen, wie freundschaftlich sie sich in ihrem Miteinander zugewandt haben.

In diesem biblischen Befund werden eine Reihe von Engagements aus der bisherigen Geschichte katholischer Leseförderung und Lesepastoral angesprochen. Die intensiv tätigen katholischen Buchhändler und Bibliotheksverbände Borromäusverein und St. Michaelsbund nehmen Aufgaben wahr, die in der Apostelgeschichte von Philippus ausgeführt werden. Sie sichten den Medienmarkt, eröffnen Zugangswege, leisten Beiträge zur Leseförderung und bieten in vielfacher Weise Gesprächsmöglichkeiten über die Anliegen der Menschen und das von ihnen Gelesene. In rund 5000 Pfarrgemeinden leisten über 30.000 ehrenamtlich tätige Mitarbeiterinnen und Mitarbeiter den unmittelbaren Dienst, der sich vordergründig in einer Ausleihstatistik niederschlägt. Zumindest Benutzer und Ehrenamtliche wissen, dass in der persönlichen Zuwendung, in langen Gesprächen auch über das mediale Interesse hinaus ein Geheimrezept für das Gelingen dieser Arbeit liegt.

Aus dem biblischem Befund und den Erfahrungen entsprechender Tätigkeiten lassen sich unschwer Konsequenzen für eine Pastoral an Lesenden, für eine Zusammenschau von Literatur und Pastoral formulieren.

### Medien-Zugänge eröffnen

Dem Äthiopier wurde der Zutritt zum Tempel verwehrt. Der katholischen Bevölkerung im Rheinland wurde Mitte des 19. Jahrhunderts der Zugang zur Literatur erst durch die Aktivitäten des katholischen Buchhandels und des Borromäusvereins und seiner Büchereien eröffnet. In Zukunft ist weiter darauf zu achten, dass Literatur und im veränderten Verständnis auch andere Medienformen für alle zugänglich sind. Damit sind nicht nur geöffnete Türen an Ausleih- und Verkaufsorten angesprochen, sondern in besonderer Weise auch die räumliche Nähe von Medieneinrichtungen für den einzelnen. In einer Zeit der Globalisierung, in der vieles hin zu größeren Einheiten strebt, bedeutet dies ein klares Eintreten für kleine Einheiten in den Pfarrgemeinden. Gerade für die Jungen und Älteren, für die Einkommensschwächeren und die Leseunkundigeren ist dieses kirchliche Engagement eine besondere Zusage. Mit dem Blick auf die technischen Lesemedien (z. B. Internet) muss sich hier der (Selbst-)Anspruch anschließen, dass in diesen wohnortnahen Kommunikationsräumen ein offener Zugang zum World Wide Web besteht, wie es bereits in der Mediendenkschrift beider Kirchen gefordert wird: »In öffentlichen Einrichtungen sollten allgemein zugängliche Recherchestationen (Terminals) aufgebaut werden, die kostenlos bzw. gegen geringes Entgelt die Angebote elektronischer Online-Kommunikation bereitstellen.«

### Lesen lernen

Der äthiopische Minister konnte sich auf der Heimreise laut vorlesen. Er verfügte über die Kulturtechnik des Lesens. Zu ihrer Förderung trugen die Bibliotheken in wesentlicher Weise bei. Als Träger dieser Einrichtungen wird die katholische Kirche einem kulturellen Auftrag in besonderer Weise gerecht. In zahlreichen Veranstaltungen werden z. B. im Rahmen von literarischen Angeboten Kinder und Jugendliche an Literatur herangeführt. Die Bibliotheksverbände stellen dafür das Rüstzeug, die Auswahl geeigneter Medien und Veranstaltungsvorschläge zur Verfügung. Diese Aufgabe wird in Zukunft noch weitaus stärkere Bedeutung erlangen. Neuere Ergebnisse der Hirnforschung zeigen, dass die ›Entwicklungsfenster‹ für das Lesen und Schreiben sich etwa zwischen dem 13. und 15. Lebensjahr schießen. In der Konsequenz muss vorher die Annäherung an das Lesen erfolgen und die Liebe zu Büchern geweckt werden. Dies weist darauf hin, dass entsprechende Fertigkeiten kleiner Kinder einer Eintrittskarte in die Welt des Lesens gleichkommen. Und da das Buchstaben-Lesen und -Verstehen auch Voraussetzung für den Mausklick zur rechten Zeit und an der richtigen Stelle ist, kann die Bedeutung des Lesens und Schreibens für die elektronischen Medien nicht überschätzt werden. Sicherlich kann die Bedeutung des Lesens nicht ohne die Fertigkeit des Schreibens genannt werden. Die Vermittlung der Kulturtechniken des Lesens und Schreibens ist ein Beispiel für notwendige Kooperationen zwischen den Arbeitsfeldern der Bildung, der Pastoral und der Medienarbeit.

## Gelesenes verstehen

Gott sandte den Philippus, um dem Äthiopier den Jesaja-Text zu erklären. Viele katholische Buchhändlerinnen und Buchhändler haben dem Kundengespräch und der Kundenberatung uneigennützig einen besonderen Stellenwert in ihrer auch als pastoralen Weltdienst angesehenen Arbeit eingeräumt. Vom personalen Kontakt lebt der ehrenamtliche Dienst der Mitarbeiterinnen und Mitarbeitern in der katholischen Büchereiarbeit. Die literarische Beratung für Neues und das Gespräch über bereits Gelesenes kann dann besonders fruchtbar sein, wenn Leserinnen und Leser – wie in der Illustration von Kees de Kort – auf einen Menschen treffen der zuhören kann. Diese Fähigkeit wirkt, verbunden mit der literarischen Kenntnis, auch zukünftig gemeinschaftsfördernd und gemeindebildend. In einem nach den Vorstellungen des Zweiten Vatikanischen Konzils offenen und öffentlichen Wirken unserer Kirche sprechen Zuhörende in der Büchereiarbeit und anderen pastoralen Tätigkeitsfeld Menschen an, die bewusst oder auch noch unbewusst offen sind für die Frage nach dem Schöpfergott. Die Entdeckung der eigenen Gottbedürftigkeit kann und darf aufgriffen und thematisiert werden.

Sicherlich bedarf es dazu für die Gesprächspartner auch der Möglichkeit, sich für diese Gespräche neben der Bereitschaft zum Zuhören noch weitere Fähigkeiten anzueignen. Das Projekt Literarische Kompetenz (ProLiKo) des Borromäusvereins bietet dazu eine teilnehmerorientierte Ausbildung zur Gesprächskreisleitung im literarischen Kontext an.

## Zur Erklärung einladen

Pastorale Anstrengungen, die im menschendienlichen Sinne erfolgreich sein wollen, müssen das »eingeladen sein« ernst nehmen. Eingeladen sein bedeutet, Zeiten und Orte anzunehmen, die der Gesprächspartner setzt oder die ihm vertraut sind. Es muss nicht mehr die Pferdekutsche von Kees de Kort sein. Der Gesprächspartner muss sich sicher fühlen, beheimatet, um eine Erklärung allein von der räumliche Gesprächsatmosphäre annehmen zu können. Dies stellt sicher hohe Anforderungen an die Veranstaltungsräumlichkeiten, in denen wir im kirchlichen Kontext in der Regel tätig sein. Die Kargheit gemeindlicher Pfarrheime hat ihren Charme. Nur greift er nicht unbedingt das Lebensgefühl der Menschen auf. Und wenn sie schon offen sind zum Gespräch, offen sind zum Gespräch über Gedanken, die sie umtreiben, dann sollten wir Räume finden, die den rechten Rahmen dazu bieten.

Kulturelle Angebote im kirchlichen Kontext genießen seit vielen Jahren eine hohe Akzeptanz. Vielerorts ist es durch Anstrengungen der Familienarbeit, der Erwachsenenbildung und der Medienarbeit gelungen, Räume der Begegnung und der Kommunikation zu schaffen. Immer dann, wenn religiös inspirierte Veranstaltungen einem öffentlichen Publikum präsentiert wurden, erreichten kirchliche Veranstalter einen Nerv der Alltagskultur, wie es beispielhaft in der ökumenischen Basler Kirchenstudie aufgezeigt wird. Menschen fühlten sich an den Orten angesprochen, an dem sie sich beheimatet fühlten. Diese Stärke kann noch besser und vor allem noch offensiver ausgespielt werden, wenn wir uns ihr im Netzwerk unserer Möglichkeiten in einer integrierten Medienarbeit bewusst werden.

## Erkenntnisse erreichen und auseinandergehen

Bei den Emmaus-Jüngern und dem Äthiopier folgt auf die Auslegung der Schrift die Erkenntnis und der Drang nach der (Mahl-)Gemeinschaft bzw. der Aufnahme in die Gemeinschaft der Glaubenden. Auch literarische Gespräche können Gemeinschaft über den Tag hinaus bilden. Wir sich einmal geöffnet hat, wird es gegenüber einer vertrauten Person wieder tun, wird wieder von ihr offen empfangen werden. Das gemeinsame Suchen nach (Er-)Lösung der Alltagsfragen und -sorgen bindet und verbindet. Wichtig ist die Möglichkeit der Trennung: für den Gesprächsuchenden und den Begleitenden. In dieser Fähigkeit spiegeln sich die Souveränität und Attraktivität unseres Handelns. Gesprächsbereit sein, Einladungen aussprechen und die Menschen gleichzeitig nicht vereinnahmen. Dies bedingt natürlich auch, dass wir uns immer wieder auf neue Menschen einlassen und mit ihnen über ihre literarischen und alltäglichen Fragen ins Gespräch kommen.

Neben der Frage wie eine Pastoral für die Lesenden gestaltet werden kann müssen wir in Zukunft stärker die Frage verknüpfen, mit welchen literarischen Texten wir uns in Zukunft Chancen der Vermittlung erwarten. Ein Verständnis von religiöser Literatur, das auf biblische und liturgische Texte, sowie auf theologische Fach- und Sachliteratur beschränkt bleibt, wird für zeitgemäße Anstrengungen allein nicht länger zielführend sein. Entsprechend den Erfahrungen in der Büchereiarbeit werden wir neben diesen Segmenten in besonderer Weise die Möglichkeiten erzählender Literatur zu berücksichtigen haben. Das Projekt Literarische Kompetenz, dass auch mit Unterstützung von Bischof Hermann Josef Spital initiiert wurde, kann dazu ein Baustein sein.

# Warum eigentlich noch lesen?

## Ein Plädoyer jenseits des elektronischen Bildschirms

Matthias Kopp

»Im übrigen, mein Sohn, lass dich warnen! Es nimmt kein Ende mit dem vielen Bücherschreiben, und viel Studieren ermüdet den Leib.« (Koh 12,12) Lohnt Lesen noch? Diese Frage muss sich dem Betrachter ernsthaft stellen, liest er das Wort aus dem alttestamentlichen Buch Kohelet. Die Aussage ist eindeutig: Die Flut der Bücher hatte schon schriftliche Warnungen in längst vergangenen Zeiten zur Folge. Und dabei waren Worte und Bücher damals wie heute begehrt. Selbstkritisch stellt der Verfasser Kohelet wenige Zeilen vor seiner jeden Buchverleger verunsichernden Warnung fest: »Kohelet hat sich bemüht, gut formulierte Worte zu entdecken, und hier sind diese wahren Worte sorgfältig aufgeschrieben.« (Koh 12,10) Trotz vielen Bücherschreibens – und Kohelet ist selbst Verfasser solcher gedruckter Schriftwerke – kann auf das hohe Gut kaum verzichtet werden, geht es doch um die Vermittlung von Wahrheit. Wahrheit kann aber nur dann zum Ziel gelangen, wenn sie unmissverständlich ist und in gute Formulierungen gebettet wird. Genau das versichert Kohelet: gut formulierte Worte gefunden zu haben. Ein Selbstbewusstsein, das mancher moderner Literatur zu wünschen wäre ...

## Mehr als Druckerschwärze

Tatsächlich nimmt es kein Ende mit dem Bücherschreiben und das ist gut so. Während das Wort Kohelets im Laufe der Geschichte, besonders des christlichen Abendlandes, von ausgewählten kirchlichen Führungspersönlichkeiten gerne aufgenommen und mit einer negativen Zensur versehen wurde, kann sich heute der Verleger und Buchhändler über diesen weisen Spruch nur freuen. Denn trotz der fortschreitenden Dominanz des elektronischen Bildschirms gilt für das Medienzeitalter sehr wohl und dem Datenfluss mit seinen Seh- und Konsumationsgewohnheiten zum Trotz: Auch künftig wird es – entgegen Online-Buchhandel, Datenbanken und zu Dekorationsstelen umgewandelten Bücherregalen – Bücher geben und das Bücherschreiben kein Ende nehmen. Ob alles immer Qualität ist und über gut formulierte Worte verfügt, bleibt offen. Aber was Kohelet im 3. vorchristlichen Jahrhundert feststellt, hat heute – Dank des verschriftlichten Wortes – kein Jota an Bedeutung verloren: Es lohnt, zu lesen!

Bleibt es nicht wertvoll, das gedruckte Wort, das unabhängig von Rechenvorgängen, Datenübertragung und der Existenz eines gläsernen Kastens mit Stromanschluss ist? »Das Buch hat sinnliche Qualitäten. Es ist im besten Fall gut gedruckt und gebunden, hat eine Umschlaggestaltung oder Illustrationen, die zum Hinschauen einladen. Es lässt sich greifen und mitnehmen«, stellt Bischof Hermann Josef Spital in seinem Wort »Leselust und Lesenutzen« fest. Tatsächlich: Die sinnliche Qualität ist nicht hoch genug zu schätzen, der bleibende Wert des gedruckten Wortes – hingegen elektronische Bilder, die meistens Schall und Rauch sind. Würde Kohelet sein Weisheitsbuch zum Beginn des 3. Jahrtausends schreiben, dann hätten die ersten Worte dieser Schrift damals wie heute einen treffenden Bezug für manches elektronische Produkt, wenn es heißt: »Windhauch, Windhauch, sagte Kohelet. Windhauch, Windhauch, das ist alles Windhauch.« (Koh 1, 2)

### Entziffern einer Wirklichkeit

Warum also lesen? Wer liest, erfährt etwas. Beim Lesen handelt es sich primär um das Gewinnen von Kenntnis – wie schon Kohelet den bildungspolitischen Auftrag allen Studierens umschreibt – und um Erfahrungen. Erfahrungen sind aber auch Erinnerungen, solche des Autors und solche des Lesers. Lesen und für den Leser schreiben sind zwei ergänzende Grundaufträge für jene, die sich mit Literatur beschäftigen. Das Entziffern einer Wirklichkeit durch Schriftzeichen und die Verarbeitung dieser Leseerfahrung, das Interpretieren des Gelesenen und die Verortung im Sitz des Lebens des Lesenden sind die mit dem Lesen verbundenen Herausforderungen.

Es braucht daher eine Hermeneutik des Lesens, ein Entschlüsseln, ein Hinterfragen, aber auch ein offen lassen von Fragen. Wer liest, macht sich Erfahrungen zu eigen, ist aktiv an einem Geschehen beteiligt. Bischof Hermann Josef Spital hat dazu wiederholt festgestellt: »Dieses Aneignen und Integrieren einer Erfahrung geschieht durch die Deutung, die deutende Geschichte, die man zu seiner Erfahrung sucht und wählt, und damit durch die Bedeutung, die man der jeweiligen Erfahrung für sein Leben gibt.« Lesen trägt also – neben allen anderen Medien – ganz wesentlich zur Meinungsbildung bei. Die Kette ließe sich fortsetzen: Ohne Meinungsbildung keine Gesellschaft, also ist das Lesen konstitutiv für das Sein der Gesellschaft. Aus diesen wenigen Worten wird deutlich, wie unersetzlich das Lesen als Kulturtechnik der Menschheit ist. Dem weiß sich auch die moderne Theologie verpflichtet. Immerhin findet man seit der neuen Auflage des renommierten Lexikons für Theologie und Kirche einen eigenen Abschnitt zu den Begriffen Lesen/Lesekultur (LThK Bd. 6, Sp. 849 f.). Vor der Internationalen Vereinigung katholischer Buch- und Zeitschriftenverleger wusste 1950 selbst der Büchern gegenüber häufig kritische Papst Pius XII. die Hermeneutik des Lesens zu betonen, auch wenn seine Sicht der aufkommenden Fernsehgeneration sicherlich einer heute zu intensiven schwarzweiß Malerei nahe kommt. Trotz der Bedeutung von Technik und Kunst des Films bestehe eine Gefahr des »geistigen Niedergangs«: »Um so mehr ist es daher Aufgabe des guten Buches, das Volk zu einem tieferen Verständnis der Dinge, zum Denken und Nachdenken zu erziehen.«

### Wahrheitssuche durch Erinnerung und Erfahrung

Die Kirche hat in ihrer weiteren Geschichte immer wieder ihr Verhältnis zum gedruckten Wort in Frage gestellt. Wenn Petrus über Jesus sagt, »Du hast Worte ewigen Lebens« (Joh 6, 68), dann wird deutlich: Im konkreten Leben und in diesem Buch der Bücher ist das zu finden, worauf es ankommt, nämlich Wahrheit. Deshalb unterstreicht Jahrhunderte früher Kohelet den Anspruch seiner Lektüre, dass er »wahre Worte« sorgfältig aufgeschrieben habe. Erfahrung und Erinnerung aus der Literatur, das Entschlüsseln von Gedankenwelten, das Eintauchen in Geschichten – ganz gleich ob fiktional oder nichtfiktional – werden bei allem Unterhaltungswert primär nach der Vermittlung von Wahrheiten fragen. Das Buch, das gedruckte Wort muss daher als nachlesbares Produkt in ganz besonderem Maße zur Wahrheitsfindung beitragen, wie nach dem II. Vatikanischen Konzil die Pastoralinstruktion »Communio et progressio« mit Blick auf die Medien feststellt: »Daher sind alle Menschen … aufgerufen, die Instrumente der sozialen Kommunikation in den Dienst der Wahrheitssuche und der Wahrheitsfindung zu stellen.« Tatsächlich würdigt das Dokument insbesondere Literatur und Kunst als Ausdruck der Zeit und des Menschen, weshalb alle Gattungen des gedruckten Wortes diesem Grundauftrag, der Suche nach der Wahrheit, unterstehen.

Wenn es beim Lesen also um die Wahrheitsfindung durch Erinnerung und Erfahrung geht, dann lässt sich kritisch und erweitert fragen: Kann der Bildschirm Erinnerung und Erfahrung auf Dauer sichern? Dieser Aspekt wird um eine weitere Bedeutung des Lesens ergänzt: Wer liest, kommuniziert. Lesen ist daher ein zutiefst kommunikatives Geschehen. Da gibt es einerseits die personale, ja fast private Kommunikation des Lesers mit den Zeilen des Autors und die damit verbundene persönliche Auseinandersetzung mit dem Gelesenen. Lesen kann aber andererseits über die individuelle Kommunikation hinausgehen und andere mit einbeziehen: Literaturkreise, der Austausch über bei der Lektüre Erfahrenes, die Interpretation durch Dritte, das Gespräch mit dem Autor sind solche kommunikativen Elemente. Lesen so als kommunikative Kulturtechnik verstanden, ist immer ein dialogisches Geschehen, das grundsätzlich ein anderes Gegenüber als man selbst besitzt.

### Lust am Lesen

Wenn es also beim Lesen um die Vermittlung von Erfahrungen geht, wenn Zusammenhänge in verständlichen Worten erläutert werden und das Lesen ein Weg der Erkenntnisvermittlung und der Kommunikation ist, dann gibt es keinen Grund, das Lesen gering zu schätzen, ja sich einem engagierten Einsatz zur Leseförderung zu entziehen. Hier scheint es Nachholbedarf in unserer Gesellschaft zu geben, ist sie doch offensichtlich von der Faszination zwischen Fernsehbild und Computerangebot überrannt und hat – zumindest eine zeitlang – Sinn und Zweck des Buches unterschätzt. Der in den Niederlanden und Großbritannien seit Ende der 90er Jahre gebräuchliche Slogan »Shock your parents, read a book« wäre das beste Werbemittel für einen neuen Schub der Leseförderung und der Lesemotivation. Davon kann sich in ihrer langen Geschichte auch die Kirche nicht freisprechen. Die Bibel in Bilder auf die Wände großartiger Kirchenbauten gebannt, die »biblia pauperum«, war schon in der frühesten Phase christlicher Entwicklung eine Form, die Bibel für die Armen, die nicht lesen konnten, sichtbar und erlebbar werden zu lassen. Aber es gab auch die andere Entwicklung, in der Informationen, in der das Buch zurückgehalten, in der vor Büchern gewarnt, dieselben sogar verboten wurden. Und das, obwohl es eine Freiheit des Lesens geben muss; denn nur durch Lektüre und lesen kann ich mir jenes Urteil bilden, das Erfahrungen reflektieren und auf ihren Wahrheitsgehalt hin prüfen lässt.

## Vom Bücherverschlingen

Der Prophet Jeremia wurde in der Kirchengeschichte häufig radikal ausgelegt, der Begriff »Leseförderung« war eher eine unbekannte Komponente. Baruch empfängt die Worte des Propheten, schreibt sie nieder und liest dem Volk daraus vor. Worte kommen in der Welt oft ungelegen, so auch mancher Herrschergestalt im Alten Testament, die jetzt einen Bediensteten die Schriftrolle vorlesen lässt: »Sooft nun Jehudi drei oder vier Spalten gelesen hatte, schnitt sie der König mit dem Schreibermesser ab und warf sie ins Feuer auf dem Kohlenbecken, bis das Feuer auf dem Kohlenbecken die ganze Rolle verzehrt hatte.« (Jer 36, 23) Diese Form literarischer Zensur, die Vernichtung wahrer Worte, hat die Menschheitsgeschichte oft erlebt. Sie zeigt aber auch, wie wichtig schon damals das »Vorlesen« war und wie kompromisslos die Reaktionen des Königs darauf sind. Genauso konnte die Szenerie anders ausgelegt und Bücher – im wahrsten Sinne des Wortes – verschlungen werden. Wir erfahren davon in der Berufungs- und Sendungsgeschichte des Propheten Ezechiel, der die Buchrolle auf das Geheiß Gottes nicht nur liest, sondern sie tatsächlich verschlingt: »Menschensohn, iss, was du vor dir hast. Iss diese Rolle! Dann geh, und rede zum Haus Israel! Ich öffnete meinen Mund, und er ließ mich die Rolle essen. Er sagte zu mir: Menschensohn, gib deinem Bauch zu essen, fülle dein Inneres mit dieser Rolle, die ich dir gebe. Ich aß sie, und sie wurde in meinem Mund süß wie Honig.« (Ez 3, 1–3)

Ähnliche wenig rühmliche Entwicklungen wie sie aus dem zuvor genannten Text des Propheten Jeremia sprechen, kennt die Geschichte des 19. Jahrhunderts, als mit dem kirchlichen Index jene Bücher vermerkt wurden, die Moral und Glauben schaden könnten. Es war ein langer Weg der Kirche, ihr Verhältnis zum Buch zu klären und sich positiv Kohelet zuzuwenden, den Einsatz des nicht enden wollenden Bücherschreibens zu fördern. Papst Pius XII. sah sich 1940 genötigt, Ehepaare genauer auf den

Nutzen von Literatur hinzuweisen. Das gute und das schlechte Wort wurden meist unversöhnlich gegeneinander gestellt, ähnlich wie die daraus entstandenen Bücher: »Das Buch hingegen wirkt zwar weniger rasch, sein Einfluss jedoch dauert an. Es ist einer Flamme vergleichbar, die unter der Asche glimmen oder brennen kann wie ein schwaches Nachtlicht, um dann plötzlich aufzuflackern, zum Wohl oder Verderben«, meint der Papst. Auch ihm ging es um die Sicherung von Erfahrung und Erinnerung. Das Buch, das man verlasse, bleibe einem aufgrund der gemachten Leseerfahrung immer treu, so Pius XII.: »Wenn auch oftmals beiseite liegen gelassen oder zurückgewiesen, ist es dennoch bereit, Euch die Hilfe seiner Lehren von neuem anzubieten ... Höret daher auf seine Winke, die ebenso zurückhaltend und unmittelbar sind.« Der Wert des Buches wurde also – trotz unterschiedlicher Handhabe in der Geschichte – immer hoch gewichtet. Entgegen heutiger Auffassung mahnte Pius XII. jedoch auch: »Es kann aber keine Freiheit geben, alles zu lesen, so wenig wie es eine Freiheit gibt, alles zu essen und zu trinken, was einem unter die Hände kommt, wäre es auch Kokain oder Blausäure.«

### Freiheit des Lesens

Zeigt die Erfahrung Kohelets und der Geschichte, vor allem das Bemühen von Kirche und Gesellschaft in der Gegenwart, dass sehr wohl möglichst alles gelesen werden muss, dass es keine Einschränkung des zu Lesenden geben kann, um gerade aus dem Gelesenen eigene Rückschlüsse, die Reflexion von Erfahrungen, das Bewahren von Erinnerungen und dann auch die kritische Reaktion auf Inhalte zu ermöglichen? So wie Freiheit nicht beliebig ist und selbst gesetzte Grenzen kennt, wird das Lesen immer in Freiheit ohne Einschränkung möglich sein müssen, um die dem anderen geschuldete Freiheit zu garantieren. Und wenn die Lektüre noch so schlecht, Grenzen des guten Geschmacks oder des öffentlichen Anstandes überschritten werden, so ist diese Lektüre doch notwendig, um die darin beschnittene Freiheit zum Wohle einer immer größeren Freiheit anzumahnen. Deshalb lautet der Einsatz für das Lesen heute: Das Lesen ist frei. Meine persönliche Freiheit ermöglicht mir, alles zu lesen. In der Erfahrung des Gelesenen kann ich meine Rückschlüsse ziehen und zum Urteil kommen: Windhauch oder Qualität? Dabei bleibt nochmals zu unterstreichen: Diese Freiheit des Lesens darf nicht unreflektiert geschehen, um Entgleisungen in der Literatur und in Schriften ebenso zu begegnen wie den Schutz der Allgemeinheit zu sichern. Diese Frage tangiert – wie hier dargelegt – nur das Lesen, sie müsste – ohne Zweifel – anders beantwortet werden, wenn sie ausgeweitet würde zu der Frage, ob alles Gedruckte tatsächlich Berechtigung hat, auf dem Markt zu erscheinen. Da es dort viele Fragen gibt, weil eben manches Produkt die Freiheit des anderen beschränkt, braucht es kritisch Lesende, die von ihrer Freiheit Gebrauch machen, um durch das Lesen (das ja frei ist) die Freiheit und Integrität des anderen zu schützen.

### No book – no future!

Also: Es lohnt sich zu lesen, bei aller Auseinandersetzung mit der Faszination der elektronischen Medien. Denn Lesen ist eine Kulturtechnik, die sich bemüht, durch Schriftzeichen in die Gedankenwelt anderer einzudringen. Die evangelische und katholische Kirche haben dazu in ihrer gemeinsamen Erklärung »Chancen und Risiken der Mediengesellschaft« festgestellt: »Neben dem Erlernen eines qualifizierten Umgangs mit visuellen Medien bedarf die Förderung der Kulturtechniken des Lesens und des Schreibens einer besonderen Pflege. Die Kompetenz im Umgang mit Texten ist von zentraler Bedeutung für den kritischen Umgang auch mit anderen Medienangeboten.« Es geht also nicht um das Ausspielen des einen gegen das andere Medium. Vielmehr wird es um ein gegenseitiges Ergänzen gehen, so wie auch Literatur in vielfältiger Form den Leser ansprechen möchte. Da hilft nochmals der Blick ins Alte Testament. Der Verfasser des 2. Makkabäerbuches stellt fest: »So nahmen wir uns vor, die, die gern lesen, zu unterhalten, denen, die mit Eifer auswendig lernen, zu helfen, allen aber, die das Buch auf irgendeine Weise in die Hand bekommen, zu nützen.« (2 Makk 2, 25) Auf die Gegenwart gewendet, darf in diesem Zusammenhang noch einmal das Wort der evangelischen und katholischen Kirche zitiert werden: »In der Verantwortung für die Tradition einer ›Buchreligion‹ sind die Kirchen in besonderer Weise der Wortkultur verpflichtet. Das Verhältnis von Buchstabe und Geist, von Wort und Bild bedarf angesichts der enormen Ausweitung der elektronischen Medien einer intensiven Aufmerksamkeit und Pflege.« Es bleibt daher tröstlich, dass das Lesen – weil das viele Bücherschreiben ja erfreulicherweise kein Ende nimmt – nach wie vor im Trend liegt. Gaius Lucilius fragt zwar auch im 2. vorchristlichen Jahrhundert, »Quis leget haec?«, »Wer wird das alles lesen«, aufgrund der Fülle an abrufbarer Literatur. Aber diese Frage hat sich bis heute nicht geklärt und lässt sich auch nur so klären, dass tatsächlich vieles, wenn auch nicht alles, gelesen wird. Jeder vierte Bundesbürger greift täglich zum Buch, hochgerechnet liest jeder Bürger wöchentlich vier Stunden. Und wenn die Rechnungen stimmen, verbringen Kinder und Jugendliche pro Woche rund 90 Minuten mit dem gedruckten Wort im Bucheinband und 110 Minuten vor der elektronischen Mattscheibe.

Ein Ja also zum Lesen! Wenn sich der werte Leser bis zu dieser Zeile durchgekämpft hat, wird er sich ein Urteil bilden. Es ist eine Meinung, ein Plädoyer. Kein Windhauch, wohl aber ein Gedanke, der sich an das bereits zitierte Makkabäerbuch anschließt: »Uns ist es allerdings nicht leicht gefallen, in mühseliger Arbeit diesen Auszug anzufertigen; es hat vielmehr Schweiß und durchwachte Nächte gekostet.« (2 Makk 2,26) Da, wo versucht wird, Gedanken in Worte zu fassen, Bücher über Erfahrungen als reflektierte Erinnerungen zu schreiben, wird jeder an seine Grenzen kommen. Deshalb endet Johannes sein Evangelium mit den Worten: »Wenn man alles aufschreiben wollte, so könnte, wie ich glaube, die ganze Welt die Bücher nicht fassen, die man schreiben müsste.« (Joh 21,25b)

## Zukunft der Zeitung?

Gernot Facius

Zeitung ade? Ersetzt das »Netz« das gute alte Tageblatt? Unheilpropheten haben bei Jahrtausendwenden Konjunktur. Erst recht, wenn der Übergang von revolutionären technologischen Umbrüchen begleitet wird, für die das Internet ein Synonym ist. Die Medienmärkte sind in Bewegung wie nie. Was heute noch »in« ist, ist morgen schon »mega-out«. Wirklich?

Zugegeben, die Dynamik des Neuen scheint grenzenlos. Das Internet fasziniert Pennäler wie Professoren. Keine andere Technologie hat sich so zügig durchgesetzt wie das »Netz«. Das Fernsehen brauchte 13 Jahre, um in das Gros der Haushalte zu gelangen. Das Internet erreicht heute – fünf Jahre nach seiner Einführung – schon mehr als 16 Millionen Deutsche. Die Allensbacher Markt- und Werbeträgeranalyse (AWA) hat im Sommer 2000 errechnet, dass täglich 4,5 Millionen Deutsche im www »surfen« (was für ein Wort?). Die Tendenz: steigend. Ist die Gutenberg-Galaxis am Ende? Oder bekommen die Optimisten Recht, die sich Synergieeffekte zwischen dem gedruckten Wort und dem Cyberspace erhoffen?

Es wäre zu gewagt – und letztlich auch unredlich –, sich schon heute auf ein klares Ja oder ein entschiedenes Nein festzulegen; dafür war die Teststrecke noch zu kurz. Vielleicht liegt die Wahrheit in der Mitte. Ein Blick ins Ursprungsland des Internet zeigt, dass Untergangsszenarien keinen festen Boden haben. Die Website der »New York Times« (NYT) hatte nach einem Bericht der »Columbia Journalismen Review« im April 2000 bereits 11,4 Millionen registrierte Leser. Fast die Hälfte von diesen gab an, nie eine Papierausgabe der NYT gekauft zu haben. Das New Yorker Blatt, resümierte die »Review«, habe also seine »Marke« einer völlig neuen Leserschicht erschließen können. Dazu kommt: Der NYT gelang es, über ihre Website allein im ersten Halbjahr 1999 rund 12.000 neue Abonnenten für das Printprodukt zu gewinnen.

### Aufbruchstimmung durchs Netz?

Um ehrliche Prognosen über solche Synergieeffekte abgeben zu können, bedarf es sicher noch einer längeren Beobachtungszeit. Doch warum sollte es nicht möglich sein, via Internet einen neuen Freundeskreis für die Zeitung zu erschließen, die unternehmerische Aufbruchstimmung, die mit dem »Netz« verbunden ist, für das gedruckte Medium zu mobilisieren? Es geht nicht so sehr um das Ob, sondern vielmehr um das Wie. Und hier besteht »Klärungsbedarf«.

Es wäre auch zu simpel (sagen wir ruhig: auch zu teuer), in Internetaktivitäten zu investieren, nur um präsent, »drin« zu sein, einen Fuß in der Tür zum neuen Anzeigenmarkt zu haben. Die Zeitung 1:1 ins Netz zu stellen – diese bequeme Art zu reagieren mag für den Anfang getaugt haben. Die Lösung ist das nicht. Wer liest schon eine komplette Frackseite, etwa die Seite Drei der »Süddeutschen«, im Internet? Wie alle elektronischen Medien zwingt auch das Internet zu einem anderen Nutzungsverhalten. Schnelligkeit ist Trumpf. Die »Netz«-Angebote müssen sich daran orientieren, auch an der jeweiligen regionalen beziehungsweise überregionalen Verortung des Blattes.

Selbstredend braucht ein Internet-Auftritt professionell arbeitende Online-Redakteure, die ihr Produkt nicht neben ihrer normalen Print-Arbeit abliefern. Michael Grabner von der Holtzbrinck-Gruppe hat das den »Medienfehler Nummer eins« genannt: Alte Medienunternehmer hätten immer die Tendenz, neu entstandene Medien mit den alten Mitteln zu machen. »Radio wurde auch erst erfolgreich, als es nicht mehr von Zeitungsleuten gemacht wurde, und Fernsehen erst, als es nicht mehr von Radioleuten dominiert wurde«, meint Grabner.

Demgegenüber gibt sich das für Multimediafragen zuständige neue Vorstandsmitglied des Axel Springer Verlages, Mathias Döpfner, als Anhänger einer Zwei-Wege-Theorie zu erkennen. Döpfner definiert die »Welt«, die er in Personalunion leitet, als eine »Marke für Qualitätsjournalismus«, die auf zwei Vertriebswegen zum Leser komme: auf Papier und online. Dieser Medienphilosophie liegt der Gedanke der totalen Vernetzung zugrunde. In Zukunft werde es nicht mehr Print- oder Online-Redakteure geben, sondern nur noch Autoren, die beide Sparten belieferten, sagt Döpfner. Exklusive Meldungen werden dann vermutlich zuerst als Nachricht über Internet verbreitet und anschließend in der »klassischen« Ausgabe, dem Printpunkt, vertieft. Das Internet verbinde als »Special Interest«-Medium Aktualität mit

Nutzwert, Interaktivität und »hoher Informationstiefe«. Print dagegen ist nach Döpfners Ansicht ein »General Interest«-Medium, übersichtlicher, sprachsensibler und vor allem für längere und schön geschriebene Texte geeignet. Mithin eine »ideale Ergänzung«.

Gegen diese neue Medien-Theorie gibt es freilich auch Einwände. Die wachsende Bedeutung des Internet, schreibt zum Bespiel die »Neue Züricher Zeitung« (NZZ), werde nicht dazu führen, dass die Zeitungen künftig nur noch aus langen Analysen bestehen und den Nachrichtenstoff ihren Websites überlassen: »Eine klassische Tageszeitung wird weiterhin versuchen müssen, die wichtigsten Geschehnisse des Vortages zu rapportieren. Auch Radio und Fernsehen haben ihr diese Aufgabe nicht weggenommen. Ja, eine Zeitung kann mit einer Überdosis an Hintergrundinformationen sogar einen gegenteiligen Effekt bewirken«. So habe der massive Ausbau des Feuilletonteils der »Frankfurter Allgemeinen Zeitung« (FAZ) geradezu einen Schock ausgelöst, bemerkt die NZZ: »Von der Panik getrieben, so viel Stoff innert nützlicher Frist nicht mehr bewältigen zu können, beginnt der Leser hastig zu blättern – und liest weniger Artikel als zuvor.«

Kein Zweifel: Ohne die selber recherchierte und exklusive Nachricht wird – Internet hin, Internet her – auch in Zukunft keine gedruckte Zeitung auskommen, die sich als »Marke« auf dem – veränderten – Medienmarkt versteht. So werden beispielsweise bei der Londoner »Financial Times«, die man getrost die Mutter aller europäischen Online-Zeitungen nennen kann, Exklusivmeldungen nach wie vor für die Druckausgabe vorgehalten, es sei denn, die Geschichten lassen sich nicht bis zum Erscheinungstermin konservieren.

Das Internet, heißt es, lebe in Hundejahren. Alles laufe siebenmal schneller als im wirklichen Leben. Dieses Diktum ist primär auf die ökonomische Seite des Mediums mit ihren wechselnden wirtschaftlichen Konstellationen bezogen. Es könnte aber auch für die Inhalte gelten, die im »Netz« um den Erdball gejagt werden. Immer mehr und immer schneller – ist das ein hinreichender Beweis für Qualität? »Ich verachte die Elektronik nicht – sie hat viele Vorteile – ich markiere nur ihre Grenzen«, sagt Helmut Heinen, Präsident des Bundesverbandes Deutscher Zeitungsverleger (BDZV). Das Internet bewirke sicher eine sich rapide beschleunigende Verschmelzung von Medien. Aber dadurch werde die Zeitung nicht obsolet: »Nicht, wenn wir geduldig ihre Stärken weiter entwickeln und sie ausspielen gegen Fernsehen und Internet. Die Menschen brauchen mehr als Fakten. Sie wollen wissen, ob die Fakten stimmen und was hinter diesen Fakten steht.«

Die Gefahr bestehe, zitierte Heinen eine prominente Stimme aus dem Mutterland des Internet, US-Präsident Bill Clinton, dass man vielleicht alle Informationen dieser Welt zu kennen glaube, aber keine Möglichkeit habe zu evaluieren, »was denn falsch und was richtig ist«. Die angemessene Perspektive, ein Rahmen, eine Balance, ein Vor und Zurück fehle. Mit anderen Worten: Es bleibt die natürliche Stärke der Printmedien, aus Einzelnachrichten Informationen zu machen, Informationen kritisch zu analysieren und zu gewichten. Das Internet mag viele Vorzüge haben. Ein Informationsparadies, in dem sich der surfende Bürger auf sicheren Pfaden fühlt, ist es nicht. Paradiesische Zustände vermag auch die Zeitung nicht zu garantieren. Aber sie kann Zusammenhänge transparent machen – auf einen Blick.

Philip Evans von der angesehenen Boston Consulting Group, die amerikanische Verlage in Online-Angelegenheiten berät, spricht zwar offen von der Gefahr, dass ein großer Teil des klassischen Anzeigengeschäfts der Tageszeitungen ins Internet abwandert, aber er ist dennoch alles andere als pessimistisch, was die Zukunft von Print angeht. »Der Bedarf an einem glaubwürdigen und qualitativ hochwertigen Paket aus Nachrichten und Kommentaren, Leitartikeln und geteilten täglichen Erfahrungen, Marke und Autorität, letztlich vor allem auch der Wunsch des Lesers, vom Unerwarteten überrascht zu werden, ist unverändert groß, vielleicht sogar noch größer«, erklärte er in einem FAZ-Interview. »Und die Menschen sind bereit, dafür zu zahlen. Beim bisherigen Informationspaket einer Zeitung werden die redaktionellen Kosten ausgeglichen aus dem Anzeigengeschäft. Wir werden erleben, wie ein neues Informationspaket oder mehrere neue Pakete geschnürt werden, ohne dass jemand im Moment genau wüsste, wie sie aussehen.«

Der Medienfachmann Evans mokiert sich über die »Denkfehler« vieler Vertreter der – vor allem amerikanischen – Zeitungsbranche: »Sie fragen sich, wann die Zeitung als Ganzes vollständig elektronisch sein wird. Dabei geht es vielmehr um die Frage, ob Zeitungen ein integriertes Produkt aus Nachrichten und Kommentaren, Börsenkursen, Anzeigen, Beilagen und so weiter bleiben. »Für Evans liegt es nämlich viel eher in der Logik des Internet, dass sich – ähnlich wie im Wertpapiergeschäft – Online-Wettbewerber einzelne Bestandteile wie das Anzeigengeschäft aus der Zeitung herausschneiden und zu günstigeren Preisen anbieten.

## Universalmedium mit Überlebenschance?

Alles kreist um die Frage: Gelingt es der Zeitung, als das universale Medium zu überleben? Sie muss das Kunststück fertig bringen, bei Senkung der Kosten ihre Qualität und ihren Nutzwert zu steigern. Und sie hat dabei der Versuchung zu widerstehen, unter dem Druck der elektronischen Konkurrenz Infotainment an die Stelle von Information zu setzen und so ins Triviale abzugleiten. Der Romancier Dante Andrea Franzetti, der als Auslandsredakteur des Schweizer Magazins »Facts« auch ein journalistischer Profi ist, hat eine Tendenz der Abkehr von den Fakten ausgemacht. »In den Massenmedien«, schrieb Franzetti in der »Zeit« im Zusammenhang mit den gefälschten Interviews des Hollywood-Korrespondenten Tom Kummer, »wird die Information mehr und mehr ästhetisiert, emotionalisiert und – wie man heute sagt – designet … In vielen Redaktionen spricht man denn heute nicht mehr von Fakten, sondern von Storys. Eine neue journalistische Funktion ist die des Story-Designers, dessen Aufgabe in der pseudoästhetischen Aufbereitung und in der Zuspitzung eines Artikels besteht.«

Und es klingt nach einer Warnung, das Vertrauen in die Seriosität des gedruckten Wortes nicht aufs Spiel zu setzen, wenn dieser professionelle Beobachter der Medienszene formuliert: »Die Ästhetisierung, Personalisierung und Trivialisierung der Information – das eigentliche Gebiet der angelsächsischen Thriller-Autoren – werde den Printmedien indes nicht höhere Auflagen bescheren. Im Gegenteil: Der sicherste Weg, ein etabliertes Blatt zu ruinieren, ist der des Infotainments und des Designjournalismus, dessen Akteure aus ihrem Bauch heraus dekretieren, was der Leser angeblich lesen will. Stagniert das Produkt, liege es daran, dass das Peppige zu wenig peppig, die Geschichten keine echten Storys seien – also weiter geschraubt am bewährten, in Wirklichkeit aber katastrophalen Konzept.«

Die Zeitungen stehen zu Beginn des 21. Jahrhunderts vor einer doppelten Aufgabe. Zum einen haben sie ihr Kerngeschäft, also Print, fit zu machen für die Herausforderungen durch neue Konkurrenten. Zum anderen müssen sie sich Gedanken über ihre Online-Kompetenz machen. Die deutschen Presseverlage haben es auf dem Markt der Internetangebote zunehmend mit dem öffentlich-rechtlichen Rundfunk zu tun. Er versucht seine durch Gebühren abgesicherte starke Position auch in diesem Mediensegment auszuspielen. So hat sich der Rundfunkrat des WDR, des größten Senders der ARD, erst am 28. Juni 2000 auf mehrere »Grundaussagen« verständigt. Danach ist ein starkes öffentlich-rechtliches Online-Angebot zur

Sicherung des umfassenden Informations- und Bildungsauftrags »unerlässlich«.

Der Rundfunkrat will eine neue gesellschaftliche Debatte darüber fördern, wie die in den Rundfunkurteilen des Bundesverfassungsgerichts entwickelten Aufgabenbeschreibungen »Grundversorgung« und »klassischer Rundfunkauftrag« im digitalen Zeitalter erfüllt werden. Die Medienpolitik müsse den Handlungsspielraum des öffentlich-rechtlichen Rundfunks so gestalten, dass eine chancengleiche Teilhabe an der digitalen Welt und an den Potenzialen des Internet möglich und finanzierbar sei.

Und besonders heikel ist Punkt 3 der WDR-Grundaussagen: »Eine Grundversorgung zur gesellschaftlichen Teilhabe aller an den vielfältigen Potenzialen der neuen Verteil-, Verbreitungs- und interaktiven Kommunikationsmöglichkeiten sollte nicht allein aus den Rundfunkgebühren finanziert werden.« Der Rundfunkrat plädiert für »neue Finanzierungsmodelle«, wie sie nach dem neuen WDR-Gesetz im Grundsatz möglich seien: »Dies schließt Entgelte für bestimmte Service- und Programmleistungen ein.« Im Klartext: Das Medienbudget des Bürgers soll weiter strapaziert werden. Dass schon geringe zusätzliche Belastungen den Zeitungen schaden können, scheint in Kauf genommen zu werden.

### Konkurrenz Gratiszeitung?

Mit neuen Belastungen ihrer wirtschaftlichen und publizistischen Kraft müssen sich die deutschen Tageszeitungen noch an einer anderen Front auseinandersetzen. Gratistitel, von finanzstarken ausländischen Unternehmen – zum Beispiel vom norwegischen Konzern Schibstedt in Köln – an Benutzer des Öffentlichen Personennahverkehrs verteilt, zwingen die Verlage zu kostspieligen Abwehrstrategien. Sind in erster Linie Kaufzeitungen davon betroffen, so spüren doch auch klassische Abonnementblätter den Wind der Veränderung.

»Was nichts kostet, ist nichts wert«, glaubt der Volksmund zu wissen. Dürfen sich die Verleger traditioneller Zeitungen damit trösten? Mit dem ausschließlich aus Werbung finanzierten Blatt »Metro«, das in der Londoner U-Bahn ausliegt, ist »Associated Newspapers« ein großer Wurf gelungen. Selbst die Initiatoren der »Metro«-Idee zeigen sich vom eigenen Erfolg überrascht. Inzwischen wurde das Konzept – Pate stand die in Stockholm erscheinende Gratiszeitung der »Moderntimes Group« – auf andere Städte im Vereinigten Königreich übertragen. In der Zeit zwischen sieben Uhr und neun Uhr morgens kann kein Passagier der U-Bahn die Existenz dieses Blattes ignorieren, auch nicht die jungen Mitarbeiter der Werbeagenturen, deren Arbeitsplätze sich in der Londoner City befinden. Zwei Drittel der Leser sind jünger als 35 Jahre und 72 Prozent sind berufstätig – eine Traum-Zielgruppe, mit der der Verlag gegenüber den Anzeigenkunden argumentieren kann.

Das Konzept ist durchaus marktgerecht. »Es wird eine Zeitung für eine Leserschaft produziert, für die die Lektüre einer Tageszeitung nicht oder nicht mehr fester Bestandteil ihres Tagesablauf ist«, lobt der Marketing-Profi Mike Anderson die eigene Leistung. »Es handelt sich um eine bedeutende Gruppe junger Großstadtbewohner, Kinder des Fernsehens und anderer elektronischer Medien, welche die Zeitung als altes Medium betrachten.« Nationale Informationen (bei wenig Politik), Internationales, Sport und Lokalnachrichten – lebendig, farbig, kurz aufbereitet, mit praktischen Hinweisen auf Szeneangebote, Veranstaltungen, Service für Wohnungssuchende etc. »Metro«-Leser finden in der Zeitung Gutscheine, mit denen sie die – hauseigene – »Daily Mail« des nächsten Tages zu einem Sonderpreis erwerben können – eine Verkaufsmethode, die, wie der BDZV betont, in Deutschland an der Zugabeverordnung scheitern würde.

Die Argumentation der Apologeten der Gratiszeitung ist überall die gleiche: Wir nehmen den etablierten Blättern keine Leser weg; im Gegenteil, wir sorgen dafür, dass ihnen eine neue Käuferschicht zuwächst; wir sind im Grunde ein effizientes Leseförderungsprogramm. Das mag in Einzelfällen so sein. Vor allem junge Leute tun sich mit den traditionellen Tageszeitungen schwer. Ihnen kommt sicher das Konzept der Gratistitel entgegen: die komprimierte Information. Doch lassen sich in einer freien, marktwirtschaftlichen Gesellschaft publizistische Fragen nie von den ökonomischen trennen.

Zeitungsverlage können Auflagenverluste, wie sie sich durch das Auftreten der neuen Konkurrenten nachweislich ergeben haben, nicht dauerhaft verkraften. Sie mindern nicht nur die notwendigen Vertriebseinnahmen, sondern beeinflussen auch das Anzeigengeschäft nachteilig, da weniger potenzielle Käufer erreicht werden. Solche Verluste lassen sich nur begrenzt durch Preiserhöhungen ausgleichen. Um »rote Zahlen« zu vermeiden, wird den betroffenen Unternehmen am Ende nichts anderes übrig bleiben, als im redaktionellen Bereich zu sparen. Eine solche Abwärtsspirale trifft den Leser unmittelbar. Und ob verschenkte Zeitungen tatsächlich ein Informationsdefizit decken können, sei dahingestellt.

Es ist richtig: Wer massenweise Gratistitel verschenkt, braucht sich am Leserinteresse nicht zu orientieren. Es fehlt die für ein publizistisches Qualitätsprodukt notwendige Rückkoppelung zwischen Leser/Abonnent und Verlag über den Vertrieb. Zudem stellt sich die Frage, ob überhaupt eine unabhängige Berichterstattung zu erwarten ist, wenn die Finanzierung der redaktionellen Leistung ausschließlich durch die Anzeigenkunden geschieht. »Für viele Leser sind kostenlose Zeitungen ein kurzfristiges Unterhaltungsmedium, aber kein akzeptiertes Informationsmedium«, heißt es beim Verlag DuMont Schauberg in Köln. Die Erfahrungen mit dem »Metro«-Modell in Schweden besagen: Die Herausgabe einer kostenlosen Zeitung führt nicht zu publizistischer Vielfalt, sondern zu einer Minderung des redaktionellen Angebots, besonders der in der Regel teuren lokalen Berichterstattung und Kommentierung. Zeitungen wie »Metro« böten ohnehin kaum oder nur geringe lokale Inhalte, hebt eine Studie des Bundesverbandes Deutscher Zeitungsverleger hervor. Werde zudem der örtliche Verlag aufgrund rückgängiger Werbeeinnahmen gezwungen, Leistungen einzuschränken, so werde dies letztlich auch der lokalpolitischen Berichterstattung schaden.

Freilich, nicht alle dieser neuen Konkurrenten der herkömmlichen Zeitungen lassen sich über einen Leisten schlagen. Die jeweiligen nationalen Traditionen und Medienordnungen spielen bei der Beurteilung eine Rolle. Aus eigener Erfahrung rät die NZZ zu einer differenzierten Bewertung des Phänomens Gratiszeitung. Die Vermutung scheine sich zu erhärten, dass die neuen Titel nicht nur auf den Straßen und in den Massenverkehrsmitteln, sondern auch in den Bilanzen der Verlage ihre Spuren hinterlasse, kommentierte das Blatt am 7. Juli 2000. Wie zu erwarten gewesen sei, müssten vor allem die Zeitungen mit limitiertem Informationsangebot den Gürtel etwas enger schnallen. »Die neue Konkurrenz der Gratiszeitungen mag in publizistischer Hinsicht wenig bereichernd sein, als Dienstleister erscheinen sie den eiligen Zeitgenossen zu befriedigen: indem sie ihm die Zeitläufe kurz und bündig rapportieren. Die Gratiszeitung als gedruckter Teletext. Leichte Kost für unterwegs.«

Sollen sich die Zeitungen als Gegenmaßnahme nun an die Praxis der publizistischen Fast-Food-Küche anpassen? »Sicher nicht«, lautet die Antwort der erfahrenen NZZ-Redaktion: »Ihre Daseinsberechtigung besteht darin, dass sie Hintergrundinformationen liefern. Aber sie müssen neue Rezeptionsmuster berücksichtigen.« Gerade die junge Leserschaft, die erhofften Leser der Zukunft, werde durch die Gratisblätter an einen schnelleren Lese-Rhythmus gewöhnt. Der Effekt dieser neuen Titel sei möglicherweise stärker als jener des Internet, das den Lebenszyklus von Informationen ebenfalls beschleunige.

In der Tat: Als gedrucktes Medium führen die Gratiszeitungen der Branche vor Augen, dass Zeitungen ganz anders daherkommen können als die etablierten. Letztere werden – diese Beobachtung kann auch hierzulande gemacht werden, mit immer ungeduldigeren Lesern rechnen müssen. Die NZZ schließt auch die Möglichkeit nicht aus, dass trotz wachsendem Informationsangebots der Nachrichtenhunger abnehmen könnte. Eine solche Eventualität prognostizierte eine Untersuchung des amerikanischen Pew Research Center. Damit steigen die Anforderungen an die schreibenden Journalisten. Wenn sie gelesen werden wollen, müssen sie auf verschnörkelte Texte verzichten und stattdessen schnell zum Punkt kommen. Mehr denn je kommt es auf eine anspruchsvolle Textdramaturgie an. Sie muss das Faktum berücksichtigen, dass die Menschen zwar immer mehr Freizeit haben, aber mehr Freizeit nicht automatisch mehr Lesezeit bedeutet. »Dabei«, warnen die Schweizer Beobachter, »kann es nicht darum gehen, einen Artikel durch Layout-Tricks zu verdünnen«. Die auch in Deutschland bekannte Methode, süffige Zitate herauszuheben, mag vielleicht zur Lektüre animieren, sie kann aber nicht die Langeweile eines Beitrags übertünchen. Sie schafft im Zweifel Lese-Frust und ist gefährlich.

Bis zum Sommer 2000 war in Deutschland der juristische Kampf gegen die Gratisblätter, wie er vor allem in einer Großstadt wie Köln tobt, noch nicht höchstrichterlich entschieden. Zum freien Wettbewerb, daran haben die Zeitungsverlage keinen Zweifel gelassen, gehört aus ihrer Sicht das freie Spiel der Marktteilnehmer zu gleichen Bedingungen. Werden bestimmte Voraussetzungen außer Kraft gesetzt, tritt nicht nur die Schädigung eines konkreten Unternehmens ein, sondern das gesamte Marktsegment gerät durcheinander. Ziel von kostenlosen Zeitungen sei nicht die Erfüllung des Grundgesetzartikels 5 – nämlich durch journalistische Leistung zur freien Meinungsbildung beizutragen –, sondern durch einen redaktionellen Mantel eine Zielgruppe für Anzeigenerlöse zu finden. Dabei geht es den traditionellen Verlagen gar nicht darum, das kostenlose Produkt verächtlich zu machen. Nicht die Gratiszeitung oder ihre Inhalte, sondern die Vertriebsart ist wettbewerbswidrig – auf diese Formel brachte Achim Twardy vom Axel Springer Verlag seine Abwehrhaltung.

Wie auch immer der Kampf der Juristen ausgehen mag – ein neuer Typ Zeitung versucht, sich ins Geschäft zu bringen. Dagegen wird auf Dauer nur mit größerer Flexibilität der »alten« Zeitungsverlage, einer neuen Denke und vor allem mit einer kontinuierlichen Qualitätssteigerung etwas auszurichten sein. Und mit einer Verfeinerung und Spezialisierung im Angebot. Die Reichweiten der deutschen Tageszeitungen und Zeitschriften haben sich trotz zunehmender Konkurrenz stabilisiert – das weist die Allensbacher Analyse nach. Belegt wird das durch das wachsende Interesse des Publikums an Wirtschafts- und Börsentiteln. Die Markteinführung der »Financial Times Deutschland« ist dafür nur ein Beispiel. Alle großen Tageszeitungen haben ihr Wirtschafts- beziehungsweise Finanzsegment aufgestockt. Die Diskussion um die private Rente sowie der Aktienboom haben das Print-Nutzungsverhalten der Bürger verändert – positiv für die Verlage.

Was die Trendforscher gar nicht mehr für möglich hielten: Die überregionalen Blätter können sich über einen leichten Reichweiten-, teilweise auch Auflagenzuwachs freuen. »Das lässt darauf schließen«, folgert der »Medienspiegel« des Instituts der Deutschen Wirtschaft, »dass sich das politische Interesse nicht, wie so oft behauptet, auf dem absteigenden Ast befindet.« Unterstützt wird dieser Trend durch ein anderes Ergebnis. Die Markt- und Medienforscher fanden heraus, dass sich die Fersehnutzung von den großen Unterhaltungskanälen hin zu den kleineren Vollprogrammen und Spartensendern verschiebt. Besonders profitiert hat davon in jüngster Zeit der Berliner Nachrichtensender n-tv. Er wird inzwischen von 6,3 Millionen Zuschauern pro Tag eingeschaltet – ein Zuwachs von mehr als 25 Prozent gegenüber dem Vorjahr.

Auch dies darf als Indiz für die Attraktivität der »Ware« Information gedeutet werden. Wenn die Zeitungen sich anstrengen, ihre Rolle als Informationsanbieter Nummer Eins immer neu zu definieren, und der Versuchung zur Trivialisierung widerstehen, braucht einem auch um das Gutenberg-Medium noch nicht bange zu sein. Der Staat kann nur die »Rahmenbedingungen« schaffen und für ein pressefreundliches Klima in der Medienpolitik sorgen, alles andere müssen die Zeitungsverlage selber tun. »Qualität« gilt es täglich neu zu buchstabieren.

# Braucht die katholische Kirche eine Nachrichtenagentur?

Wilm Herlyn

Der Auftrag an eine Nachrichtenagentur ist klar abgegrenzt. Sie soll zuverlässig, schnell, ausgewogen und vollständig über das Zeitgeschehen unterrichten. Entscheidend dabei ist auch, dass sie ihre Arbeit unparteiisch, unabhängig und ausschließlich im Dienste einer wahrheitsgemäßen Berichterstattung leistet. Sie handelt mit der Ware Nachricht, dem höchsten Gut der Information.

Kein Mensch als Individuum, keine Gruppe in der freiheitlich-demokratischen Grundordnung kann ohne die Basis Nachricht auf derselben Ebene kommunizieren und entscheiden – Voraussetzung für einen konstruktiven Dialog. In einer Informationsgesellschaft der heutigen Prägung schon gar nicht. Denn der Sinn einer Nachricht liegt darin, dass man sich »nach ihr richten« kann. Sie soll die Informationen liefern, die der Bürger für sein Gespräch mit dem Bürger benötigt, sie ist die gemeinsame Plattform. Jeder ist auf Information angewiesen, um danach sein eigenes Handeln auszurichten. Die Information geht bei kritischen Menschen in einer freien Gesellschaft der Meinungsbildung voraus.

Wenn eine Nachricht dafür geeignet sein soll, dass sich Menschen »nach ihr richten«, muss sie Bedingungen erfüllen:

– Sie muss so aktuell wie möglich sein, und sie muss über das Geschehen, das ihr zugrunde liegt, so unmittelbar wie möglich berichten. Das heißt, sie muss auf fundierten Quellen und nicht auf Hörensagen beruhen. Sie muss für den Empfänger bedeutsam sein oder muss zumindest seine Anteilnahme und sein Interesse wecken.

– Zur Verständlichkeit der Nachricht gehören aber auch Interpretation und Erklärung. Der Empfänger hat einen Anspruch darauf, eine Antwort auf die Frage zu bekommen, was die Meldung für den Einzelnen oder eine Gruppe bedeuten kann. Eine solche Interpretation muss sachbezogen bleiben. Billige Zukunftsvisionen, nicht gerechtfertigte Verallgemeinerungen oder überzogene Auslegungen eines begrenzten Meldungsinhalts kosten auf die Dauer Glaubwürdigkeit.

– Wer aber informieren will, muss zunächst selbst informiert sein. Erst das gründliche Wissen erlaubt es ihm, die Nachrichten auszuwählen, die für eine allgemeine Information notwendig sind. Agentur-Journalismus verlangt Fleiß und Detailarbeit, Unterordnung unter die Tatsachen, kritische Grundhaltung, Fairness gegenüber dem, der Gegenstand der Berichterstattung ist, und Respekt vor der Wahrheit.

Dies festzustellen ist immer wieder notwendig. Die grundsätzlichen Kriterien bilden die Basis für Information und Kommunikation auch in der katholischen Kirche bei ihrem Ringen um den richtigen Weg. Wie anders könnte sie in die gesellschaftlichen Prozesse eingreifen, Rat geben, mitgestalten bis hin in Gesetzgebungsverfahren? Wie anders als durch Kommunikation könnte sie ihre Einheit bewahren?

Kirche definiert sich in der Gesellschaft nach innen und außen nicht nur als Hort des Glaubens und der Verkündigung des Wortes Gottes. Sie engagiert sich – zu Recht – vor allem auch auf einem Sektor, der der christlichen Lehre entspricht. Nächstenliebe heißt auch soziales Engagement. Aber auch auf diesem Gebiet spielt Kommunikation eine wesentliche Rolle – gerade für die Entscheidungsträger der Kirche.

»Weltliche« Nachrichtenagenturen haben eine andere Zielgruppe als die kirchlichen Agenturen. Sie müssen ihre Nachrichten ausrichten auf die Bedürfnisse und Wünsche ihrer Kunden in Print- und elektronischen Medien. Sie registrieren und senden zwar auch Nachrichten aus dem kirchlichen Raum, können aber in diesem Angebot nicht die gesamte Breite und Vielfalt und den speziellen Blickwinkel anlegen wie eine kirchliche Nachrichteninstitution. Deren Themenspektrum ist spezieller, tiefgründiger auch, und sie können das senden, was ihre Partner, die den general news verpflichtet sind, herausfiltern. Das ist kein Vorwurf an die großen Agenturen, denn sie haben eine andere Verpflichtung ihren Kunden gegenüber. Aber Nachrichtenselektion ist ein gefährliches Instrument: Wer nicht zu Wort kommt, der wird auch nicht gehört. Und das kann sich die Kirche als große und gewichtige Institution nicht erlauben in der Gesellschaft mit ihren hochdifferenzierten Diskussionen und Entscheidungsfindungen. Wahr ist aber auch, dass die »weltlichen« Agenturjournalisten von den Spezialisten und Spezialthemen der kirchlichen Kollegen lernen, durch sie Zugang zu Bereichen erhalten, die ihnen sonst verschlossen blieben.

In der innerkirchlichen Debatte fällt der »eigenen« Agentur – wenn dennoch unabhängig agierend – eine bedeutende Rolle zu. Sie läßt – das ist Grundsatz aller Nachrichtenarbeit – alle Seiten zu Wort kommen, auch

Minderheiten in der Kirche. Sie muß in ihrem Schaffen die Freiheit der innerkirchlichen Objektivität haben – wenn auch interessensgeneigt, was Kirche ausmacht und meint. Sie erhält Kirche in der Information und Diskussion als lebendigen, vielgestaltigen Körper. Aber es müssen ihr auch die Mittel gewährt werden, damit sie laut genug und vernehmbar wahrgenommen wird. Denn nur so erhält sie die Akzeptanz der gesellschaftlichen Multiplikatoren, wie es – auch mit Unterstützung der Kirche – der »Rheinische Merkur« etwa beispielgebend demonstriert.

Sie kann am besten in der Beobachtung der Gesellschaft Maßstäbe errichten und benennen, Werte an die Gesellschaft aus kirchlich-christlicher Sicht anlegen – und die Verstöße gegen diese Normen aufzeigen. Wenn diese Aufgabe nicht mehr erfüllt wird, verschieben sich die Maßstäbe – und das kann und darf nicht im Sinne der Kirche sein. Die Agentur ist Medium der Christen für Christen und für Nicht-Gläubige. Sie ist aber auch Medium für den ökumenischen wie für den interreligiösen Dialog.

Medienarbeit wird der Kirche nicht von anderen Medien abgenommen. Und sie darf diese eminent wichtige Aufgabe für sich selbst und für die Gesellschaft nicht delegieren. Sie muß es selbst tun.

# Über den nationalen Tellerrand hinaus

## Aus der Medienarbeit in der Weltkirche

Erzbischof John P. Foley

Die Antwort auf die mit dem Thema gestellte Frage lässt sich besser verstehen und nachvollziehen, wenn – abgesehen von der in der persönlichen Identität des Antwortenden liegenden subjektiven Bedingtheit – jene durch den vatikanisch-weltkirchlichen Auftrag und seine Durchführung gegebenen tatsächlich-objektiven Fakten, Abläufe und Zusammenhänge benannt werden, die den dargestellten Erfahrungen zugrunde liegen. Da die Funktionsweise des »Vatikans« und seiner Organe sogar kirchlichen Insidern oft unbekannt ist – eine erste wichtige Erfahrung aus mehr als 16jähriger Tätigkeit im Vatikan für die Weltkirche – soll zunächst kurz umrissen werden, welchen Auftrag der Päpstliche Rat für die Sozialen Kommunikationsmittel (Medienrat) zu erfüllen bzw. welche Zuständigkeiten er wahrzunehmen hat und wie die Mitglieder, die Berater(innen) und Mitarbeiter(innen) dieses Rates ihre Aufgaben zu erfüllen bemüht sind.

### Auftrag und Zuständigkeiten

Die Vorgeschichte des Rates beginnt 1948 mit der von Pius XII. eingesetzten »Päpstlichen Kommission für den didaktischen und religiösen Film«, die 1952 mit erweiterter Aufgabenstellung in die »Päpstliche Film-Kommission« umgewandelt und deren Auftrag 1954 und 1959 u. a. auf Radio und Fernsehen ausgedehnt wurde, bevor Paul VI. 1964 in Erfüllung einer Bitte der Väter des II. Vatikanischen Konzils (1962–1965) mit wesentlich erweitertem Auftrag die »Päpstliche Kommission für die Sozialen Kommunikationsmittel« errichtete.

1988 wurden der Auftrag dieser Kommission durch die Apostolische Konstitution »Pastor Bonus« (eine Art Organisationserlass) modifiziert und die »Kommission« zum »Rat für die Sozialen Kommunikationsmittel«

aufgewertet und einer Kongregation gleichgestellt. Der Auftrag des Rates besteht darin, in enger Abstimmung mit dem Staatssekretariat

– zeitgerecht und angemessen die Tätigkeit der Kirche und der Gläubigen in den vielfältigen Bereichen der Sozialen Kommunikationsmittel zu wecken und zu unterstützen;

– sich dafür einzusetzen, dass die Zeitungen und die übrigen Periodika, die Filme, Radio- und Fernsehsendungen immer mehr von humanem und christlichem Geist durchdrungen sind;

– sich darum zu bemühen, dass die katholischen Medien wirklich ihrer Eigenart und Funktion entsprechen, sowie

– die Beziehungen mit den katholischen Vereinigungen im Medienbereich zu fördern.

Weiter ist dem Medienrat die Leitung und Verwaltung der Vatikanischen Filmothek übertragen, eines Filmarchivs, das über eine Sammlung von mehr als 2000 Filmen und Video-Filmen verfügt und eine Studienstelle darstellt vor allem für den religiösen Film und Filmmaterial über den Vatikan seit 1890.

Außerdem hat der Rat den Auftrag, die Anträge auf Bildberichterstattung, Film-, Radio- und Fernsehaufnahmen zu prüfen – was oft eine Beratung im Hinblick auf die Inhalte, z. B. die Drehbücher, mit sich bringt – und ggf. die entsprechenden Aufnahmegenehmigungen zu erteilen, soweit es um Feierlichkeiten und Örtlichkeiten geht, die der Zuständigkeit des Heiligen Stuhls unterliegen; dazu gehört ebenfalls Begleitung und Information sowie Protokoll für Fernsehteams aus aller Welt.

Die letztgenannten Einzelaufträge sind eher operativ-tagesbezogener Art, während sich aus dem Gesamtauftrag des Rates als Arbeits-Schwerpunkt vor allem die Erarbeitung grundlegender Weisungen (Instruktionen) und aktueller Handreichungen ergibt – also Aufgaben mehr grundsätzlicher Natur – und deren Umsetzung bzw. Anwendung auf bestimmte Situationen und Projekte in konkreter Beratungsarbeit.

Aus dem bisher hier Dargestellten ergibt sich bereits, dass der Auftrag des Medienrates weit gefasst ist und daher im Hinblick auf die tagtägliche Bearbeitung konkreter Projekte sowie die Knappheit der personellen und finanziellen Ressourcen der Festlegung von Arbeitsschwerpunken bedarf, die prinzipiell von den stimmberechtigten Mitgliedern des Rates aus aller Welt, praktisch aber vor Ort in Rom durch den Präsidenten bzw. den Sekretär vorgenommen wird.

Im Hinblick auf diese notwendige Akzentsetzung – und weniger abstrakt ausgedrückt als in »Pastor Bonus« – könnte man die konkreten Einzelaufträge des Rates so beschreiben:

1. Von weltkirchlich weitreichender Bedeutung ist die Erarbeitung von grundsätzlichen Instruktionen und themenbezogenen Handreichungen. So wurde z. B. 1971 die heute noch grundlegende Pastoralinstruktion über die Sozialen Kommunikationsmittel »Communio et progressio«, die das II. Vatikanische Konzil in Auftrag gegeben hatte, von der »Vorgängerin« des Rates, der damaligen »Päpstlichen Kommission für die Sozialen Kommunikationsmittel« erarbeitet, während der Medienrat 1992 die Instruktion »Aetatis novae« veröffentlichte.

Zusätzlich sind in den vergangenen Jahren Handreichungen zu einzelnen Themen erschienen, z. B.

– Pornographie und Gewalt in den Medien: eine pastorale Antwort;
– Kriterien für ökumenische und interreligiöse Kooperation in den Medien;
– Ethik in der Werbung;
– Ethik in der sozialen Kommunikation

Diese im Umfang begrenzten und für eine breite Streuung gedachten Handreichungen haben z. T. ungeahnte Beachtung und unerwartete Zustimmung weit über den Raum der katholischen Kirche hinaus gefunden. Ausdrückliche Zustimmung islamischer Staaten fand z. B. die Stellungnahme zu Pornographie und Gewalt in den Medien, und die Broschüre zur Werbung wurde sehr positiv aufgenommen bei den Fachverbänden der Werbewirtschaft auf nationaler und internationaler Ebene.

2. Der Medienrat steht in Kontakt mit den Medien-Kommissionen und -abteilungen der Bischofskonferenzen und ihren Stabsstellen auf kontinentaler Ebene.

3. Der Rat hält die Verbindung zu den internationalen katholischen Medienfachverbänden:
   – OCIC, der Internationalen Katholischen Film-Organisation
   – UCIP, der Internationalen Union der Katholischen Presse
   – UNDA, der Internationalen Katholischen Vereinigung für Radio und Fernsehen.

4. Der Rat koordiniert die Satelliten-Verbindungen für die weltweiten Übertragungen von Papst-Liturgien an Weihnachten, Karfreitag, Ostern und anderen ausgewählten Gelegenheiten. Ostern 1999 wurde die Eucharistiefeier und der Ostersegen des Papstes mit einem Kommentar in sieben Sprachen in 58 Länder rund um die Welt übertragen.

5. Über diese Aufträge hinaus, die der innerkirchlichen Medienarbeit dienen, nimmt der Rat die Vertretung des Heiligen Stuhls in der internationalen Gemeinschaft in Fragen von Medienpolitik und -recht
wahr, so z. B. bei der UNO, beim Europarat und im Kreis der für die
Medienpolitik und -gesetzgebung zuständigen Minister der Europäischen Union sowie beim Ministertreffen des Europarates zur Medienpolitik, zuletzt im Juni 2000 in Krakau.

## Struktur und personelle Ressourcen

Zu den vom Papst für jeweils fünf Jahre berufenen 25 Mitgliedern des Rates,
derzeit aus 21 Ländern in fünf Kontinenten, zählen Kardinäle, Bischöfe und
die jeweiligen Präsident(inn)en der Internationalen Katholischen Weltfach-
verbände für die verschiedenen Medienbereiche.

Wie alle im Auftrag des Papstes handelnden und beratenden Organe
der Römischen Kurie sind auch die Päpstlichen Räte mit Mitgliedern aus
allen Kontinenten und Kulturräumen der Welt besetzte »Kollegialministe-
rien«, so dass der Präsident des Medienrates in gewisser Weise der Vorsit-
zende des Rates der Medienminister oder obersten Medienberater des Papstes ist.

Derzeit sind Mitglieder dieses Rates – neben zwei Kurienkardinälen
und drei Kurien-(Erz)Bischöfen aus vier Ländern sowie Kardinal Schwery
aus der Schweiz – die Kardinal-Erzbischöfe von Santo Domingo, Los
Angeles, Prag, Montreal, Genua, Taipeh sowie die (Erz)Bischöfe von Wil-
nius (Litauen), Abidjan (Elfenbeinküste), Luxemburg, Trier, Portsmouth
(England), Udon Thani (Thailand), Sigüenza-Guadalajara (Spanien) und
der Militärbischof von Kenia.

Diesen stimmberechtigten Mitgliedern steht eine Anzahl von ebenfalls
vom Papst auf fünf Jahre ernannten nicht stimmberechtigten Berater(inne)n
zur Seite, derzeit insgesamt 29 Bischöfe, Priester, Ordensleute und Laien aus
weiteren sieben Ländern, darunter drei Deutsche, die in deutschsprachigen
Ländern bzw. in Asien tätig sind. Dem Rat, vor allem dem Präsidenten und
dem Sekretär, steht im Vatikan zur Durchführung ihres Auftrags ein Stab
mit derzeit 18 Mitarbeiter(inne)n aus sieben Nationen zur Verfügung,
Geistliche und Laien, darunter ein Deutscher. Insgesamt sind derzeit 66
Fachleute aus 27 Ländern in fünf Kontinenten in unterschiedlichen Rollen
an der Arbeit des Medienrates beteiligt.

## Arbeitsweise

Die Ausführung des dem Medienrat erteilten Auftrags verlangt einen Überblick über die Situation in den verschiedenen Medienbereichen sowohl im
innerkirchlichen wie in dem die Menschen mitprägenden jeweiligen nichtkirchlichen Medien-Umfeld – und dies alles in einem weltweiten Horizont.
Auf der Grundlage dieser Kenntnis der jeweiligen Medienszene in den verschiedenen Weltregionen ist es möglich, Ansatzpunkte für Initiativen und
Unterstützungsmassnahmen zu entwickeln. Dabei kommt dem Medienrat
und seinem Stab in Rom die Aufgabe eines »Umschlagplatzes« oder einer
»Drehscheibe« für sachdienliche Informationen zu. In seinem Aufgaben-
bereich ist er bemüht, Organ des Papstes und der Weltkirche für Medien-
Dienstleistungen zu sein – in Rom und gegenüber den Ortskirchen.

Dieser Auftrag zwingt die Mitglieder des Medienrates, die Lage vor Ort
zu studieren. Das ist jedoch für die meisten Mitglieder des Rates, die mehr-
heitlich Verantwortung als Oberhirten von Ortskirchen tragen, schon aus
finanziellen und organisatorischen Gründen nicht leicht. Für den Präsidenten des Rates folgt daraus, dass in erster Linie er selbst durch persönliche
Begegnungen und entsprechende Korrespondenz mit den Mitgliedern des
Rates die für die Teilhabe am Prozess der Willensbildung und Entscheidung
notwendige kollegiale Information und Kommunikation sicherstellen muss
– gewissermassen als Garant für die Beteiligungs- und Mitentscheidungs-
möglichkeiten aller Mitglieder des Medienrates und die notwendige Transparenz der Beratungs- und Entscheidungsabläufe. Insofern erfüllt der Präsident des Rates in seinem Verantwortungsbereich eine Art Treuhänder-,
Garanten- und Scharnierfunktion zwischen dem Zentrum der Weltkirche
und den Ortskirchen.

Außer dieser Aufgabe des stetigen Gesprächs mit den Mitgliedern des
Rates – also der innerkirchlichen Dimension des Auftrags – sind Aufgaben
zu erfüllen, in denen es nicht um die Teilhabe an der Ausübung von Lei-
tungsfunktionen in der Weltkirche geht, sondern um die Vertretung »nach
aussen« in Fragen der Medienpolitik und -gesetzgebung, d. h. gegenüber der
internationalen Gemeinschaft, z. B. bei den Vereinten Nationen, beim Europarat, im Kreise der für Medienfragen zuständigen Minister der Europäischen Union.

Der Auftrag des Rates hat also immer eine inner- und eine außerkirch-
liche Dimension, und beides im Hinblick auf die Universalkirche. Dieser
weltkirchliche Doppelauftrag wird einerseits in Rom ausgeführt durch die

jeweiligen Fach- und Beratungsgespräche bei Besuchen von Bischöfen und Bischofskonferenzen aus aller Welt, z. B. bei den alle fünf Jahre stattfindenden ad-limina-Besuchen, oder bei Gesprächswünschen von Fachleuten der kirchlichen und nichtkirchlichen Medien, von Botschaftern der beim Heiligen Stuhl akkreditierten Staaten, von Abgeordneten und Ministern, die mit Medienfragen befasst sind. Der andere, nicht in Rom stattfindende und daher für Aussenstehende oft nicht klar erkennbare Teil der Ausführung des Doppelauftrags des Rates vollzieht sich bei Besuchen in den verschiedenen Ortskirchen im Rahmen von Fachtagungen oder aus konkreten Anlässen sowie bei Sitzungen und Tagungen der zuständigen Gremien der internationalen Gemeinschaft.

### Beobachtungen und Erfahrungen

*Ein Papst des Konzils und ein grosser Kommunikator*

Mit dem Dekret »Inter mirifica« des II. Vatikanischen Konzils, der Errichtung der Päpstlichen Kommission für die Soziale Kommunikation und vor allem der wegweisenden Instruktion »Communio et progressio« von 1971 hat die Kirche den Medien, deren Bedeutung in der Welt von heute schon unter Pius XII. und Johannes XXIII. erkannt worden war, besondere Aufmerksamkeit gewidmet. Und Johannes Paul II., der als junger Erzbischof vor allem die Pastoralkonstitution »Gaudium et spes« mitgeprägt hat und dem die Verwirklichung und Umsetzung der Konzilsbeschlüsse schon als Erzbischof von Krakau ein Herzensanliegen war und während seines ganzen Pontifikates bis heute geblieben ist, bemüht sich auch als Papst, die Präsenz der Kirche in den Medien nach Kräften zu fördern. Dabei kommt ihm und der ganzen Weltkirche zugute, dass er über eine grosse natürliche Medienwirkung verfügt. Der – nichtkatholische – Chefredakteur der Tagesschau (Telegiornale RAI 1) des italienischen Fernsehens, Gad Lerner, geht sogar noch weiter, wenn er sagt: »Journalismus bedeutet, sich mit den anderen auf die gleiche Wellenlänge zu begeben. Und unter diesem Gesichtspunkt ist der Papst der beste. Der größte Kommunikator ist er.« Insofern ist der Medienrat in der selten glücklichen Lage, dass der Papst selbst zugleich das beste Beispiel für die in den Mediendokumenten der Kirche festgelegten und vom Medienrat vertretenen Grundsätze ist.

### Vielgestaltige Weltkirche

Bereits als Korrespondent der Wochenzeitung der Erzdiözese Philadelphia in Rom während des II. Vatikanischen Konzils und während meines Promotions-Studiums wurde mir bewußt, was ich seitdem immer wieder neu empfunden habe: Die tiefe im Glauben der Apostel gründende Einheit der Weltkirche, aber vor allem die Vielgestaltigkeit der kirchlichen und außerkirchlichen Gegebenheiten, denen ich begegnet bin und begegne: Es gibt z. B. nach wie vor große Regionen der Welt, in denen die Kirche als Institution und die einzelnen Gläubigen weiter verfolgt werden und keinerlei Zugang zu den Medien haben, geschweige denn, dass sie über eigene Medien verfügen könnten. Im Gegensatz dazu gibt es andere Großräume der Welt, in denen die Kirche unbehindert den Glauben verkünden und feiern kann, aber aus Armut an materiellen Ressourcen kaum über eigene Medien verfügt. Oft ist in diesen Ländern auch die öffentliche Grundversorgung mit Medien – d. h. vor allem Radio und Fernsehen – nur rudimentär entwickelt. Es gibt z. B. Landstriche, in denen das Radio die einzige Informationsquelle ist, während in wohlhabenden Staaten das Radio noch ganz anderen Funktionen dient, z. B. der Daseinsbewältigung der Menschen. In vielen Ländern verfügt die Kirche aber auch über eigene Strukturen in den verschiedenen Medienbereichen. In Deutschland geniesst sie zusätzlich noch einen besonderen Rechtsstatus, der ihr als gesellschaftlich relevanter Gruppe im öffentlich-rechtlichen Mediensystem ein umfassendes Mitspracherecht sichert. Und zunehmend entwickelt sich ein neues Phänomen in den reichen Industriestaaten der nördlichen Hemisphäre der Erde, wo die Zahl der Menschen zunimmt, deren Welterfahrungen vor allem Medien-Erfahrungen sind, d. h. überwiegend durch Medien vermittelt werden.

### Die eigene »Brille«

Das Wissen um diese Vielgestaltigkeit macht vorsichtig und schützt vor übereilten Urteilen, zwingt jedoch zu vertieftem Studium, Gespräch und Nachdenken, kurz gesagt: Diese Tätigkeit bewahrt vor Überschätzung der eigenen Person in ihrer geschöpflichen Bedingtheit, in ihrer Identität, ihrem Selbst sowie in ihren Möglichkeiten und Grenzen – und fördert so eine notwendige Bedingung präziser Erkenntnis.

Im Erkennen der Vielgestaltigkeit der Gegebenheiten, in denen die

Weltkirche rund um den Erdball lebt, wird man sich der eigenen Identität – eine Frucht der eigenen Herkunft, der persönlichen Eigenart und des eigenen Willens – als einer Bedingung der subjektiv geprägten Wahrnehmung bewusst. Zum ersten Mal in Rom während des II. Vatikanischen Konzils als Doktorand der Päpstlichen (Dominikaner-)Universität (»Angelicum«) und als Korrespondent sowie dann seit 1984 auf meinen Reisen in alle Kontinente und viele Länder der Erde habe ich immer wieder erfahren, was ich zuvor nur abstrakt wusste, ohne aber eine Vorstellung davon zu haben, was es konkret bedeutete: dass meine Welterfahrung dadurch geprägt war (und ist), dass ich sie durch die »Brille« und mit dem Vorverständnis eines katholischen US-Amerikaners aus Philadelphia wahrnahm und wahrnehme, der aus einer irisch-deutsch-amerikanischen Familie der nach England und Europa orientierten, kulturell und der Mentalität nach protestantisch-demokratisch geprägten Ostküste der Vereinigten Staaten stammt, sowie durch Elternhaus und von Jesuiten geprägte Schulen und Hochschulen die »starke« Identität eines Diaspora-Katholiken erhalten bzw. entwickelt hat. Und als solcher habe ich dann die verschiedenen Kontinente und Kulturräume der Welt mit den Augen des gelernten Journalisten und aus der Perspektive des Präsidenten des Medienrates erlebt und kennengelernt.

*Kommunikationsstile*

Die persönliche Identität äußert sich z. B. auch in verschiedenen Kommunikationsstilen, die u. a. politisch-gesellschaftlich mitbedingt sind: der öffentliche Diskurs in demokratisch verfassten Staaten und Gesellschaften ist im allgemeinen offener und unbefangener, weniger von konformistischer Anpassung geprägt, als in autoritär oder gar totalitär geprägten Gesellschaften; und dies zeigt sich gelegentlich auch im innerkirchlichen Kommunikationsstil. Zusätzlich hat P. Avery Dulles SJ – ein Sohn des US-Außenministers John Foster Dulles in den 50er Jahren – dazu noch die interessante These beigetragen, dass auch die unterschiedlichen Kirchenbilder – z. B. Kirche als »Corpus Christi Mysticum« oder als »Volk Gottes« oder als »Communio« – bestimmte Kommunikationsstile hervorbringen und fördern.

Die einzige Möglichkeit, unter diesen Bedingungen von Kommunikation zu einem gegenseitigen Verstehen zu finden, besteht im Hinschauen, Hinhören und in der Intensivierung des persönlichen Gesprächs als einer wichtigen Voraussetzung medialer Kommunikation. Dabei ist ein eher narrativer Gesprächsstil dem gegenseitigen Verstehen oft förderlicher als eine abstrakt-begriffliche Argumentation. Ein solcher horizontaler Kommunikationsstil entspricht eher einer demokratischen Kultur und Mentalität – und erleichtert auch die innere Zustimmung zum Lehramt der Kirche.

### »Kommunikationsmittel« Fremdsprachen und Übersetzungen

In diesem Zusammenhang kann die Notwendigkeit einer ausreichenden Kenntnis von in der Weltkirche gesprochenen modernen Sprachen nicht unerwähnt bleiben. Die für jede über den eigenen Sprachraum hinausgehende Kommunikation notwendige Beherrschung von Fremdsprachen verlangt heute – zumindest auf der Ebene der Bischöfe – die Fähigkeit, sich in mindestens zwei der vier in der Weltkirche am meisten gesprochenen Sprachen differenziert ausdrücken zu können: Englisch, Französisch, Italienisch und Spanisch. Über 60 Prozent der Bischöfe – mit steigender Tendenz – sprechen (auch) Englisch oder Spanisch, sehr viele zusätzlich ebenfalls Italienisch, vor allem, wenn sie in Rom studiert haben. Die notwendige Kollegialität unter den Bischöfen – ein dialogischer Prozess gegenseitigen Austauschs über Fakten, Wahrnehmungen und Beurteilungen – und das Erleben von Kirche als Communio ist ohne ein Minimum an gemeinsamen Sprachkenntnissen, die Gemeinschaft stiften, schwer möglich.

Ähnliches gilt für die Bedeutung guter, d. h. inhaltlich richtiger und stilistisch vertretbarer Übersetzungen aus Fremdsprachen in die Muttersprache, vor allem bei inhaltlich wichtigen Stellungnahmen des Papstes und in strittigen Fragen. Ohne das hinhörende Bemühen um ein genaues Verstehen ist eine Grundvoraussetzung für Kommunikation nicht gegeben, schon gar nicht für eine »Streitkultur«, denn in diesem Fall muss man zunächst wissen, worüber man streitet. Allzu häufig erlebt man, dass eine der wichtigsten Regeln der Kommunikation nicht beachtet wird, nämlich das aufmerksame Lesen oder Zuhören. Rituelle Antworten auf Fragen, die nicht gestellt werden, oder unklare Antworten auf die eigentlichen Fragen sind die Konsequenz.

## Rede und Handeln Christi als Modus der Kommunikation

Bei allem Bemühen um eine unter diesen Bedingungen auf Communio im christlichen Sinn hinorientierte Kommunikation sollte im übrigen – gerade bei Schwierigkeiten – nie vergessen werden, dass der christliche Glaube nicht nur bedeutet, sich innerlich an ein System von Glaubenssätzen und Prinzipien zu binden, sondern insbesondere an die Person Jesu Christi, d. h. an einen Lebenden; und dies müsste dazu führen, dass man in einer ganz bestimmten Weise denkt, sich verhält und – vor allem – handelt. Die vollendete Form von Kommunikation im christlichen Sinn ist das volle persönliche Engagement, letztlich ein Tun aus Liebe: dies verlangt vom Medienschaffenden, dass er mit seinem Leben bezeugt und tut, was er sagt. Und diese »Sprache« erfordert keinen Sprachkurs, sie geht erfahrungsgemäß unmittelbar zu Herzen und schafft das, was Kommunikation anstrebt – Gemeinschaft.

## Qualität und Sachverstand unentbehrlich

Eine zunehmend vom Kommunikationselement »Bild« geprägte Medienkultur setzt für die kirchliche Kommunikation die entscheidenden Parameter, weil die ästhetischen Urteilsmaßstäbe der Menschen von der medialen Inszenierung nichtkirchlicher Events und Themen geprägt werden. Daher bedarf es nicht nur in der kirchlichen Medienarbeit, d. h. bei der Erarbeitung bzw. Erstellung des Medienproduktes, z. B. einer Fernseh- Übertragung, bester Qualität, sondern bereits bei der Planung und Gestaltung des Berichts-Anlasses, z. B. bei der Gestaltung von kirchlichen Festen, Gottesdiensten oder Eucharistiefeiern. Als Prinzip müsste hier gelten, dass zum Lobe Gottes nur das Beste gut genug ist. Der beste Kameramann und die beste Regie können dieses Ziel aber nicht realisieren, wenn z. B. die Musik banal ist. Ähnliches gilt für eine allzu wortwörtliche und zu enge Interpretation des Bibel-Wortes, dass der Glaube vom Hören komme. Hier besteht die Gefahr, dass man andere – und vielleicht medial noch besser vermittelbare – »Glaubensquellen« geringschätzt: die aus dem Glauben der Kirche entstandenen Kunstwerke, die ihrerseits Zugänge zum Glauben eröffnen können – sei es z. B. die reiche Bild-Kommunikation und Bild-Verkündigung im Lauf der Kirchengeschichte, sei es die liturgische und geistliche Musik.

## Das Fundament der Kirche im Bild

Die katholische Kirche ist eine Realität, die bei aller Vielgestaltigkeit weltweit ihre innere Einheit im gemeinsam bezeugten Glauben der Apostel an Jesus Christus als den Heilbringer findet. Garant dieses Glaubens und sichtbarer Mittelpunkt der Kirche ist der Bischof von Rom. Es gibt kaum einen besseren – und übrigens medial hervorragend ins Bild zu setzenden – sichtbaren Ausdruck dieser Realität als die Eucharistiefeiern des Papstes mit den am Altar über dem Grab des Petrus konzelebrierenden Bischöfen z. B. bei Synoden in Rom. Das Kollegium der Apostelnachfolger versammelt sich am Grab des Petrus um dessen jeweiligen Nachfolger zum Bekenntnis und zur Feier des Glaubens der Apostel. Diese Grundverfassung der Kirche lässt sich in einer Medienwelt kaum besser darstellen. Und diese Darstellung ist umso wichtiger, als man vielerorts einer Mentalität begegnet, die kaum erfahren lässt, dass man sich einer Gemeinschaft zugehörig fühlt, die sich als solche in der ganzen Welt identisch durch den Glauben der Apostel definiert. Diese Erfahrung gibt unter den heutigen Bedingungen sachkundig kommentierten Bildübertragungen vom Geschehen in Rom als dem Zentrum der Weltkirche ihre große Bedeutung; denn Nichtwissen und Nichterleben muss zu – mindestens psychologischer – Distanz führen. Aus der Medienforschung ist bekannt, dass im Bewusstsein der Menschen nicht (mehr) existiert, was sie nicht mehr hören und sehen.

## Professionalität reicht nicht

Über diesen – im weiten Sinn des Wortes – »technischen« Überlegungen darf man nie aus den Augen verlieren, dass die Kommunikationsmittel nur Instrumente sind und es für die Qualität der Sozialen Kommunikationsmittel entscheidend auf die Medienschaffenden und -nutzer ankommt. Die berufliche Tätigkeit im Bereich der Medien bedarf klarer sittlicher Massstäbe sowie eines hohen Maßes an stetiger Selbstkontrolle und Selbstdistanz im Hinblick auf diese Maßstäbe: Wer einen Medienberuf wählt, weiss, dass er an einer für den einzelnen wie für die Gesellschaft sehr wichtigen Aufgabe mitarbeitet: die Wirklichkeit mit äußerster Wahrhaftigkeit und Sachlichkeit, aber in Respekt vor der Würde des Menschen darzustellen sowie Menschen mit der Realität und ihren Mitmenschen in Kontakt zu bringen und nach Möglichkeit untereinander zur Gemeinschaft zu führen.

Ein solcher Beruf braucht ein hohes Maß an Fähigkeit zur Objektivität, um nicht in erster Linie die eigene Meinung, sondern vor allem die Wahrheit der Dinge, der Sachverhalte und der Personen zur Sprache und zur Darstellung zu bringen – eben das, woran es gelegentlich mangelt. In einer Medienwelt, die immer stärker von privaten und nicht am Gemeinwohl orientierten Geschäftsinteressen geprägt ist, fordert ein solches Ethos eine heute seltene Tugend: den Mut, aus Gehorsam gegenüber den oben genannten Prinzipien den Zumutungen des Konformismus, des feigen Wegschauens und Schweigens, der Diktatur der Einschaltquoten und ungerechter Machtausübung in den Medien zu widerstehen. Mit anderen Worten, wir brauchen mehr Medienschaffende, die nicht nur professionell nach den Sachgesetzen der Medien arbeiten, sondern gleichzeitig auch nach ihrem am christlichen Sittengesetz orientierten Gewissen handeln, etwas verkürzt gesagt: gewissenhafte Fachleute. Und was hier im Hinblick auf die berufliche Gewissenhaftigkeit der »produzierenden« Medienschaffenden gesagt wird, gilt mit gleichem Ernst für die »konsumierenden« Mediennutzer bei ihrer Entscheidung, ob sie kaufen oder nicht, einschalten oder abschalten.

*Vatikan besser als sein Ruf*

An dieser Stelle liegt es nahe, abschliessend eine kurze Bemerkung zur Arbeit im Vatikan für den Heiligen Stuhl zu machen: Es ist ungeachtet anderslautender Behauptungen ein relativ klar nach Kompetenzen gegliedertes System, das im Hinblick auf die Größe der Weltkirche ein verhältnismäßig leistungsfähiges Zentrum ist, in dem viele hochqualifizierte Fachleute ihren Dienst tun. Der Medienrat als Teil dieser Struktur versucht, dem Auftrag des Heiligen Stuhls – den Glauben der Apostel zu bewahren und der Einheit der Weltkirche zu dienen – dadurch zu entsprechen, dass er seinen Auftrag zur Arbeit in und mit den Medien im Sinne der Grundsatzdokumente und -weisungen als Dienstleistung erfüllt. Und wenn die für diese Arbeit geltenden Grundsätze beachtet werden, wird es auch möglich sein, in der Weltkirche bestehende Meinungsverschiedenheiten den Medien so sachlich und fair zu vermitteln, wie diese ihrerseits sie den Mediennutzern präsentieren müssten: in Respekt vor den vielleicht irrenden Personen, in äußerster Fairness, Sachlichkeit und Wahrhaftigkeit bei der Darstellung und Diskussion von Streitfragen sowie in der nötigen Transparenz der Prozeduren und Vorgänge – oder, anders ausgedrückt, nach dem Grundsatz: »In necessariis unitas, in dubiis libertas, in omnibus caritas.«

# IV. Neue Medien

# Spiritualität digital

## Theologische Provokationen durch die Cyber-Religion

Klaus Müller

»Spiritualität digital« steht nicht dafür, dass in beträchtlichem Umfang Religiöses durch das Netz geistert. Nicht nur die bereits existierenden Kirchen, Religionen, Kulte von Satanisten über Vodoo, New Age und Scientology bis zu Neogermanen klinken sich ein. Auch entstehen in rascher Folge virtuelle, also ausschließlich aus Daten und im Netz bestehende Kirchen und Sekten. Verlässliche Zahlen lassen sich diesbezüglich nicht nennen: Dauernd kommen neue spirituelle Anbieter hinzu, aufgetretene verschwinden wieder. Doch beides ist mit »Spiritualität digital« nicht gemeint. Der Terminus steht vielmehr für ein ganz bestimmtes Selbstverständnis zumindest eines Teils der Cyber-Avantgarde. Der Ansatz ist dabei ein anthropologischer: Ich kann mich im Raum der Virtualität weitreichend von meiner leiblichen Identität abkoppeln, kann mir in der Selbstpräsentation auf meiner Homepage oder im Chatroom Eigenschaften zuschreiben, die ich gerne hätte, aber nicht habe, ebenso natürlich welche auslassen, die die meinen sind, obwohl ich sie nicht haben möchte. Es ist bezeichnend, dass in der Welt der Cyborgs (Cyber-Organismen) eine zum Teil drastische, beinahe manichäistische Abwertung des Leibes verbreitet ist: Er wird häufig einfach als »Stück Fleisch« oder »wetware« (Feucht-Ausstattung) gegenüber der PC hard- und software bezeichnet und gilt als eine ausgesprochen stümperhafte Konstruktion, die dringend der Verbesserung bedarf, sofern die menschliche Physis sich der menschlichen Intelligenz und des von ihr technisch zu Realisierenden als hoffnungslos unterlegen zeige: »Dieser Primatenkörper, der sich in den letzten vier Millionen Jahren nicht verändert hat, kann mit den Visionen unseres Geistes nicht Schritt halten. Unser Geist ist draußen im Universum, greift nach den Sternen und nach der Unsterblichkeit, und diese armseligen, schlampigen Körper fesseln uns hier unten an den Dschungel« (Futurist FM 2030, zit. nach G. Freyermuth: Cyberland, Berlin 1996, 212), so ein Autor, der unter dem Pseudonym Futurist FM-2030 an der Realisierung einer – so wörtlich – »postbiologischen« Menschheit arbeitet. Was diesbezüglich an

Ideen, Visionen, Programmen und Experimenten in den Vereinigten Staaten umläuft, mutet einen normalerweise als schiere Science fiction an, wird aber dort auf eine Weise ernstgenommen, die die europäische Szene nicht kennt.

Hochbrisant, auf wen sich einschlägige Protagonisten dabei berufen: »Alle Wesen bisher schufen Etwas über sich hinaus: und ihr wollt die Ebbe dieser grossen Fluth sein und lieber noch zum Tiere zurückgehn, als den Menschen überwinden?« Das ist ein Zitat aus Nietzsches »Also sprach Zarathustra«. Und wer auch nur einen Hauch von Nietzsche kennt, ahnt, dass sich bereits an dieser Stelle eine Konfliktlinie zwischen den klassischen Hochreligionen und der Cyber-World aufbaut: Nietzsche hatte ja den Religionen, namentlich dem Buddhismus und dem Christentum vorgeworfen, ihr Gedanke des Mitleids, ihr Eintreten für die Schwachen und Kleinen sei ein aus dem Ressentiment der Zu-kurz-Gekommenen geborenes Verbrechen an der Höherentwicklung der Menschheit, weil durch das Erhaltenwerden der Schwachen die Stärke der Starken kontaminiert werde. Die Cyborg-Propheten teilen genau diese Sicht: Religion, sagen sie, sei eine entropische Kraft, die der posthumanen Gesellschaft entgegenstehe. Das Prädikat »entropisch« leitet sich dabei vom Entropiebegriff im Sinn des zweiten Hauptsatzes der Thermodynamik her, demgemäss ein geschlossenes physikalisches System einem irreversiblen Ausgleich aller Energiedifferenzen zustrebt, weshalb das Universum notwendig einem Kältetod entgegengeht. Religion trage dazu insofern bei, als sie sich radikalen Veränderungen in den Weg stelle – wie etwa denen der Cyber-Protagonisten, die sich darum selbst als »Extropianer« bezeichnen. Das alles zusammengenommen bildet den Hintergrund dessen, was man Cyber-Spiritualität nennen kann, eine Spiritualität allerdings, die sich – gemessen am klassischen Theismus – als atheistisch, weil immanentistisch versteht.

Die Cyber-Propheten betrachten nämlich das Netz und seine technischen Möglichkeiten als singuläre Chance, aus den Beengungen alles Materiellen freizukommen. Das erklärte Ziel der Netz-Kommunikation besteht darin, Materielles in Immaterielles zu transformieren. »Heute wird das Fleisch so gewissermaßen Wort«, sagt der als Net-Prophet bekannte John Perry Barlow. Im Netz kann darum Geist mit Geist über prinzipiell unendliche Distanzen in unmittelbaren Kontakt treten – was manche veranlasst, durch das Netz eine Art übermenschlicher Kollektiv-Intellekt oder -seele entstehen zu sehen, ein Gedanke, der weit weniger exotisch als vielmehr dramatisch und übrigens alles andere als neu ist: Die großen arabischen

Aristoteles-Kommentatoren des Mittelalters, allen voran ein Averroës (1126–1198) hatten die These vertreten, beim intellectus agens, also dem tätigen Verstand, dem sich alles Erkennen im Letzten verdankt, handle es sich um eine transhumane Instanz, und alles menschliche Erkennen sei nur Partizipation an dieser – mit weitreichenden Folgen für den Begriff des Individuums, weshalb sich etwa ein Thomas von Aquin (1224/25–1274) intensiv mit Averroës auseinandersetzt.

Zu einer Cyber-Spiritualität und -»theologie« im strengen Sinn kommt es durch den nächsten Schritt auf der Basis der Transformation von Materiellem in Immaterielles und der Unmittelbarkeit von Geist zu Geist. Der Schritt ist relativ einfach und besteht darin, dass sich für diesen ganzen Prozess der Übersetzung von Realität in prinzipiell universal zugängliche Daten ein Ziel formulieren lässt: nämlich jede und jeden mit jeder und jedem und damit alles mit allem zu verbinden. So entstehe eine spirituelle Realität, mit der es erstmals ein wirkliches Gegenüber für Gott gebe oder – so andere – die mehr oder weniger mit dem Reich Gottes ineinsfalle, einschließlich einer – wohlgemerkt! – linearen Todesüberwindung, also einem ewigen Leben, das in der digitalen Prolongation und Konservation meiner bisherigen mentalen Existenz besteht: »Die Essenz einer Person, mein Selbst, ist das Muster und der Prozess, der in meinem Gehirn und Körper abläuft, nicht die Maschinerie, die diesen Prozess ermöglicht. Wenn der Prozess erhalten wird, werde ich erhalten. Der Rest ist einfach Brei«, sagt einer der Großen der Szene, Hans Moravec. Vor diesem Hintergrund gewinnt Johann Baptist Metz' Insistenz darauf, dass der Gedanke der befristeten Zeit zu den essentials des jüdisch-christlichen Selbstverständnisses gehört, eine ganz neue Brisanz und markiert erneut die Demarkationslinie zu einer möglicherweise sich derzeit vor unseren Augen (und doch von vielen unbemerkt) konstituierenden neuen – virtuellen – Weltreligion.

Darüber darf auch nicht hinwegtäuschen, dass ausgerechnet ein katholischer Theologe und Philosoph der ersten Hälfte dieses Jahrhunderts zum erstrangigen spirituellen Kultautor der Cyber-Szene geworden ist: der Jesuit Pierre Teilhard de Chardin (1881–1955). Nach allem, was man weiß, hat kein Geringerer als der Medientheorie-Papst Marshall McLuhan – seinerseits bekennender Katholik – Teilhard in der Szene bekannt gemacht. Teilhard hatte sich – kurz gesagt – auf der Basis paläontologischer und anthropologischer Forschungen die Aufgabe gestellt, christliches Denken und die Evolutionstheorie zu vermitteln. Teilhard kam in diesem Zusammenhang zur Überzeugung, dass Materie, weil sie offenkundig in der Lage ist, Geist bis hin zu Selbstbewusstsein hervorzubringen, von Anfang an nicht einfach tote Materie sein kann. Die Urmaterie müsse konstitutiv beseelt sein, ohne dass das an ihr bereits zur Geltung komme. Je komplexer ihre Außenstruktur aber werde, desto mehr trete auch jene Innenseite an ihr hervor, um schließlich im Auftreten des Menschen ihrer selbst bewusst zu werden. Ab diesem qualitativen Sprung werde der Mensch zum Träger des Geschehens, das seinerseits teleologisch strukturiert sei und auf den sogenannten Omega-Punkt zulaufe, einer Einheit aller Kultur und Wirklichkeit, die Teilhard im letzten christologisch interpretiert, d. h. als Epiphanie des verherrlichten Christus, in dem und auf den hin alles geschaffen ist, wie es in der Paulinischen Tradition des Neuen Testaments heißt.

Um nachvollziehen zu können, warum Teilhard eine solche Faszination auf die Cyber-Szene ausübt, braucht man nur einmal etwas in eines seiner Hauptwerke hineinzuhören. In dem Buch mit dem signifikanten Titel »Die Zukunft des Menschen« findet sich die folgende Passage: »Um den inneren Konflikt zu lösen, der die angeborene Hinfälligkeit der Planeten dem auf ihrer Oberfläche durch das planetisierte Leben entwickelten Irreversibilitätsbedürfnis entgegenstellt, genügt es nicht, das Gespenst des Todes zu verhüllen oder zurückzuschieben, es geht vielmehr darum, es von der Wurzel her aus unserem Gesichtsfeld zu vertreiben. Wird uns nicht gerade das durch die Idee ermöglicht …, dass es nach vorn oder, genauer, im Herzen des entlang seiner Achse der Komplexität verlängerten Universums ein göttliches Zentrum der Konvergenz gibt: bezeichnen wir es, um nichts zu präjudizieren und um seine synthetisierende und personalisierende Funktion zu betonen, als den Punkt Omega. Nehmen wir an, dass von diesem universellen Zentrum, von diesem *Punkt Omega*, dauernd Strahlen ausgehen, die bisher nur von denen wahrgenommen wurden, die wir die mystischen Menschen nennen. Stellen wir uns nun vor: da die mystische Empfänglichkeit oder Durchlässigkeit der menschlichen Schicht mit der Planetisation zunimmt, werde die Wahrnehmung des Punktes Omega allgemein, so dass sie die Erde zur selben Zeit psychisch erwärmt wie letztere physisch erkaltet. Wird es so nicht denkbar, dass die Menschheit am Zielpunkt ihrer Zusammenziehung und Totalisation in sich selbst einen kritischen Punkt der Reifung erreicht, an deren Ende sie, während sie die Erde und die Sterne langsam zu der verblassenden Masse der ursprünglichen Energie zurückkehren lässt, sich psychisch von dem Planeten löst, um sich mit dem Punkt Omega, der einzigen irreversiblen Essenz der Dinge, zu verbinden. Ein äußerlich einem Tod gleichendes Phänomen, vielleicht: in

Wirklichkeit aber eine einfache Metamorphose und Zugang zur höchsten Synthese.« (P. T. de Chardin, Die Zukunft des Menschen, Freiburg 1963, 163 f.) Wüsste man nicht, dass das Teilhard geschrieben hat – man müsste den Autor, lässt man den weiteren Kontext beiseite, in der Tat für einen der avantgardistischen Extropianer halten. Dass deren durch die Neuen Medien ermöglichte Denkform, die doch – wie gezeigt – ausgesprochen nietzscheanisch ansetzt, die problemlose Rezeption einer ihrerseits christozentrischen Konzeption erlaubt, verrät im übrigen die postmoderne Tiefenstruktur der Cyber-Spiritualität.

Dem korrespondiert, dass sich dieser digitalen Spiritualität bruchlos zugleich Züge aus ganz anderen Traditionszusammenhängen als den christlichen einschreiben. Die strukturellen Analogien zwischen dem Internet und dem Talmud einerseits, der Kabbala andererseits sind längst gesehen. Im ersteren Fall besteht die Nähe darin, dass es sich beide Male um ein Meer von Botschaften und Gegenbotschaften handelt, die sich letztendlich nicht ordnen und kategorisieren lassen und so in ihrer Chaotik zu einem Ausdruck unendlicher, also göttlicher Kreativität werden – und in der Tat ist die Ähnlichkeit zwischen dem graphischen Aufbau einer Talmud-Seite (der auszulegende Schriftvers umgeben von einer Corona von Kommentaren und Superkommentaren) und einer Webpage mit ihren links verblüffend. Das Kabbalistische am Internet wiederum besteht in seiner Magie der Schriftzeichen, ihrer endlos neuen und überraschenden Kombinierbarkeit und der damit einhergehenden Relativierung der Demarkationslinie zwischen Realität und Symbol.

Unbeschadet dieses basalen Pluralismus im Kategorialen lassen sich für die Interpretation der Cyber-World als eines nicht zuletzt spirituellen Phänomens auch formale – man könnte sogar sagen: transzendentale – Indizien namhaft machen. Zum einen erkaufen die Mitglieder der Cyber-World – je mehr sie ihr anzugehören trachten, desto mehr – ihr Dabeisein mit einem Ausmaß an Askese und Opfer in materieller, temporaler und unmittelbar face-to-face-kommunikativer Hinsicht, das ohne Übertreibung archaisch genannt werden kann, und tun damit etwas elementar Religiöses (dass das Christentum mit dem religiösen Opfergedanken radikal bricht – und dieser sich in immer wieder neuen Formen innerhalb christlich-theologischer Traditionen ein »revival« zu schaffen sucht –, wäre eigens umfänglich zu bedenken; die Entdeckung eines weiteren Konfliktpotentials zwischen Christentum und digitaler Spiritualität gehörte zu den Resultaten einer solchen Reflexion). Wer sich netz-intern an vorderster Front bewegen will, hat wenig Mittel und noch weniger Zeit für andere und anderes. Zum anderen orientiert sich die digitale Spiritualität klar an einem der religionsphilosophischen Grundparadigmata: Unterscheiden lassen sich das personalistisch-pluralontologische Modell der westlichen Offenbarungsreligionen Judentum, Christentum und Islam und das apersonal-monistische der östlichen Hochreligionen Hinduismus und Buddhismus. Vor allem der Extropianismus schreibt sich klar dem östlichen monistischen, die Einzelperson überschreitenden und auf Alleinheit gehenden Streben ein, verfolgt dieses Ziel aber nicht mit den klassischen östlichen Mitteln wie etwa der Meditation, sondern mit der bis auf die Spitze getriebenen typisch westlichen instrumentellen Rationalität, weshalb das Alleine nichts Statisches sein kann, sondern durch und durch Bewegung. Einschlägige Extropianer wissen um diesen religionsphilosophischen Zusammenhang und sprechen ihn mehr oder weniger direkt sogar aus. Jedenfalls setzt einer von ihnen, Max More, sein Ideal einerseits kategorisch dem Christentum entgegen, bezeichnet es aber im gleichen Atemzug als eine dem östlichen Denken kontradiktorische »westliche Idee«.

Nun ist freilich die Idee einer solchen West-Ost-Synthese des Denkens genau besehen gar nichts Neues. Zweimal gab es nämlich bereits in der westlichen Philosophie der Neuzeit den Versuch, mit spekulativ erweiterten »westlichen« Mitteln eine monistische Form der Welt- und Selbstbeschreibung zu entwickeln: Es handelt sich zum einen um Hegels, zum anderen um Whiteheads Metaphysik. Insofern kann gar nicht überraschen, dass die Cyber-Szene schon längst einen einschlägigen Anspruch erhebt: »›Extropianismus ist die erste neue Philosophie nach dem Scheitern der traditionellen Denksysteme am Ende dieses Jahrhunderts.‹ ... ›Wir entwickeln die erste systematische Philosophie für das nächste Millennium. Wir sind die neue Aufklärung.‹« (M. More im Gespräche, zit. nach: Cyberland 253) Das freilich wird sich zeigen müssen. Außer Frage aber steht, dass die digitale Spiritualität Topthema jeder künftigen Theologie zu sein hat.

# Jesus – Meister der Kommunikation

Matthias Wörther

Never, never hesitate – Communicate, communicate! (Pete Townshend)

Warum ist ›Kommunikation‹ ein zentrales Thema der Theologie? Man könnte über diese Frage auf beschränktem Raum auch ganz grundsätzlich handeln, etwa in Gestalt eines Lexikonartikels. Dann aber würden die Kommunikationsbemühungen der folgenden Ausführungen im Ansatz auf den Kreis der *happy few* beschränkt, die aus einem lexikalisch verknappten und notwendiger Weise abstrakten Begriffskonzentrat ohne größere Umstände hilfreiche Informationen und weiterführende Gedanken entnehmen können.

Ich habe deshalb hier die Form eines ›Impromptu‹ vorgezogen, das, so hoffe ich, auch einen gewissen Unterhaltungswert hat. Außerdem ist so fraglos klar, dass es in meinen Ausführungen nicht um hieb- und stichfeste theologische Begriffsbestimmungen, sondern um lockere Ideen und hoffentlich fruchtbare Assoziationen geht, die auf ihre pastorale und anderweitige Brauchbarkeit hin erst noch geprüft werden müssen.

»People are hungry«, sagt der Regisseur Peter Weir und gibt ihnen Speise (gute und zur rechten Zeit, Filme wie »Fearless« oder die »Truman Show«). Jesus, der mit dem Speisen der Massen angefangen hat, war, nach allem was wir wissen, nie im Kino, weder in Jerusalem noch sonst irgendwo. Es unterliegt aber andererseits keinem Zweifel, dass lebensdienliche Kommunikation im Zentrum seines Lebens und seiner ›Lehre‹ stand. Allerdings war seine ›Lehre‹ in erster Linie eine Praxis, die sich einer Reihe wirkender Zeichen (also Medien) wie Gleichnissen, Broten, Fischen, Wunderheilungen, Widerworten gegen Autoritäten und dergleichen mehr bediente.

### Das Gleichnis vom großen Gastmahl

Eher zufällig bekam ich vor einiger Zeit das nicht sehr umfangreiche Buch ›Jesus. Ein revolutionäres Leben‹ des amerikanischen Theologen John Dominic Crossan in die Hände. Ich las es im Blick darauf, dass die Pastoralinstruktion »Communio et progressio« Jesus als ›Meister der Kommunikation‹ bezeichnet. Wohl deshalb fiel mir Crossans Betonung der ›offenen Kommensalität Jesu‹ sofort auf. Tatsächlich lag Jesus unterschiedslos mit jedem und jeder zu Tische, was er durchaus programmatisch meinte, wie das Gleichnis vom großen Gastmahl klarstellt: »Der Gastgeber lässt seine Diener daher *jeden, den sie auf der Straße treffen,* an seine Tafel holen.« (Hervorhebung im Original, Crossan 97). Warum so etwas durchaus revolutionär ist, wird einem sofort deutlich, wenn man die eigene Einladung zur nächsten Geburtstagsfeier in diesem Sinn formulieren wollte: »Eine kurze Erkundigung nach den diesbezüglichen Erkenntnissen der kulturübergreifenden Sozialanthropologie wird unseren Eindruck bestätigen, dass eine derartige Tischgesellschaft in allen Gesellschaften ein sozialer Alptraum wäre.« (Crossan 97).

Betrachtet man die modernen Informationsgesellschaften, dann kann man mit Fug und Recht behaupten, dass sie zumindest auf der Ebene der Information diesem ›Alptraum‹ ziemlich nahe sind: Jeder lädt jeden ein, an dem teilzuhaben, was er für wissenswert oder richtig hält. Die Bedenklichkeit dieses informationschaotischen Zustands wird von den Kulturkritikern zur Genüge hervorgehoben: Es gibt keine Tabus und es gibt keine Kindheit mehr, es herrscht ein verheerender Synkretismus, die Grenzen verfließen, alle können sich zu allem äußern, das Gute, Schöne, Wahre und die Perversität sind nur einen Mausklick voneinander entfernt usw. Es entsteht, wenn man so will, eine ›offene geistige Mahlgemeinschaft‹.

Nimmt man das Gleichnis Jesu vom großen Gastmahl ernst, dann könnte man die Bedenklichkeiten der Kulturkritiker allerdings grundsätzlich in Frage stellen. Offenbar glaubt der Gastgeber an den Sinn seiner bunt gemischten Gesellschaft, die er nicht versammelt hat, um die Geladenen zu belehren, sondern um gemeinsam mit ihnen zu reden, zu essen und zu feiern. Der Zweck liegt in der kommunikativen Begegnung selbst, vor der der Gastgeber keine Angst hat.

Könnte dieses Gleichnis im Blick auf unsere Welt nicht auch so zu deuten sein, dass wir uns vor der Begegnung mit der Vielfalt der Welt nicht fürchten sollen und auch nicht fürchten brauchen? Läuft tatsächlich alles aus dem Ruder, wenn man Widersprüche zulässt und sie beispielsweise in Gestalt des Internets miteinander in Kontakt bringt? Die hoffnungsvolle (und von Jesus als realistisch vertretene) Utopie besteht darin, das große Gastmahl der Information könne auch ein Weg in eine gerechtere Welt sein: »Offene Kommensalität ist zugleich Symbol und Beispiel eines radikalen Egalitarismus, Behauptung einer absoluten Gleichheit aller Menschen, mit der die Legitimität jeder Diskriminierung angefochten und die Notwendigkeit jeder hierarchischen Ordnung der Gesellschaft bestritten wird.« (Crossan 100).

## Das Gleichnis vom Senfkorn

Mit dem ›Gleichnis vom Senfkorn‹ assoziiert man in aller Regel einen Prozess, bei dem aus winzigen Anfängen ein gewaltiges Gebilde entsteht. Als Bild für die Entfaltung der Gottesherrschaft hat man damit keine Probleme. Wendet man das Gleichnis auf die Kirche und ihre Entwicklung als Institution in der Geschichte, dann ist man unter Umständen ziemlich schnell dem Vorwurf des Triumphalismus ausgesetzt. Bewegt man sich dagegen im Horizont der Alltagsprobleme, dann fällt einem als nächstes eine lateinische Sentenz ein: Principiis obsta – Wehret den Anfängen. Denn etwas, das erst klein ist und dann immer größer wird und sich am Ende jeder Kontrolle entzieht, ist meistens gefährlich.

Wie zum Beispiel das Reich der Medien. Keiner wird behaupten wollen, dass sie etwas wie das Gottesreich verkörpern, auch wenn ihr Wachstum immer rasanter wird. Ganz im Gegenteil, weit eher sieht man in ihm eine Ausformung des Bösen, ein flächendeckendes Phänomen, das alles und jeden unter seine Kontrolle bringen möchte, motiviert und gesteuert von Machtgier, Habsucht und Allmachtsfantasien.

Man kann das Gleichnis vom Senfkorn aber auch anders lesen, wenn man, wie Crossan, Auftreten und Wachstum der Senfpflanze etwas genauer betrachtet und seine Schlüsse daraus zieht: »Es kommt bei diesem Gleichnis … nicht nur darauf an, dass ein winziges Senfkorn zu einem Busch von mehr als einem Meter Höhe heranwächst, sondern auch darauf, dass die Senfpflanze auch dort wuchert, wo sie nicht erwünscht ist, dass sie sich der Kontrolle entzieht und Vögeln Nistplätze bietet, wo Vögel unerwünscht sind.« (Crossan 94)

Löst man sich also von dem Bild der Medien als einer gigantischen, unkontrolliert wachsenden und fremdgesteuerten Metastruktur, dann kann man ihre wuchernde Vielfalt im Sinne des Gleichnisses auch positiv als ein Hervorschießen des Sinns an nicht zu erwartenden, überraschenden und je nach Standpunkt allerdings auch unerwünschten Orten betrachten. Die Medienwelt ist nicht nur ein wirtschaftliches und informationstechnisches System, sondern auch ein unglaubliches Ausdrucksphänomen: Keine Ritze, aus der nicht irgendein buntes Sinn- oder Unsinns-Phänomen schießt. Wir sind die Vögel, die dort unsere Nahrung und unsere Nistplätze finden, mögen sie nun Unterhaltung, Wissen, Schönheit oder Zeitvertreib heißen. »People are hungry«, und endlich gibt es unkontrolliert, im Überfluss und im Prinzip für alle, was lange Zeit wenigen vorbehalten war. Natürlich ist nicht alles gut, was bunt ist, wild heranwächst und glänzt, aber das ist vielleicht nur eine zweitrangige Frage (man denke an das biblische Unkraut im Weizen). Entscheidend ist der Horizont der Möglichkeiten, der sich durch die modernen Informationssysteme eröffnet hat.

Betrachtet man die Vielfalt der Mediengebilde nicht bloß technisch, sondern auch als Ausdrucksphänomene, dann ist es theologisch nur ein kleiner Schritt, in ihnen so etwas wie ›wirkende Zeichen‹ zu sehen: Sie bringen auf Gedanken, sie setzen in Bewegung, sie speichern Erinnerungen, sie stellen Verbindungen her, sie offenbaren Sinn. Gerade die Ungerichtetheit der modernen Kommunikation, das Beiläufige, Widersprüchliche und Zufällige in ihr, ist eine ihrer Stärken.

Oder hätte irgendjemand vielleicht voraussagen oder von irgendwoher ableiten können, dass mir beim Wiederhören eines mittelmäßigen Rocksongs, der in den siebziger Jahren ein Hit war (also ein ›mediales Unkraut‹, das zufällig aus meinem Radio wuchs), ein Sommertag vor fünfundzwanzig Jahren wie gegenwärtig nicht nur vor Augen steht, sondern wieder spürbar wird? Sind dafür Begriffe wie ›wirkendes Zeichen‹, ›memoria‹ oder ›Offenbarung‹ völlig unangemessen?

### Die Heilungen Jesu

Körperkonzepte, die man nicht nur denkt, sondern tatsächlich lebt und erfährt (weil man gar nicht anders kann), spiegeln auch gesellschaftliche Gegebenheiten wieder: Die Gesellschaft definiert, wo Grenzen verlaufen, was als ›Innen‹ und was als ›Außen‹, was als ›normal‹ und was als ›verrückt‹, was als ›rein‹ und was als ›unrein‹ zu gelten hat. Krankheiten sind deshalb nur unzureichend bestimmt, wenn man sie bloß medizinisch betrachtet. Immer handelt es sich auch um Phänomene, die im Licht der gesellschaftlichen Kommunikation zu betrachten sind.

»Was aber, wenn, wie beim ›Aussatz‹, Körperöffnungen aufzubrechen drohen, wo keine hingehören? Wenn anscheinend die Grenzen des Körpers überall durchlässig werden?«, fragt Crossan (Crossan 109), als er darüber nachdenkt, wie die Heilungen Jesu zu verstehen sind. Der Schrecken des Aussatzes für seine Zeitgenossen besteht nämlich vor allem auch darin, dass er das ›Aufbrechen‹ eines vermeintlich abgeschlossenen Systems und den Verlust von Identität vor Augen führt. Die Ausgrenzung des ›Unreinen‹ durch die Gesellschaft ist nichts anderes als der Versuch, diese Gefährdung für die Normalität beiseite zu schieben und als Ausnahme, d. h. ›Krankheit‹ zu definieren.

»Jesus heilt, indem er sich weigert, die überkommenen und vorgeschriebenen Sanktionen gegen die erkrankte Person zu achten.« (Crossan 115). An die Stelle eines Abbruchs der Kommunikation setzt er also den Aufbau einer neuen Kommunikationsstruktur. Durch seine bewusste Zuwendung werden Krankheit und das Leiden als sozial akzeptabel definiert. Damit ›heilt‹ er den Aussatz, selbst wenn die Krankheitssymptome nicht verschwinden, denn er hebt die Abgrenzung und damit verbundene Sanktionen auf. Für die bestehende Gesellschaftsordnung wirkt sein Auftreten deshalb revolutionär.

Ein Vergleich des Aussatzes und seiner Deutung durch Crossan mit den Medien und ihren Auswirkungen scheint nicht abwegig. Tatsächlich werden Medien vielfach als gefährliche Wucherungen betrachtet, die Hässliches, Ungewolltes, Verbotenes im Vertrauten aufbrechen lassen, die infektiös sind, die Abwehrkräfte des Körpers schwächen oder Menschen dem Leben entfremden. Die Gegenmaßnahmen, die allenthalben empfohlen werden, bestehen in Abgrenzungs- (Berührung vermeiden), Abwehr- (Medien sind schlecht) und Reinigungskonzepten (kontrollieren, zensieren, beschränken), die durchaus mit denen antiker Gesellschaften gegenüber dem Aussatz zu parallelisieren sind.

Aber diese Rezepte führen nicht zur ›Heilung‹, weil sie nicht auf Kommunikation, sondern auf den Abbruch von Kommunikation setzen. Was durch die Medien aufbricht und vertraute Grenzziehungen in Frage stellt, ist eine Realität, die sich nicht mehr verdrängen lässt. Man muss nicht an die Propheten des Cyberspace glauben, die vom globalen Gehirn und von der völligen Abschaffung des Körpers träumen, um dennoch zu bemerken, dass sich unsere Selbstwahrnehmung durch die Medien und ihre Möglich-keiten verändert hat und weiter verändern wird. In der Mediengesellschaft sind damit auch die ›Körperkonzepte‹ ins Fließen gekommen. Was uns ein-mal klar umgrenzt schien, nämlich unsere Körper, scheint sich zu weiten, seine Gestalt zu verlieren und neue Schnittstellen zu bekommen.

›Heilung‹ kann ihn diesem Horizont der Kommunikation wiederum nur durch Kommunikation zustande kommen: Was sich in der Medienge-sellschaft öffnet, weitet und wuchert, kann nur verstanden und integriert werden, wenn es in die Gesamtkommunikation der Gesellschaft zurück-gebunden wird. Durch vorschnelle Abgrenzungen verbaut man sich die Möglichkeit, zu ›heilen‹ und die ›Menschendienlichkeit‹ der Medien (so die gemeinsame Erklärung der Deutschen Bischofskonferenz und des Rates der Evangelischen Kirche in Deutschland, »Chancen und Risiken der Me-diengesellschaft«) wahrzunehmen und zu nutzen. Gerade das Überschreiten der Grenzen und die Berührung des ›Kranken‹ führt, wie das Beispiel Jesu zeigt, zu seiner Heilung und Integration. Allerdings gibt es dabei ein Risiko: Ein Abgrenzungsbegriff wie ›Normalität‹ könnte im Prozess dieser umfas-senden Kommunikation seinen herkömmlichen Sinn verlieren. Falls das ein Risiko und nicht ein Gewinn ist.

# Medien – Kommunikation und der Durst nach Leben

Karsten Henning

Die Entwicklungen zur digitalen Informations- und Wissensgesellschaft sind Anlass, die Bedeutung menschlicher Beziehungsfähigkeit und Kommunikation wahrzunehmen und die medienkulturellen Ausprägungen, die wesentlich in Beziehung zur menschlichen Kommunikation stehen, zu reflektieren. Denn die Qualität der Menschwerdung und des Menschseins misst sich immer an der Qualität der damit verbundenen Kommunikationserfahrungen. Angesichts der Verzweckung und Kommerzialisierung von Kommunikation scheint dies geboten.

## Kommunikation und Menschwerdung

*Paul ist 8 Wochen alt. Sabine hält ihn in ihren Armen. Seine Augen streifen neugierig durch den Raum. Sein Blick trifft auf Sabines Gesicht. Sie lächelt Paul an. Das Baby reißt die Augen weit auf, strahlt, strampelt und scheint Sabines Zuwendung fast aufzusaugen. Sie ist ganz bei dem kleinen Paul.*

Erfahrungen gelungener Kommunikation sind heilsam: der kleine Paul, der sich in den Augen seiner liebevollen Mutter spiegelt, fühlt tiefe Freude. Er kann dem definitiven Ja zu seiner Person vertrauen. Bergende Sicherheit, eine geordnete Welt, das »Zu Hause sein« sind für Paul der »Himmel«. Die in beruhigendem Ton vorgebrachten Worte und die Geborgenheit garantierenden Berührungen der Mutter vermitteln die Botschaft »Es ist alles in Ordnung«. Ihr »Fürchte dich nicht« ist für das Kind ein allmächtiger Sprechakt, der dessen Wirklichkeit definiert, erfahrbar Trost spendet und heilt. Paul erlebt diese Zuwendung zugleich als absolut symbiotisch *und* den Einbruch eines Anderen, auf das er bauen kann.

## Kommunikativer Durst

*Bischof Hermann Josef Spital feiert in kleinem Kreis Messe mit uns. Er erinnert an Jesu Einladung, die an die »mühselig Beladenen« gerichtet ist, zu ihm zu kommen. In dieser Zeit beruflich angespannt – Internet ist nicht nur ein wunderbares Kommunikations-, sondern auch ein ziemliches Stressmedium – treffen mich diese so oft gehörten Worte gerade von diesem Mann ausgesprochen auf einmal mit voller Wucht.*

Communio/personale Gemeinschaft lebt aus Beziehung. Beziehungslosigkeit tötet Leben. Ohne Beziehungen verdurstet die Seele. Mensch- und Personwerdung ist ohne Kommunikation nicht denkbar. Durch Kommunikation *werden* wir – Kommunikation ist die Substanz des Lebens. Kommunikation ist der Beginn von Gemeinschaft. Gelungene Kommunikation lässt sicher die Liebe, lässt sie aber auch schon die Transzendenz aufscheinen? Auf jeden Fall weisen solche Erfahrungen tiefer in die Wirklichkeit hinein. Im aufmerksamen Gespräch, im Reden, Schreiben, Filme- und Musikmachen, in der Betrachtung, im Schweigen und im Hören, im Fühlen, im Gebet finde ich meinen Ausdruck und bin gleichzeitig auf der Spur des andern.

Medien-Kommunikation funktioniert und fasziniert, weil sie mit einem Ziehen, Verlangen nach Leben, nach Fülle, nach satisfaction zu tun hat. Es gibt bei den Menschen so etwas wie einen »kommunikativen Durst«. Dieser Durst ist heißes Verlangen nach Leben, der gestillt werden will.

## Religionsproduktive Zeichen der Zeit

*Der Spiegel titelte in seiner Ausgabe vom 11. März 1996 mit folgender Grafik: Ein Computerbildschirm zeigt Format füllend binäre Zeichenkolonnen. In diese digitalen 0–1/Ja-Nein Informationen hinein ist ein Ausschnitt von Michelangelos weltberühmten Gemälde »Die Erschaffung des Adam« montiert: Gottes und des Menschen Hand nähern sich an. Darunter steht: Die Welt online – D@s Netz.*

Die gesamte Medien- und Kommunikationskultur ist Ausdruck des spirituellen Durstes der Menschen. Die digitale Medienkultur schafft religionsproduktive Potentiale, die als Zeichen der Zeit verstanden werden müssen.

Digitale Vernetzung als Technik- und Kulturtrend weist auf die Sehnsucht nach Einheit, Integration aller Spannungen, auf die Verbindung von Himmel und Erde, die Versöhnung von Leben und Tod. Einheit gehört zu den Grundworten von Religion. Die »Virtual Community« im Netz aber ist die Vernetzung von Monaden und hat mit Gemeinschaft noch wenig zu tun.

Die Überwindung von Zeit (Werbebotschaft: Die Zukunft ist zum Begreifen nah) weisen einerseits immanente Transzendierungen auf, berühren andererseits aber wieder ein Grundmotiv von Religion, nämlich den Mangel an Gegenwart: Alles ist jetzt.

## Mythos-Bedarf und Defizite religiöser Kommunikation

*Pokémon (Pocket Monster) ist für Kids Kult. Seit Herbst 1999 strahlt RTL II die Trickfilme mit seinen 150 (für Insider: 151?) verschiedenen Taschenmonstern täglich aus und löste damit eine wahre Nachfrage-Lawine nach Produkten, die über die reine TV-Ausstrahlung hinausgehen, aus: Sammelkarten, Sticker, CD's, der Pokémon-Film, Game Boy-Spiele, Plüschtiere und vieles mehr sind teilweise ausverkauft, so groß ist die Nachfrage. Trotz vordergründig endloser Streit- und Kampfhandlungen geht es doch genau besehen um friedlichen Wettstreit, der dazu führen soll, in dieser zerrissenen Welt über Zuwendung, Freundschaft, Treue, Teamgeist, Versöhnlichkeit Hass und Streitsucht zu überwinden. Eine weitere unter den vielen vergleichbar ähnlichen säkularen, medienvermittelten Erlösungsgeschichten.*

Die Medien-Welt baut auf einem offensichtlichen Mythos-Bedarf (als der älteren Sehnsucht nach menschlicher Weltinterpretation), der für viele (junge) Menschen durch die Kirchen nicht mehr befriedigt wird. Dramatische Defizite in ihrer religiösen Kommunikation vor allem mit den sogenannten Distanzierten, für die die traditionellen christlichen Codes Fremdsprache und mit der eigenen Existenz nicht kompatibel sind, mögen Gründe für die Abwendung von Kirche sein.

Ein »mediales und virtuelles Jerusalem« ist keine tragende Alternative, wohl aber eine religionspädagogische und pastorale Provokation.

## Kommunikation ist Aufsuchen des Anderen

*Ein Plakat wirbt für eine Zigarettenmarke: Eine attraktive junge Frau in rotem Kleid sitzt mit einem älteren Priester vor einem Beichtstuhl. Beide unterhalten sich angeregt – so scheint es – und rauchen West-Zigaretten. Verständigung der designten Art.*

Kommunikation ist ein Akt des Aufsuchens, des sich Aufmachens zum Anderen hin. Sich dem Antlitz des Anderen zuzuwenden, sich anziehen zu lassen und es nicht als Spiegel seiner selbst zu missbrauchen ist das, was Beziehungen herstellt, Verständigung ermöglicht und Gemeinschaft schafft. Der alleinige Gebrauch der Metapher, das nur rituelle Beschwören von Kommunikationskultur und quasi-sakramentalen Handlungen ohne ein Sich-Einlassen bleiben leb-, geist- und gottlos.

## Kommunikation ist Verständigung

*Balance (Deutschland 1989, Oscar 1990, 8 min., Puppentrickfilm): Fünf Figuren auf einer schwebenden Plattform. Jede weiß: nur wenn sich alle gleichmäßig verteilen, bleibt das Gleichgewicht gewahrt. Es beginnt ein Spiel, bei dem die Balance mit jedem Schritt mehr in Gefahr gerät, bis eine Truhe auftaucht und die fatale Abhängigkeit der Figuren offensichtlich wird. Die Begehrlichkeit des Einzelnen bringt die Welt aus dem Gleichgewicht. Sie stoßen sich gegenseitig in den Abgrund. Übrig bleiben die Truhe, einer, der sich durchgesetzt hat, und die Balance. Die Truhe aber steht in der gegenüberliegenden Ecke, so dass ihn jede seiner Bewegungen das Begehrte oder die eigene Existenz kosten würde.*

Kommunikation ist Ver-Ständigung. Der Reichtum liegt in der Bewegung, in der Beziehung, in der Balance, im gemeinsamen Stand.

## Kommunikation und Transzendenz

*Matthäus erzählt vom Weltgericht (Mt 25, 31 f.): Christus sagt, dass engagierte Menschen ihm in vielerlei Bedrängnis geholfen hätten. Die aber entgegnen: Wir haben Dich konkret nie in Not gesehen. Christus antwor-*

*tet schlicht: Was ihr für einen meiner geringsten Brüder getan habt, das*
*habt ihr mir getan.*

Kommunikation ist – sehr verkürzt gesagt – Geist-Erfahrung und macht
eine Gottes-Ahnung möglich. »… Sprechen gibt es nur zwischen zweien,
die jeweils füreinander Andere sind. Damit ich sprechen kann, bedarf ich
des Anderen und zwar des Anderen als dessen, der nicht nur Ohren hat,
sondern auch einen Mund, d. h. der *selbst* mit sich *selbst* und der Welt etwas
anfangen und zur Sprache bringen kann.« Bernhard Casper sieht in der
Herausforderung, den Anderen in seiner Menschenwürde selbst zu achten
und ihn in seinem sterblichen Dasein nicht alleine zu lassen, sondern ihm
beizustehen, eine mehr als endliche Forderung. Folglich ist der Akt, in dem
der Mensch sich der Forderung stellt, die ihn in einem anderen Menschen
trifft, ein Überschritt, eine Transzendierung. Gleichzeitig ist jede Suche
nach dem »Antlitz des Menschen« (»was ihr dem geringsten tut …«) zutiefst Suche nach Gott.

Den agnostischen Freunden macht eine solche Argumentation keinen
Spaß. Sie melden bei diesem Nach-Denken sofort die unzulässige Anwendung aus ihrer Sicht irrationaler transzendentaler Subtexte an: Sind denn
Sorge, Einfühlung und Zuwendung, Erfahrungen des Trostes (eigentlich
auch über den Tod hinaus: Bleib ruhig, alles wird gut), mit Gott »verlink-
bar«? Nach dem biblischen Zeugnis ist dies selbstverständlich möglich –
siehe oben.

Im Gespräch mit den agnostischen Freunden entscheidet sich aber alles
an der Gottesfrage. Diese stellt sich über die Frage nach dem Leben, seiner
Tiefe, seiner Vielfältigkeit, seiner Alltäglichkeit und seiner Fragwürdigkeit.
Der Verlust dieser Wahrnehmung zieht den Verlust der spirituellen Wurzeln
unserer Existenz nach sich. Wenn beim an Tiefe gewinnenden Betrachten
die Frage nach der Bedeutung an Raum greift, kann Grund begegnen. Diese
kommunikative Struktur und Dynamik, dieser Durst ist eine alte Erfahrung
der Mystiker: »Des Nachts werden wir ziehen. Um zur Quelle zu finden, ist
der Durst unser einziges Licht.« (Johannes vom Kreuz).

## Kirchliche Medien- und Kommunikationsarbeit als Scharnier

*Der Kurzfilm »Vaterdiebe« von Esen Isik erzählt aus der Sicht eines klei-*
*nen türkischen Jungen vom Trauma der Entführung seines Vaters. Die*

*unerträgliche Ungewissheit, die starke Sehnsucht nach seiner Rückkehr und die Tagträume, in denen er seinem geliebten Vater begegnet, werden mit starken, einfachen Bildern erzählt. Der Vater wird aber nicht mehr nach Hause zurückkehren. In der Schlussszene sieht man den Jungen in den Armen seiner Mutter im Keller, beide sitzen auf einer großen Umzugskiste ...*

Die Provokation der Medien-Welt besteht darin, in allen qualitativen Abstufungen von Kommunikation »die Spur des Anderen zu finden«; in der säkularen Medien- und Kommunikationslandschaft nach impliziten Gleichnissen von Gott zu suchen, das macht an diesem Ort die Frage nach Gott aus.

Die vom Konzilstheologen Karl Rahner mit eingeleitete anthropologische Wende der Theologie wird neuen Schwung bekommen müssen: Angesichts der atemlosen Medien-Kultur brauchen wir wieder mehr Zeit und Raum für die Frage nach dem Menschen, für seinen Durst nach Zuwendung, Beziehung und Gemeinschaft, für sein Sehnen nach Sinnlichkeit und Sinn, für das Verspüren des spannend Anderen. Eine von der Kirche so motivierte Medien- und Kommunikationsarbeit ist dann ein Scharnier zu den Menschen unserer Zeit. Begegnung, Beziehung und Kommunikation sind dann mehr als nur der Gebrauch abstrakter Metaphern, sie sind die frohe Message selbst.

# Religiöse Signaturen der Neuen Medien

## Von Informationen, Seelen und Wahrheit

Christian Wessely

Üblicherweise wird mit einer begrifflichen Verbindung von Religion und Cyberspace zunächst die Präsenz religiöser Gruppen im World Wide Web assoziiert. Wenn auch die Großkirchen (in inzwischen durchaus ansehnlicher Form) sowie unzählige kleine Religionsgemeinschaften und Sekten das Medium als Vehikel der Verkündigung ihrer je eigenen Heilslehre einsetzen, gilt es doch tiefer zu schürfen, um zu den wirklich interessanten Implikationen dieser Kombination vorzustoßen.

Unsere Existenz verlagert sich sowohl im Privatleben als auch im beruflichen Alltag zunehmend von physischen Gestaltungsmitteln auf informationsbasierte Gestaltungsmittel. Der Mauszeiger auf dem Bildschirm ersetzt den Stift, der unbeschränkte Onlinezugang zum World Wide Web ersetzt die Nachschlagewerke; und wo solche noch angeschafft werden, werden sie eher auf CD-ROM als auf Papier eingekauft. Wobei das Faktum, dass damit immer mehr Wissen nicht mehr in gedruckter Form verfügbar ist, eine meines Erachtens himmelschreiende Ungerechtigkeit darstellt. Jene 15 Prozent der Weltbevölkerung, die in absehbarer Zeit Zugang zu den Informationsnetzwerken haben werden, deren Inhalt unreflektiert als vollständig und wahr betrachtet wird, gewinnen damit einen noch größeren Vorsprung vor der Mehrheit der weniger Privilegierten. Die Kulturfähigkeit des Lesens ist immerhin potentiell ohne technische Hilfsmittel von jedem Menschen erlernbar; damit stand diesem auch der Zugang zum verfügbaren Wissen der Welt theoretisch offen. Die verbreitete These von der weltweiten sozialen Gerechtigkeit und der Riesenchance für die Länder der Dritten und Vierten Welt durch den Cyberspace gehört eher in den deutschen (oder amerikanischen) Sagenschatz als in die seriöse Literatur.

Die oben genannte Tendenz, die unter anderem schon Postman und Sanders im Bereich des Fernsehens aufgezeigt haben, setzt sich mit veränderten Mitteln ungebrochen fort – das oft gebrauchte Schlagwort vom »Leben aus zweiter Hand«, das von jenen Medienkritikern gern verwendet wird, die lieber unreflektierte apokalyptische Szenarien als positive Visionen perspektivisch skizzieren, ist insofern von einem gewissen Wert, als man es als Hinweis auf die unkritische Übernahme der zentralen Paradigmen der Informationsgesellschaft lesen kann (vgl. N. Postman, Wir amüsieren uns zu Tode. Frankfurt 1997. B. Sanders, Der Verlust der Sprachkultur. Frankfurt 1995). Mit einigen Schlaglichtern soll hier versucht werden, sich an einige Konsequenzen der logarithmisch fortschreitenden Virtualisierung für die Frage nach dem Verhältnis des Menschen zum »ganz Anderen« heranzudenken.

### Spot 1: Das Datenparadigma

Unsere technische Zivilisation funktioniert ausschließlich aufgrund jener Weltinterpretation, die ich als »Datenparadigma« bezeichnen möchte. Zentral für diese Interpretation von Existenz ist die Annahme, dass jedes System, das Teil der Welt ist und darüber hinaus jedes hypothetische System durch Parameter und Algorithmen vollkommen beschrieben und damit mitgeteilt (mithin: geteilt!) werden kann. Dies wirft zwei verschiedene Probleme auf:

Erstens die Frage, ob tatsächlich alles, was unser Leben bestimmt (also auch Liebe, Barmherzigkeit, Mitleid, Sehnsucht nach Sinn usw.), parametrisierbar ist. Nicht nur aus der Perspektive des Theologen ist das höchst fraglich; in letzter Konsequenz steht und fällt damit jede Möglichkeit, ethisches Handeln schlüssig zu begründen. Dass jede Metaphysik sich im Kontext eines strikten Datenparadigmas verbietet, ist selbstverständlich: Wo Existenz auf die »physis« reduziert wird, ist »meta« dieser »physis« per definitionem nichts zu wollen.

Die zweite Grundfrage, die sich aus dem Datenparadigma ergibt, ist die nach der Autorität, die Normierungen festlegt. Wenn etwa in jener Festschreibung des Samplingtheorems, das die Qualität der von uns gehörten Musik zumindest beim Abhören einer CD bestimmt, festgelegt wird, dass die Grenze des Bereiches, den ein Konsument zu hören hat, bei etwa 22.000 Hz liegt, so ist das ein eher harmloses Beispiel, da die Hörgrenze des Erwachsenen typischerweise tatsächlich unter 20 KHz liegt. Allerdings verweist dies auf eine andere Situation: nämlich erstens darauf, dass Digitalisierung – und jede Parametrisierung eines Systems ist, sofern es computergestützt verarbeitet werden soll, letztlich eine Digitalisierung – prinzipiell verlustbehaftet ist, und zweitens darauf, dass die formalen Kriterien der Umsetzung eines Systems in seine Parameter, die Algorithmen, völlig abstrakt und nicht konkret festgelegt werden. Wer ist es, der über die Verluste entscheidet, die die Konsumenten auszuhalten haben; was für eine Instanz befindet, welcher Grad von Informationsverlust noch tragbar ist?

### Spot 2: Was sind denn Seelen?

Angesichts des Datenparadigmas scheint es vordergründig nicht angebracht, in unserer Zeit von Seelen im Zusammenhang mit Neuen Medien zu sprechen. Seelen sind Relikte archaisch-religiösen Denkens, die mit der rational ausgerichteten Welt der realisierten Moderne kaum mehr zusammengehen, möchte man meinen.

Warum brauchen wir dann »Seelenärzte«? Immerhin ist doch die »Psychologie« nach wie vor die Rede von der psyche, der Seele, nicht vom nous. Natürlich ist das in erster Linie die Fortschreibung einer wohleingeführten traditionellen Bezeichnung, aber immerhin ... (nebenbei bemerkt gibt es in der psychologischen Fachliteratur bereits Beschreibungen von seelischen Störungen, die vom exzessiven Gebrauch Neuer Medien herrühren oder zumindest ausgelöst sein sollen, was wiederum umstritten ist).

Ist es etwa so, dass es zwei Sichtweisen dieser »Seele« gibt, eine religiöse, von der zu sprechen sich auf einer rein rationalen Ebene verbietet und die deshalb auch in der rationalistisch ausgerichteten Philosophie (insbesondere natürlich der analytischer Prägung) beharrlich totgeschwiegen wird, und eine psychologische, die als erkennbare Ursache physiologischer und verhaltensmässiger Veränderungen sowie als Objekt der Seelenklempner doch beobachtbar zu existieren scheint?

Oder sind die Phänomene, die wir umgangssprachlich als »seelisch« bezeichnen, gar ausschließlich Metamorphosen des Geistes, der – wiederum in der Diktion der Informationsmaterialisten – ja nur eine Funktion der Zellvorgänge in unserem Gehirn ist? Fragen, die ein gelernter Theologe entweder nur sehr diletantisch oder nur aus dem Kontext der Theologie zu behandeln vermag.

Seit Platon, der in seiner Ideenlehre der Seele den zentralen Beitrag zum Mensch-Sein an sich zusprach, indem er ihr die Schau der ewigen und unveränderlichen Ideen zubilligte und sie zugleich in den Modi des Mutes und Begehrens in die physis wirken ließ, hat das Konzept von der

Seele die Welt nicht mehr losgelassen; es hat zwar verschiedenste Schattie-
rungen angenommen (die wirkmächtigste im Abendland war neben der
platonischen zweifellos die aristotelische), aber es zieht sich der Sache nach
durch bis in unsere Zeit, hat die Aufklärung (nicht zuletzt dank der tatkräf-
tigen Hilfe René Descartes) recht gut überstanden und die Demission des
dialektischen Materialismus abgewartet – und in unserer Zeit, und bezogen
auf den vom Einsatz der Informatisierung direkt profitierenden Teil der
Welt, derzeit etwa fünf Prozent der Weltbevölkerung, lebt sie, wenn auch
eher im Schatten als im strahlenden Sonnenschein, auch angesichts der
realisierten Moderne und des Konsumismus. Was offen blieb und nach wie
vor das Hauptproblem des Theologen ist, ist die Frage, wie denn die Seele
als absolut immaterielle Substanz nun mit der materiellen Substanz in-
teragiere. Mehr oder weniger radikale Dualismen und Monismen bzw.
zweifelhafte Konstruktionen wie die Rede von der »Feinstofflichkeit« sind
historisch bekannt und nach wie vor allzu präsent (besonders in der Esote-
rik-Szene, deren Boom zwar weniger auffällig als noch vor zehn Jahren, aber
ungebrochen stark ist).

Aber jenseits aller Sprachspiele und mehr oder weniger holperiger Versuche, das Problem zu umspielen: Was ist die Seele aus theologischer Sicht?

Die kürzeste und dennoch aussagekräftigste Definition findet sich in
der neuen Auflage des Lexikons für Theologie und Kirche (LThK Bd. 9,
Sp. 375 ff.). Nach Gisbert Greshake kann der Mensch nur als Einheit zweier
Polaritäten angemessen aufgefasst werden: als Teil der sichtbaren Welt (als
Leib), aber zugleich auch in wesenhafter Beziehung zu Gott stehender (als
Seele). Allerdings ist nach Greshake dies zwar zu unterscheiden, aber nicht
zu trennen – Seele und Leib sind immer Aspekte des ganzen Menschen, die
nicht isolierbar sind. Die Seele ist jener Aspekt, der nach J. B. Metz Ingre-
dienz der Unsterblichkeit, das Gegenüber Gottes bzw. dessen Gegenüber in
der zuvorkommenden Anrede des Menschen ist; die Seele ist also, salopp
formuliert, Gottes Dialogpartner.

Wie Reinhold Esterbauer beschreibt, eignet dem Menschen potentiell
in der Benutzung der Produkte der Neuen Medien, insbesondere der inter-
netgestützten, eine ganze Palette gottähnlicher Attribute; sie könnten also
als Induktoren dieser Attribute (vor allem Unsterblichkeit, Ubiquität,
Loslösung von Zeitlichkeit, Allwissenheit) verstanden werden (R. Esterbauer, Gott im Cyberspace?, in: A. Kolb u. a., Cyberethik. Stuttgart 1998, 115–
134). Ist von daher die Seele adäquates Gegenüber des Web, ist sie die Ursache der ungeheuren Affinität des Menschen zu allem, was den kontrollier-

ten Informationsaustausch in bestimmten Formen (vor allem deren Empfang) betrifft?

### Spot 3: Ebenen möglicher religiöser Signaturen

Was sind Signaturen? Sind es Details in den verwendeten audiovisuellen Texturen, sind es Formulierungen in der Typebene, wie könnte man sie festmachen? Die Signatur eines Gemäldes etwa ist meist unauffällig in irgendeiner kleinen Ecke angebracht; ein ideotypischer Krakel weist das Werk als Werk eines bestimmten Fertigers aus. Die offene Signatur einer E-Mail ist frei editierbar – sie wird jeder ausgehenden Mail vom Mailclient automatisch zugefügt; die Mail selbst trägt nochmals eine Signatur, die (außer einem interessierten Operator) niemand zu Gesicht bekommt; sie wird nur noch von Softwarekomponenten verarbeitet und nach Einlangen der Mail automatisch entfernt – der Terminus Signatur ist polyvalent.

Hier gelte als Signatur jene Festlegung, die als Indikator für ein Gesamtprodukt dienen kann und es in einen neuen Kontext stellt, eventuell grundsätzlich bedeutungsverändernd ist. Über die Form und den Ort ihrer Erscheinung ist damit noch nichts ausgesagt.

Zwei Ebenen sind möglich, wenn über die Präsenz religiöser Signaturen im Netz gesprochen wird: die Medienebene und die Humanebene, wobei eine Trennung zwischen beiden immer etwas willkürliches hat, aber durchaus Sinn macht, sofern man sie als Hilfsmittel zur Reflexion betrachtet. Zunächst zur Medienebene:

Außer der offensichtlichen thematischen Ausrichtung einzelner Webspaces, die wie eingangs gesagt nur von geringem Interesse für unser Anliegen ist, wäre erhöhtes Augenmerk auf die ikonografische Interpretation zu legen. An Orten, wo man es nicht vermuten würde – in Computerspielen, aber auch in ganz normalen Arbeitsprogrammen, auf Sites von Softwarepiraten oder Pornografen – werden eindeutig primär oder sekundär religiös besetzte Icons verwendet. Ein Ausflug in die einschlägige Szene ist nicht nur für den Kreativbereich sehr lehrreich (es ist unglaublich, was an Fähigkeiten und Können abseits der Wirtschaft in diese Sites investiert wird), sondern schärft auch den Blick für die oft durch scharfe Kontrastierung hervorgerufene Beziehung zum Parareligiösen. Als »parareligiös« bezeichne ich ein Konstrukt, das vorgibt, die metaphysischen Grundfragen des Menschen – woher, warum, wozu und wohin – zu beantworten, ohne explizit religiös zu agieren. Diese Antwortversuche können inhaltlicher oder struktureller Natur sein.

Während einzelne Icons isoliert und bedeutungsarm bleiben, kann eine geschickt gebildete semantische Verkettung der Icons sehr komplex werden. Mit der Verknüpfung von Icons gewinnt die Bedeutungsebene an Gewicht; dabei ist es weitgehend unerheblich, was der konkrete Sinn einer solchen Konstruktion ist – die Aura des Geheimnisvollen, das bedeutet, ist ausreichend, um den Rezipienten (vor allem natürlich den zufälligen »Surfer«) zu interessieren und kurzfristig zu binden.

Darüber hinaus bildet sich (beobachtbar, wenn man Veränderungen ein und derselben Site aufmerksam verfolgt) eine zeitliche und prozessuale Struktur heraus, die nach fast liturgischen Gesichtspunkten funktioniert. Produkte der Neuen Medien sind dynamische Produkte, die einerseits auf einer Zeitlinie liegen und sich an dieser verändern, andererseits interaktiv verhalten und verschiedenen Grades immersiv sind. Daher ist auch eine Strukturierung der zeitlichen Dynamik in liturgischer Art möglich. Wie Peter Ebenbauer beschreibt, folgt z. B. auch das Handlungsschema der täglichen Kontaktaufnahme mit dem Arbeitsplatzcomputer auf weite Strecken rituellen Gesichtspunkten (P. Ebenbauer, Rituelle Wirklichkeitsordnung im Cyberspace-Zeitalter, in: C. Wessely u. a., Ritus – Kult – Virtualität. Graz – Regensburg 2000, 123–133); dasselbe gilt für die Kontaktaufnahme zu großen Webdiensten, vor allem aber – und damit kommen wir zum menschlichen Faktor – mit deren »Priesterschaft«.

Die Fähigkeit, Neue Medien zu nutzen und die persönliche Zeit mit ihnen zu gestalten, ist sowohl für berufliche als auch private Qualifikation von Vorteil – beruflich, da damit die Möglichkeit zur schnellen und effizienten Erledigung der Arbeitsaufgaben assoziiert wird; privat, da mit der Verwendung der spezifischen Hochsprache der Admins, Controller und User die eigene Kundigkeit dokumentiert und die spezifische Zugehörigkeit zu einer exakt umrissenen Gruppe ausgewiesen wird (die Auseinandersetzung der Verfechter verschiedener Betriebssysteme (Windows/MacOS/Linux) nimmt überhaupt jenseits aller rationalen Argumentation bisweilen den Charakter von Glaubenskriegen an).

Ob ihnen eine reale Gegebenheit entspricht, scheint oft gegenüber der prinzipiellen Bekundung der eigenen Kenntnisse sekundär zu sein – die Euphorie über die technischen Möglichkeiten, zum Teil auch nur über die technischen Perspektiven hat die Frage des »wozu« zumindest vorübergehend verdrängt und ist zum Selbstzweck geworden; informatisches Echo des quasi autonomen Konsumrausches. Parallel strukturiert sich die Wahrnehmung des Menschen um, allerdings ist die kritiklose Übernahme der oft ventilierten Vorstellung vom sozial verkümmerten Computerfreak als Prototypen informatischer Existenz, dessen massenhafte Verbreitung eher in der Science-Fiction-Literatur als in der Praxis anzutreffen ist, ebenso falsch wie die Verharmlosung des Problems bzw. seine Reduktion auf eine mit wenig Aufwand systemimmanent lösbare wahrnehmungstheoretische Frage.

Denn problematisch ist meines Erachtens nicht primär eine prinzipiell neue Art der Informationsvermittlung oder ungesicherte Authentizität (wiewohl diese und andere Fragen auch dringend der Klärung bedürfen, greifen sie nicht so weit in den Bereich, in dem sich Theologie bewegt). Aber jedes technische Hilfsmittel, das wir verwenden, greift über seine direkte Anwendung hinaus verändernd in unser Leben ein. Ein Beispiel: Wer einen PDA wie den PalmPilot verwendet, muss dessen System der Handschrifterkennung erlernen – ein recht einfaches, das notwendig ist, weil der Pilot durch seine geringen Maße auf Stifteingabe angewiesen ist. Dieses Erlernen ist unproblematisch und geht recht schnell; nach 30 Minuten ist der Benutzer bereits in der Lage, das Gerät zu bedienen. Allerdings ist der Ausdruck »das Gerät bedienen« hier tatsächlich doppelt am Platz: das Gerät zwingt dem Benutzer seine Art der Verständigung auf, und das wird um eines größeren Nutzens willen in Kauf genommen. Doch damit nicht genug: Der Benutzer wird damit konfrontiert, dass sich seine eigene Handschrift – auch wenn der Pilot gerade nicht verwendet wird – zu verändern beginnt und immer mehr der ähnelt, die er im Umgang mit dem Gerät benutzt. Es ist wichtig, festzuhalten, dass diese Veränderungen über den rein motorisch-technischen Bereich hinausgreifen; dass unsere Art, Welt wahrzunehmen, sich durch die Neuen Medien, insbesondere durch die Integration von Virtualität in unsere täglichen Vollzüge, verändert, dass also die formalen Randbedingungen unserer Erkenntnis, unseres Umganges mit allem, was nicht-Ich ist, ihre »Unschuld« ein für allemal verlieren, eine Unschuld, die ich am Ausmaß zu erbringender eigener Abstraktions- und Assoziationsleistung festmachen würde. Anders formuliert: die Struktur unserer Wahrnehmung ändert sich, und dadurch zwangsläufig die Inhalte, die wir wahrnehmen, unabhängig von deren Verortung in unserem Weltbild – auch die Offenbarung ist von der Rezeptionsseite her nicht dagegen gefeit, was theologisch unbedingt zu berücksichtigen ist.

## Spot 4: Zeichen

Wenn wir kommunizieren, benutzen wir Zeichen. Jedes Kommunikationsmodell, und sei es das allereinfachste, besteht aus Kommunikator, Rezipient, Medium und Zeichenvorrat – wenn K und R nicht dasselbe Medium benutzen, können sie nicht kommunizieren; wenn sie nicht einen zumindest partiell konvergierenden Zeichensatz benutzen, können sie kein Verständnis herstellen. Ebenso ist es im Cyberspace: Auch die Geräte, nicht nur die Benutzer, brauchen definierte Zeichenvorräte!

Diese Zeichenvorräte, deren erste Generation wir selbst generiert haben, weisen Relikte transzendenter Weltinterpretation auf; diese Relikte werden nicht schwächer, wenn sich die autonom generierenden Zeichensätze der Folgegenerationen zu den Zeichenvorräten hinzufügen. Als Beispiel ist nicht nur die Einbindung technisch nicht notwendiger Symbole in Schriftzeichensätze (Fonts) zu nennen, sondern auch Phänomene wie die Bezeichnung von unabhängigen Hintergrundprozessen auf Serversystemen als »Dämonen« oder die oft geübte Praxis, Computern (besonders wieder Servern) Namen aus der Mythologie zu geben. Insbesondere sei auf den Bereich der Computerrollenspiele verwiesen, der ohne Mythologie nicht auskommt. Die Zeichensätze bleiben – transformiert, aber nicht weniger wirkmächtig – erhalten; so werden wir selbst in einer nur bedingt kontrollierbaren Dynamik zu einer Komponente des Hypertext, die zwar dessen Existenz als Leser legitimiert, aber für diese Existenz nicht mehr zwingend notwendig ist. Von php-scripts automatisch aus einer Datenbank generierte HTML-Seiten, die von Suchmaschinen ebenso automatisch abgerufen und durchforstet werden, sind Beispiele für wechselnde Inhalte, die weder zur Herstellung noch zum Abruf unmittelbar auf den Menschen angewiesen sind. Der Mensch ist für die schiere Existenz des Hypertext als Rückgrat des Informations-Cyberspace nicht mehr zwingend notwendig.

Das Phänomen Hypertext hat auch noch eine zweite Seite: die kontextuelle Bindung informatisierter Texturen – der Verweischarakter eignet dem Medium an sich, und was bisweilen als Charakteristikum postmoderner Texturen gedeutet wird, ist in der Tat das notwendig dem Hypertext zugrunde liegende Kommunikationsmodell.

## Spot 5: Wirksam über den »Cyberspace« hinaus

Was die Struktur unserer Wahrnehmung umbildet, verändert auch Rezeption und Reaktion außerhalb unseres Umganges mit dem Auslöser der Wahrnehmung – unsere gesamte Lebenswirklichkeit ist davon betroffen.

Nun ist insbesondere das, was am Sektor der Neuen Medien hergestellt wird, wiederum Bestandteil der Rezeptionswelt seiner eigenen Hersteller – das heißt: der Umstrukturierungsprozess, einmal in Gang gesetzt, entwickelt eine Eigendynamik, die unhintergehbar, ja ununterbrechbar ist.

Das Mini-MUD (Multi-User-Dungeon, ein weitverbreiteter Typus der AD&DComputerspielklasse) namens Big Brother, dessen halbgeklonte Avatare zu Identifikationsfiguren für Abermillionen von Zusehern wurden, ist nur vor diesem Hintergrund nachvollziehbar, sein Erfolg nur unter diesem Blickwinkel erklärlich. Das Geschwätz der offiziellen »Serienpsychologen«, die von der Herstellungsfirma und dem ausstrahlenden Sender bezahlt, ihre Statements hinsichtlich der Faszination der Normalität abgaben, die angeblich den Erfolg dieses Experimentes ausmachte, hat sich selbst ad absurdum geführt: Ein Blick in die Statistik der Einschaltquoten genügt, um festzustellen, dass diese sanken, wenn Normalität in die »berühmteste WG Deutschlands« einzog, und dass sie stiegen, wenn es »spannend« wurde – egal, ob Konflikte anstanden oder ein vollbusiger Neuzugang unter der Dusche zu beobachten war.

Nein, erstmals in der Fernsehgeschichte des deutschen Sprachraumes hat ein Produkt der medialen Eigendynamik als Hybridsorte sich quasi selbst gezüchtet. Nicht, dass das Konzept der Reihe von Computern erdacht oder nur automatisch umgesetzt wurde: Nein – und das wäre auch eine gründliche Verkennung des Problems. Es wurde von einem Team von Menschen generiert, denen man neidlos das Kompliment absoluter Professionalität machen muss und denen man bescheinigen muss, dass sie mit Sicherheit aufmerksamt alle medialen Trends und Produkte der letzten Jahre verfolgt haben – das hat sie geprägt, und diese Prägung geben sie nun erstmals weiter, was wieder uns alle prägt (denn wer nur mit einigermaßen offenen Augen und Ohren durch den Alltag geht, kennt John, Andrea und Jürgen und kann ggf. sogar eine Grundrissskizze des Wohncontainers in Köln zu Papier bringen).

Sogar in punkto Interaktivität hat man dazugelernt: Nicht nur, dass die unter Tausenden Bewerbern gecasteten Idealtypen selektierte Identifikationsfiguren waren – man konnte seinen Avatar auch noch in Grenzen steuern (Wahl der auszuscheidenden Kandidaten). Man könnte sagen: auch Fernsehen ist so (zwar zeitversetzt) noch interaktiver geworden als er es schon war, und es hat dem Zuseher das beschert, was er im Web schon längere Zeit ist: wissender Beobachter, ungesehen alles sehend, ungesehen alles beeinflussend (die Geschehnisse außen sollten den Bewohnern ja verborgen bleiben; und die Kontaktaufnahme durch Rufe über den Zaun glich eher kurzfristigen Einbrüchen in der Realität der Bewohner, die ihr eigenes Maß geworden war, als einer Kommunikation).

Das Informations-Universum ist »religiös« signiert, kein Zweifel. Allerdings muss man relativieren: Die Signatur ist wie oben gesagt etwas, was vom Schöpfer einer Sache aufgeprägt wird, und hat für diesen selbst daher im besten Fall tautologische Aussagen, im schlechtesten Fall Negationsaussagen parat.

Eine bekannte Utopie der realisierten Moderne ist der Aufstand der Maschinen gegen ihre Konstrukteure, die mechanisierte Hybris des Turmbaues zu Babel auf verschobenem Niveau. Metropolis von Fritz Lang, Modern Times von Charlie Chaplin, die Terminator-Serie oder unlängst Matrix sind Beispiele aus dem Bereich des kommerziellen Filmes; mit zahlreichen Neuerscheinungen in den letzten Jahren wurde dieses Genre auch im Bereich Computerspiele der Neuen Medien populär.

Wenn man wie Hans Moravec und – in etwas abgeschwächter Form – Keith Pimentel oder Ken Texeira davon ausgeht, dass maschinelles »Leben« das menschliche Leben im Prozess einer natürlichen Evolution ablösen wird, kann man nur hoffen, dass die Maschinen Utopien entwickeln, die eher imstande sind, ihre eigene »religiöse Signatur« zu deuten als der Hybris zu verfallen. Aber darum geht es meines Erachtens nach nicht – diese Sicht ist selbst eine krasse (und nebenbei bemerkt, völlig unrealistische) Utopie.

Es geht eher um die Frage: Was stellen unsere Produkte mit uns selbst an; wie ändert sich unser Verhältnis zum Sein, wie unser Fragen nach dem das Sein Bedingenden? Und ändern sich die Antworten?

Hans-Walter Ruckenbauer formuliert: »Der Rückzug in die schaumgebremste Virtualität, die keine wirkliche Frustration, stattdessen aber eine falsche Gemütlichkeit kennt, hat zumindest die Tendenz, in einer psychedelischen Gegenwelt zu enden.« (H.-W. Ruckenbauer, Homo ludens auf der Datenautobahn, in: Cyberethik 73–94). Leben in Fülle, wie es im Johannesevangelium verkündet wird, und psychedelische Gegenwelt – ein Kontrast, der stärker nicht sein kann und der aufmerksam machen sollte auf die Versuchung, auf die parareligiösen Aussagen und Implikationen Neuer Medien hereinzufallen – eine Versuchung, die stärker ist denn je. Die Möglichkeiten der Informationstechnik sind ungeheuer im doppelten Sinne: sie eröffnen Perspektiven, wo vorher keine waren, aber es wird all zu oft verschwiegen, dass sie zugleich auch (zwangsläufig) ausschließen. Das Leben in Fülle darf aber niemandem verschlossen werden – und so bleibt der Ort des Wirkens Gottes letztlich in jener Kombination aus physis, psyche und nous, die wir Mensch nennen, und verlagert sich nicht in das Netz der Netze (auch wenn es diesen Anspruch bisweilen erhebt).

# Medienpädagogik – ein Kürprogramm der Kirche?

Rainer Steib

»Ich richtete mich nach und nach in meinem neuen Leben ein. Und mehr noch als die Ratschläge, die Michiko mir erteilte, gefielen mir ihre Geschichten. Mich dürstete danach, als würde mein Leben dadurch reicher werden. Es war also Michiko, die sich in jenen frühen Tagen um mein körperliches Wohl kümmerte und meiner Seele mit ihren Geschichten Nahrung gab.« (Gail Tsukiyama, Der Garten des Samurai, München 1997)

Unsere Wirklichkeit ist nicht nur die Welt der Materie. Symbole, Zeichen, Worte, Geschichten – all dies sind sprachliche und vorsprachliche Gestalten der Wirklichkeit, die dennoch bedeutsam und wirksam sind. Gerade im Bereich des Glaubens – in der Glaubenssprache – sind sie unentbehrlich, um das Unsagbare, das Unbeschreibliche, das Mysterium mitzuteilen.

Und genau deshalb betreibt die Kirche Medienpädagogik. Denn ein besseres Verständnis unserer Welt und ihrer medialen Zeichen hilft, diese Formen von Wirklichkeit besser zu verstehen. Damit verhilft Medienpädagogik auch zu einem umfassenderen Verständnis der Wirklichkeit als gesamter. Ein besseres und vertieftes Wirklichkeitsverständnis bedeutet auch ein tieferes Selbstverständnis des Menschen. Medienpädagogik trägt damit also letztlich zur Reflexion und Erkenntnis von Welt und Selbst bei. Erkenntnis und Reflexion sind aber die Grundvoraussetzungen der Ahnung dessen, was hinter dieser Wirklichkeit steht, also die Grundvoraussetzungen einer Ahnung von Transzendenz. Man merkt schon: Ich halte Medienpädagogik nicht für eine Kürprogramm der Kirche. Im Gegenteil: Medienpädagogik ist Pflicht! Immer dringendere Pflicht in einer Mediengesellschaft und einer Medien-**www**elt.

Dabei hat die Medienpädagogik natürlich zunächst einmal eine wissenschaftliche Seite. Sie betrachtet und analysiert die Massenmedien, die audiovisuellen Medien und den Umgang der Rezipienten damit. Das kann aber kein Selbstzweck sein. Vielmehr dient es im eigentlichen einer Bestandsaufnahme unserer Gesellschaft und ihrer Befindlichkeiten. Denn Medien verkünden unsere Welt. Sie sind die Seismografen der Gesellschaft. Medien sind und transportieren die Zeichen der Zeit. Indem sie die Wirklichkeit in den Blick nehmen, befassen sie sich auch mit dem Deutungsgegenstand der Religion. So sind mediale Botschaften immer auch Ich-Botschaften der Mediengesellschaft und damit Anknüpfungspunkt für die Deutung der Welt aus religiöser Sicht.

Viele Medieninhalte weisen religionsproduktive Tendenzen auf, indem sie die Frage nach dem tieferen Sinn und Grund der Wirklichkeit aufwerfen – auch wenn dies nicht immer in ihrer direkten Absicht liegt. Die medialen Botschaften tragen als Botschaften dieser Welt oftmals die verdeckten Zeichen der Suche und der Sehnsucht in sich. Die glücksverheißende Botschaft des alles durchdringenden Konsums desavouiert sich mit der Zeit selbst. Darin spiegeln die Medien unsere Gesellschaft, die nach Sinn dürstet, sich aber im Supermarkt des religiösen, pseudoreligiösen und esoterischen Zeitgeistes ihr tägliches Brot (eher Brötchen, denn im Grunde handelt es sich um seelisches fast-food) selbst zusammenbackt.

Indem Medienpädagogik zu einem besseren Verständnis der Medien beiträgt, trägt sie auch zu einem besseren Verständnis deren impliziten Botschaften bei. Sie untersucht die Aussagen der Medien und entdeckt in ihnen nicht selten genau die Fragestellungen, auf die auch die Frohe Botschaft Antwort geben will. Medienpädagogik trägt dazu bei, die medialen Botschaften mit der Frohen Botschaft in ein konstruktives Spannungsverhältnis zu bringen. Christliche Verkündigung braucht den Dialog mit der Medienwelt. Sie findet dort Themen, Anknüpfungspunkte, Bedürfnisse und Wünsche (und zuweilen auch stilistische Vorbilder), die ihr zeigen, mit welchen sprachlichen und kommunikativen Mitteln die Menschen heute zu erreichen sind. Die knappe Ressource Aufmerksamkeit muss sich auch die christliche Botschaft heute mühsam verdienen. Dazu muss sie aber eine Medienwelt in ihrer Gesetzmäßigkeit verstehen und sich darin auch bewegen können.

Unsere Welt ist eine audiovisuelle Welt. Eine Welt der Bilder und Töne. Und auch der Glaube kommt bekanntlich vom Hören und Sehen. Der richtige Umgang mit der akustischen und optischen Signalflut ist heute keine Selbstverständlichkeit mehr. Reizüberflutung führt zu Ignoranz oder »audiovisuellem Durchfall« – Signale werden nur noch aufgenommen aber nicht mehr verarbeitet. Die schöne neue und bunte Medienwelt kann ihren Kindern durchaus das Hören und Sehen vergehen lassen. Medienpädagogik trainiert den Blick hinter die Bilder. Sie lehrt, die Wahrheit der Bilder zu suchen und zu erkennen. Medienpädagogik liefert daher auch die Grundtechniken, die Wahrheit religiöser Bilder und Vorstellungen besser zu erkennen. Sie lehrt und übt das richtige Sehen, das Wahr-nehmen und Für-wahr-nehmen. Sie bereitet vor für den Blick hinter den bloßen Schein und Anschein. Medienpädagogik ist die Alphabetisierung der religiösen Sprache.

Sprache und Kommunikation sind Grundvollzüge des Menschen. Mehr noch: Kommunikation ist ein Grundbedürfnis des Menschen. Die Kommunikationsmedien und damit auch die Kommunikationsprozesse befinden sich derzeit in einem rasanten Wandel. Teilhabe am gesellschaftlichen Diskurs – sofern es diesen überhaupt noch gibt – ist auch Teilhabe am Kommunikationsprozess einer Mediengesellschaft. Dabei sind Medien sowohl Träger, als auch Inhalte des gesellschaftlichen Kommunikationsgeschehens. Eine Gesellschaft, die immer mehr medial kommuniziert und medienwirtschaftlich floriert, definiert sich zwangsläufig auch über ihre Medien. Deshalb entspricht dem Grundbedürfnis nach Kommunikation auch eine Art Grundrecht auf Kommunikation und deshalb ist es eine Unabdingbarkeit, Menschen zur Teilnahme am gesellschaftlichen und medialen Kommunikationsprozess zu befähigen. Das ist nicht nur eine gesellschaftliche Aufgabe, sondern auch eine wichtige Facette der sozialen Verantwortung der Kirche. Das meint die kirchliche Rede von den Medien als Mitteln der sozialen Kommunikation. Das medienpädagogische Engagement der Kirche muss darauf abzielen, Menschen ihr Grundrecht auf Kommunikation und auf Zugang zu den Kommunikationsmitteln zu sichern und ihnen die Fähigkeit vermitteln, diese Grundrechte auszuüben. Hier weist die Medienpädagogik auch den medienpolitischen Weg, den die Kirche zu gehen hat.

Unsere Gesellschaft bestimmt sich immer mehr über den Wert der Ware »Information«. Die Rede von der Informationsgesellschaft ist daher nicht nur eine technische oder wissenschaftliche Beschreibung der Realität, sondern auch die Benennung eines wirtschaftlichen Phänomens. Aber nicht alle Menschen können und wollen im gleichen Maße teilhaben am Informationsboom. Neben einer sich derzeit deutlich abbildenden Differenzierung in solche, die sich den neuen Technologien öffnen und mit ihnen (gewinnbringend) arbeiten, gibt es auch eine stattliche Zahl derer, die – aus welchen Gründen auch immer – keinen Zugang zur neuen Medienwelt suchen oder finden.

Angesichts des sogenannten »knowledge-gap«, der vielzitierten Kluft zwischen information-rich und information-poor ist es eine unverzichtbare Aufgabe kirchlicher Arbeit, hier ausgleichend zu wirken, gegenzusteuern oder zumindest Brücken zu bauen. So kann und muss die Kirche beispielsweise im Schulbereich, aber auch in der außerschulischen Ausbildung gerade bei der jungen Generation auf einen sinnvollen und kritischen Einstieg in die Informationsgesellschaft drängen. Dabei geht es nicht nur um informationstechnische Grundbildung, sondern um einen selbstverantworteten und kreativen Umgang mit der Medien- und Informationsflut. Medienpädagogik versucht die Faktoren zu benennen, die notwendig sind, um Medienkompetenz zu vermitteln. Das medienpädagogische Engagement der Kirche kann zwar nicht (alle) Probleme der Informationsgesellschaft beheben, es kann aber auf Probleme hinweisen und so politische Forderungen erheben.

»Gott gab Euch Herrschaft über die Tiere, die Wälder und den roten Mann, aus einem besonderen Grund – doch dieser Grund ist uns ein Rätsel. Vielleicht könnten wir es verstehen, wenn wir wüssten, wovon der weiße Mann träumt – welche Hoffnungen er seinen Kindern an langen Winterabenden schildert – und welche Visionen er in ihre Herzen brennt, so dass sie sich nach einem Morgen sehnen.« (aus der Rede des Häuptlings Seattle an den Präsidenten der Vereinigten Staaten von Amerika 1855)

Welche Vision der Medien- und Informationsgesellschaft brennt die Kirche in die Herzen der Gläubigen? Gelingt es uns heute überhaupt noch die Herzen der Menschen zu erreichen? Leben wir als Kirche die Werte, die wir vermitteln wollen?

Werte und Visionen werden heute vielfach medial transportiert und vermittelt. Die Massenmedien dokumentieren und transportierten im allgemeinen die Normativität des Faktischen. Was allgemein getan wird, wird auch in den Medien nicht mehr weiter hinterfragt. Unterhaltungsmedien liefern (oft fragwürdige) Vorbilder und Vorbildverhalten und verschieben Grenzsetzungen – fast täglich. Ein Sozialporno (»Stern«) wie »big brother« wäre gestern noch nicht denkbar gewesen – morgen schon geht er in Serie und produziert seine Nachfolger. Aber auch der gesellschaftliche Wertediskurs vollzieht sich in großen Teilen medial vermittelt. Die Frage nach der Gültigkeit und Zulässigkeit menschlichen Handelns und ihrer Grenzen kann heute – wenn überhaupt noch – nur über die Massenmedien in einem größeren Rahmen thematisiert werden. Medienpädagogik hilft, Wertmuster zu reflektieren. Sie fragt nach den impliziten Werten einer Mediengesellschaft und ihrer Produkte. Ein kirchliches Engagement in Sachen Medienpädagogik ist daher ein Beitrag zur Wertediskussion der Mediengesellschaft. Kirchliche Wertvorstellungen müssen den Wertmustern der Mediengesellschaft gegengesetzt werden. Gleichzeitig müssen sich kirchliche Wertvorstellungen auch in der öffentlichen Wertediskussion befragen lassen und ihren Gültigkeitsanspruch erweisen.

Medienpädagogik ist daher auch ein dialogisches Geschehen. Und Dialog ist genauso wie Medienpädagogik nicht Kür sondern Pflicht. Die Vision von Medien als Mitteln der sozialen Kommunikation ist eine große Vision der Kirche. Das vielseitige medienpädagogische Engagement verschiedenster Menschen und Stellen vor Ort sind die vielen kleinen Schritte auf dem steinigen Weg dorthin.

# Seelsorge im Internet

Norbert Kebekus

- »Meine Freundin klammert in unserer Beziehung so stark. Ich liebe sie, brauche aber mehr Freiheit. Könnt Ihr mir was raten?« (männlich, 18– 24 Jahre)
- »Wie kann es mir gelingen, dass mein Glaube mehr mit meinem Leben zu tun hat?« (weiblich, 31–40 Jahre)
- »Vor vier Jahren habe ich meinen Mann verlassen und bin mit meinen Kindern zu meinem Freund gezogen. Nach meiner Scheidung haben wir geheiratet. Nun hat mir mein zweiter Mann eröffnet, dass er eine Freundin hat. Er will bei mir bleiben, seine Freundin aber trotzdem behalten. Ich fühle mich verletzt. Ich bin verzweifelt. Was soll ich tun?« (weiblich, 41–50 Jahre)
- »Ich bin vor 20 Jahren aus der Kirche ausgetreten. Inzwischen bereue ich diesen Schritt. Wie kann ich wieder eintreten?« (männlich, über 50 Jahre).
- »Mein Mann versteht mich nicht. Ich bin verheiratet, aber im Grunde allein. Jetzt habe ich einen Mann übers Internet kennen gelernt. Er will sich mit mir treffen. Soll ich zusagen?« (weiblich 31–40 Jahre)
- »Alles, was ich anfange, geht schief. Mein Leben ist ein einziges Desaster« (männlich 25–30 Jahre)

Sechs Ausschnitte, Kernsätze aus e-mails von Ratsuchenden an die Internet-Seelsorge Freiburg (www.isfr.de). Sie repräsentieren in etwa das Spektrum der Menschen, die sich mit ihren Anliegen an die Internet-Seelsorge wenden: Männer und Frauen im Alter von 18 bis 50 Jahren mit Fragen zu ihrem persönlichen Glauben, vor allem aber mit Beziehungsproblemen. Menschen, die sich an eine eindeutig als kirchliche Einrichtung identifizierbare Stelle wenden. Und Menschen, so möchte ich thesenhaft hinzufügen, die in den traditionellen Strukturen der (Gemeinde-)Seelsorge offenbar keinen Ansprechpartner für ihre Probleme finden. Im folgenden möchte ich einige grundlegenden Überlegungen zur Internet-Seelsorge zur Diskussion stellen.

## Kirche im Netz

»Der typische deutsche Internet-Nutzer ist 25–30 Jahre alt, männlich und verfügt über höhere Schulbildung bzw. einen Hochschulabschluss.« Diese Erkenntnis, bis vor ca. zwei Jahren sicherlich noch zutreffend, ist mittlerweile überholt. Alle Statistiken über die Zahl der Internet-Anschlüsse, aber auch der Internet-Angebote, weisen exponentielle Wachstumsraten auf. Zumindest die e-mail-Nutzung wird in Kürze aus dem Büroalltag ebenso wenig wegzudenken sein wie das Telefon. Kein Unternehmen verzichtet darauf, in der Werbung eine Internet-Adresse anzugeben. Initiativen wie »Senioren ans Netz«, aber auch manche Werbespots (wie Boris Beckers »Ich bin drin!«) sind Zeichen dafür, dass das Internet sich zu einem alltäglichen Kommunikationsmittel entwickelt und nicht länger auf bestimmte Bevölkerungsgruppen beschränkt bleibt.

Nicht ganz so rasant wie das Medium insgesamt, aber immer noch schnell entwickeln sich die religiösen und näherhin kirchlichen Angebote im Internet. Webseiten von Bistümern, Landeskirchen, kirchlichen Jugend-, Erwachsenen- oder Sozialverbänden finden sich ebenso wie Homepages von Gemeinden und Dekanaten, private Angebote von Pfarrern oder interessierten Laien. Großkirchen sind genauso anklickbar wie freie Gemeinschaften oder religiöse Splittergruppen. Die tendenziell chaotisch-anarchische Struktur des Internet begünstigt diese Entwicklung: Mit Hilfe einer kostenlosen Internet-Adresse oder einer recht günstigen (wenige hundert Mark pro Jahr kostenden) eigenen Domain kann ich – überspitzt formuliert – »meinen eigenen Vogel als Heiligen Geist« ausgeben und weltweit verkünden. Und wenn ich kreatives Design und pfiffige Features biete und meine Seite zudem clever in Suchmaschinen eintrage, habe ich mehr Zugriffe als manche Bistums-Homepage.

Das Angebot kirchlicher Webseiten ist auch inhaltlich vielseitiger geworden. Längst sind alle pastoralen Grunddienste im Web vertreten: Verkündigung in zahlreichen Predigten und Glaubensimpulsen, Liturgie in Internet-Gottesdiensten (s. www.netburger.at/gottesdienst), Diakonie in Beratung, Seelsorge und Selbsthilfe. Und virtuelle Gemeinden realisieren zumindest ansatzhaft das Prinzip der Communio im Internet. Ob ein kirchliches Internet-Angebot eine Zukunft hat, hängt meines Erachtens nicht zuletzt davon ab, ob es das Internet als Kommunikationsmedium ernst nimmt. Zwar gibt es immer noch Kirchengemeinden und Bistümer, die lediglich Informationen bieten und das Internet als eine Art digitalen

Schaukasten benutzen: als Form der »Einweg-Kommunikation« vom Anbieter zum Surfer. Hier wird die Kommunikationsform der Massenmedien
Zeitung, Radio und Fernsehen auf das Internet übertragen. Die Kommunikation hat dann eine »Punkt-an-viele-Struktur« (vgl. M. Strauß, Religiöse
Transparenz, Evangelische Kommentare 2/2000, 8). Doch viele Webseiten
bieten den Internet-Nutzerinnen und -nutzern in Diskussionsforen, Mai-
linglisten oder Kontaktangeboten via e-mail die Möglichkeit zur »Mehr-
weg-Kommunikation«, zum Dialog. Diese Form des Internet-Auftritts wird
nicht nur dem Medium gerechter, sondern lässt auch bereits ekklesiologische Implikationen erkennen: das Verständnis einer dialogischen Kirche,
die zugleich lehrt und lernt.

Eine deutliche Veränderung kirchlicher Internet-Angebote ist auch im
Bereich der Internet-Seelsorge zu beobachten. Waren es 1995/1996 nur einige wenige Pioniere, die Seelsorge via e-mail anboten (z. B. www.seelsor-
ge.net), sind heute Seelsorgeangebote von Bistümern bzw. Landeskirchen,
Gemeinden bzw. Einzelpersonen oder auf Bundesebene keine Seltenheit
mehr. Das Beispiel der Telefonseelsorge (www.telefonseelsorge.de) zeigt,
dass ein qualifiziertes Beratungsangebot im Internet zunehmend auf Resonanz stößt. Geradezu atemberaubend ist das Wachstum des kirchlichen Engagements bei »funcity« (www.ffn.funcity.de). War in dieser virtuellen
Stadt für Jugendliche 1998 Kaplan Stefan Lampe, Jugendseelsorger im Bistum Hildesheim, noch allein mit Seelsorge und Kirchenchat betraut, so
besteht das Funcity-Kirchenteam aufgrund der gewaltigen Resonanz heute
(Sommer 2000) aus 19 Personen. Auch wenn nicht alle seelsorglichen Angebote im Internet derart boomen: Internet-Seelsorge kann mittlerweile als
etablierter Bereich im Rahmen einer »Kommunikationspastoral der Zwi-
schenräume« neben den Kirchengemeinden gelten (vgl. M. N. Ebertz, Kirche im Gegenwind. Zum Umbruch der religiösen Landschaft, Freiburg –
Basel – Wien 1997, 140 ff.). Einige Merkmale dieses pastoralen Engagements möchte ich schlaglichtartig skizzieren.

### Spots zur Internet-Seelsorge

Der seelsorgliche Kontakt via e-mail unterscheidet sich in mehreren zentralen Punkten von sog. »face-to-face-Kontakten« (also von Kontakten im
persönlichen Gegenüber): durch die Form der (schriftlichen) Kommunikation (1), durch die Anonymität (2), durch die völlige Aufgabe jeglichen

Territorialprinzipes (3) und – als Folge dieser Aspekte – durch seine Nieder-schwelligkeit (4). Hinzu kommt sein Angebotscharakter (5).

## 1. Kommunikation

Das Prinzip, einen seelsorglichen Kontakt ausschließlich schriftlich zu ge-stalten, führt zuweilen zu Skepsis oder gar heftiger Ablehnung der Internet-Seelsorge: Ich kann mein Gegenüber nicht sehen, muss auf jeglichen visuel-len Eindruck verzichten, kann nicht auf Körperhaltungen und Gesten reagieren. Im Unterschied zu einen Telefongespräch fehlt mir sogar die Mög-lichkeit, auf Tonfall und andere stimmliche Modulationen zu achten. Ich habe nur schriftlich fixierten Text vor mir. Ist diese Form der Kommuni-kation daher nicht defizitär?

Sie ist anders, vielleicht ungewohnt. Und sie ist reduziert. Aber damit ist sie noch nicht defizitär. Zunächst einmal fordert sie von der ratsuchen-den Person das Bemühen, das jeweilige Anliegen, die Fragen, die Mitteilun-gen möglichst präzise in Worte zu fassen. In einem face-to-face-Kontakt oder am Telefon kann ich als Ratsuchender gegebenenfalls einfach nur wei-nen, mein Gegenüber kann darauf reagieren. In einer e-mail muss ich mei-ne Stimmung, meine Gefühle verbalisieren. Auf der anderen Seite zwingt mich dieses In-Worte-fassen bereits zu einer ersten Auseinandersetzung mit meinem Problem. Manchmal geschieht im Prozess des Schreibens bereits eine erste (anfanghafte, aber hilfreiche) Verarbeitung.

Auch die Seelsorgerin oder der Seelsorger muss sich um Präzision bei der Formulierung bemühen. Ich sehe nicht unmittelbar, wie z. B. eine Inter-vention ankommt, sondern muss evtl. ein feed back eigens erbitten. Aller-dings habe ich viel mehr Zeit, mir meine Sätze zu überlegen. Ich bin nicht gezwungen, unmittelbar zu antworten, sondern kann erst einmal einige Stunden oder einen Tag lang meine Antwort überlegen. In dieser Zeit habe ich die Möglichkeit, mich mit den Fragen, den Gefühlen, den Ideen und Phantasien, dir mir beim Lesen der Mails gekommen sind, auseinander zu setzen, um sie gegebenenfalls der ratsuchenden Person zurückspiegeln oder in eine andere Intervention umsetzen zu können. Ein Paradox: Während die Nutzung von e-mails an sich zu Recht im Ruf steht, Kommunikation zu beschleunigen, wird die seelsorgliche Kommunikation dagegen verlangsamt.

Der Verzicht auf jegliche körperliche Präsenz (auch die der Stimme) kann nicht nur den Effekt haben, Kommunikation zu erschweren. Sie kann

auch Blockaden verhindern, weil alle auf die äußere Erscheinung zurück
gehenden Mechanismen von Sympathie und Antipathie sowie von Übertragung verhindert werden. Sie eröffnet zugleich ein weites Feld für Projektio-
nen, die zumindest die Seelsorgerin oder der Seelsorger im Beratungspro-
zess aktiv nutzen kann.


## 2. Anonymität

Das Internet ermöglicht relativ leicht eine anonyme Kontaktaufnahme. Wer
aufgrund seiner e-mail-Adresse eindeutig identifizierbar ist, aber den
Schutzraum der Anonymität sucht, kann sich problemlos eine kostenlose
Mailadresse bei einem sog. Freemail-Anbieter unter einem Pseudonym be-
sorgen. Die Verschleierung der Identität erleichtert vielen die Entscheidung,
überhaupt Kontakt mit der Seelsorge-Stelle aufzunehmen. Bei der Internet-
Seelsorge Freiburg machen wir aber auch die Erfahrung, dass viele Rat-
suchende erstaunlicherweise auf diesen Schutz verzichten. Sogar von
dienstlichen e-mail-Adressen aus erreichen uns Seelsorge-mails (z. T. mit
angehängter geschäftlicher Visitenkarte).

Die Frage, ob auch die Seelsorgerinnen und Seelsorger durch Anonymität geschützt werden sollen, wird von den verschiedenen Internet-Seel-
sorgestellen unterschiedlich beantwortet. Zwei grundlegende Modelle haben sich herausgebildet. Im ersten Modell stellen sich die Seelsorgerinnen
und Seelsorger mit ihrem Namen, ihrer pastoralen Kompetenz (Ausbildung
und Praxis), teilweise auch mit ihrem Bild und einem kurzen persönlichen
Lebenslauf vor. Hier wird versucht, der Anonymität des Internet bewusst
entgegenzusteuern. Das Seelsorge-Angebot und damit die Kirche bzw. jeweilige kirchliche Einrichtung bekommt ein Gesicht, wird – ganz im Sinne
eines »personalen Angebotes« – erkennbar durch Personen repräsentiert.
Die Alternative dazu ist, dass die in der Internet-Seelsorge tätigen Personen
weitgehend anonym bleiben. Das Seelsorge-Angebot erfolgt durch eine Institution oder ein Team. Dieses Prinzip ist von der Arbeitsweise der Telefonseelsorge entlehnt. Nach meiner persönlichen Ansicht wird dieses Modell
dem Charakter der Internet-Kommunikation (s. o.) eher gerecht. Zudem
wird für die Mitarbeiterinnen und Mitarbeiter ein gewisser Schutz geschaffen, der zum Beispiel garantiert, dass der seelsorgliche Kontakt nicht gegen
den Willen der Seelsorgerin oder des Seelsorgers vom Internet auf das Telefon verlagert wird.

## 3. Aufgabe des Territorialprinzips

Das Internet macht mit Schlagworten wie »weltweite Vernetzung« und »Globalisierung« ernst. Das Medium kennt keine Gebietsgrenzen (allenfalls Sprachgrenzen). Die Internet-Seelsorge Freiburg z. B. bekommt e-mails aus Schleswig-Holstein, Bayern, Sachsen, Hessen, aus Österreich und der Schweiz, aus Kolumbien und den Vereinigten Staaten. Dieser Aspekt hebt das pastorale Engagement im Internet von allen anderen Medien ab. Und diesen Aspekt muss akzeptieren, wer Internet-Seelsorge anbieten will: Pfarr- und Bistumsgrenzen spielen im Internet keine Rolle.

## 4. Niederschwelligkeit

Die drei genannten Punkte führen zu einem vierten: der Niederschwellig-keit. Die Internet-Seelsorge ermöglicht eine erste, zunächst einmal unverbindliche Kontaktaufnahme und überlässt der ratsuchenden Person, wie viel sie von sich und ihrer Identität preisgeben will. Wer sich an eine Internet-Seelsorge wendet, kann jederzeit den Kontakt beenden und in der Anonymität des World Wide Web wieder untertauchen. Vielleicht ist das einer der Gründe, warum sich die Personen, von denen die eingangs zitierten e-mails stammen, zunächst einmal nicht an eine Beratungsstelle oder an eine Seelsorgerin bzw. einen Seelsorger vor Ort gewandt haben. Die Niederschwelligkeit des Angebotes kommt übrigens nicht nur den sogenannten Kirchenfernen oder -distanzierten entgegen, die in den herkömmlichen Strukturen der Pastoral keine Heimat mehr finden. Gerade im ländlichen Raum, in der (realen oder befürchteten) sozialen Kontrolle einer Dorfgemeinschaft schrecken manche davor zurück, sich mit ihrem Problem zu outen.

Nicht selten ist aber das Ergebnis eines e-mail-Kontaktes, dass sich die Person an eine psychologisch bzw. psycho-soziale Beratungsstelle wendet, um sich weitergehende Beratung zu erhalten oder gegebenenfalls. eine Therapie zu beginnen. Internet-Seelsorge hat dann die Funktion, eine erste Anlaufstelle zu bieten, um weitere Hilfen vorzubereiten. Und vor allem die Aufgabe, Menschen zu ermutigen, den Schritt zu einer persönlichen Beratung vor Ort zu wagen.

## 5. *Angebotscharakter*

Um die Eigenart der Internet-Seelsorge zu beleuchten, habe ich im vorangehenden einige Punkte angesprochen, die die Seelsorge via e-mail von anderen Seelsorge- und Beratungskonzepten unterscheidet. Ein zentrales Charakteristikum der Internet-Seelsorge, das sie durchaus mit anderen Seelsorge-Konzepten teilt, kam dabei noch nicht explizit zur Sprache: ihr Angebotscharakter. Damit ist nicht nur gemeint, dass Kirche mit der Internet-Seelsorge in einem gewaltigen Supermarkt der Sinnangebote auftritt und zunächst einmal schauen muss, überhaupt wahrgenommen zu werden. Sondern auch und vor allem, dass in der Internet-Seelsorge – ähnlich wie etwa in der Telefonseelsorge – Kirche ein gänzlich unaufdringliches diakonisches Angebot macht, ohne vereinnahmen und den Ratsuchenden zu nahe kommen zu können. Die Internet-Seelsorge kann durchaus »als ein Symbol des ›Heilsangebots‹ Gottes gelten, das sich den Menschen nicht aufdrängt, seine Freiheit respektiert, ohnmächtig ist wie Gott selbst, dessen einzigartiges Heilsangebot, den Jesus von Nazareth, die Menschen schließlich umgebracht haben« (H. Steinkamp, Solidarität und Parteilichkeit, Mainz 1994, 148 ff.).

### Vernetzung der SeelsorgerInnen – Ein Wunsch

Es ist paradox: Während das Internet die Möglichkeit weltweiter Vernetzung und problemloser Kommunikation über weite Entfernungen hinweg bietet, arbeiten nach meinem Eindruck die Internet-Seelsorger und -seelsorgerinnen in Deutschland bzw. im deutschsprachigen Raum weitgehend isoliert voneinander. Punktuell gibt es Gelegenheit zum Austausch – etwa auf dem zweijährlich stattfindenden Kongress »Credo-Bit« des »Vereins Pfarrer & PC« (www.pfarrer-pc.de) – doch ein kontinuierlicher Diskurs über Erfahrungen, Trends, Probleme der Internet-Seelsorge findet nicht statt. Dabei wäre es dringend erforderlich, dass diejenigen, die Seelsorge im Internet anbieten, über anstehende Fragen miteinander ins Gespräch kommen. Wie gehe ich mit dem Problem der Datensicherheit um? Welche Erfahrungen gibt es mit dem Gebrauch von Verschlüsselungs-Software? Welche Qualifikationen, Ausbildungen, Fortbildungen brauche ich als Internet-Seelsorger? Wie ist die Kooperation der Internet-Seelsorge mit anderen Beratungs- und Seelsorgeangeboten? Für diese und andere Fragen sollte dringend ein Forum geschaffen werden. Meines Erachtens sollte die Zentralstelle Medien der Deutschen Bischofskonferenz ein solches Forum ermöglichen.

### Der steppende Elefant: Ein Ausblick

Ein Ausblick auf die künftige Entwicklung der Internet-Seelsorge zu wagen, ist angesichts der Schnelllebigkeit des Mediums reichlich gewagt. Schon in den sechs Monaten zwischen der Abfassung dieses Beitrages und dem Erscheinen des Buches können neue, die Nutzung des Internets verändernde Software-Entwicklungen auf den Markt kommen oder wegweisende Unternehmensfusionen eine Revolution des Mediums ankündigen. Und wenn der vorliegende Band nicht nur am Ehrentag des Jubilars Bedeutung haben, sondern auch danach Leserinnen und Leser finden wird, ist jede Prognose eigentlich ein sinnloses Unterfangen.

Immerhin, nach Ansicht vieler Experten bahnen sich drei Entwicklungen an: Die heute noch getrennten Geräte Computer, Fernseher und Stereoanlage werden zu einem Multimediagerät verschmelzen, die Internetnutzung wird durch neue Handytechnologien wesentlich mobiler, und in wenigen Jahren werden wir die schleppenden Datenübertragungen durch langsame Telefonleitungen als »Steinzeit des Internets« belächeln. Aber ob wir in einigen Jahren noch herkömmliche e-mails tippen, ob wir überhaupt noch mit Tastaturen und nicht mit Spracheingabesystemen arbeiten, ob z. B. durch Video-Mails die beschriebene Anonymität nicht wieder aufgehoben wird – diese und ähnliche Fragen rufen stets kontroverse Szenarien hervor. Ich möchte daher nicht überlegen, wie Internet-Seelsorge einmal aussehen wird, sondern wie Kirche, und ich denke hier an die katholischen und evangelischen Großkirchen, auf die künftigen Entwicklungen reagieren sollte.

Wer die Entwicklung des Internets verfolgt, wird feststellen müssen, dass auf dem Gebiet der religiösen, insbesondere pastoralen Web-Angebote kleine, flexible Gruppierungen schneller, kreativer und mediengerechter gehandelt haben als die eher langsamen Großkirchen und sich zum Beispiel aussagekräftige Domains gesichert haben. Hier spiegelt sich ein Mechanismus, der sich auch sehr deutlich in der freien Wirtschaft beobachten lässt: Der Grundsatz »die Großen fressen die Kleinen« muss korrigiert werden in »die Schnellen stechen die Langsamen aus«. Ist es das Schicksal großer Kirchen, auf dem Gebiet neuer, sich schnell verändernder Medien der Entwicklung immer nur nachzulaufen oder gar hinterherzuhinken?

Die Situation erinnert mich an die Geschichte des Personalcomputers Ende der 70er Jahre. Der auf Großrechner spezialisierte Computergigant IBM hatte die Entwicklung verschlafen. Er wurde plötzlich von einzelnen technikbegeisterten jungen Leuten herausgefordert, die in kalifornischen Garagen Computer zusammenschraubten. Um auf diese völlig ungewohnte Situation zu reagieren, gründete man eine sogenannte »Independent Business Unity«, eine kleine selbständig arbeitende Gruppe, um jenseits der komplexen und schwerfälligen Unternehmenshierarchie ein Konzept für einen eigenen Kleincomputer, den später so erfolgreich gewordenen PC, zu entwickeln. Ein IBM-Manager kommentierte diesen Schritt später mit den Worten, die Einrichtung dieser unabhängigen, flexiblen Arbeitsgruppe innerhalb eines unbeweglichen Großkonzerns sei der Versuch gewesen, einem Elefanten das Stepptanzen beizubringen.

Könnten sich die Kirchen nicht hieran ein Beispiel nehmen? Innovationen auf dem Gebiet der Internet-Seelsorge werden nicht so sehr von Synoden, Ordinariatssitzungen oder Strukturkommissionen, sondern von einzelnen Netz-Pionieren oder kleinen Arbeitsgruppen angestoßen werden. Diese bewusst zu unterstützen und zu fördern und ihre Erfahrungen zu nutzen, wäre ein wichtiger Schritt auf dem Weg zur Internet-Fähigkeit der Kirchen. Wer sonst soll den Kirchen das Stepptanzen beibringen?

# Internet: Die Suche nach dem Authentischen im neuronalen Netz der Information

Klaus Driever

## Das Nervensystem der Mediengesellschaft

Das menschliche Nervensystem ist letztlich eine gut funktionierende Internetanwendung für den internen Bedarf, ein sogenanntes Intranet. Aus biologischer Sicht stimmt das zwar nicht, denn Informationen werden biochemisch und nicht digital weitergegeben. Aus dem Blickwinkel der Generation@, der Internetnutzer und der Internetmacher, passt diese Analogie: Jede Information aus jedem Winkel des menschlichen Körpers kann über das Nervennetz transportiert werden und Reaktionen in einem anderen Körperteil auslösen, die oft sogar völlig individuell sind: Barfuß durch eine Wiese zu gehen, kann bei dem einem Menschen Reaktionen von Entspannung und Glück auslösen, beim anderen Anzeichen von Vorsicht (hoffentlich tritt er nicht auf eine Brennessel). Das Internet ist ähnlich: Informationen können räumlich und sogar zeitlich nahezu unbegrenzt vom Internetnutzer so zusammengestellt und miteinander verknüpft werden, wie der Nutzer sie haben möchte: Im Idealfall bekomme ich so zum Beispiel über eine Suchmaschine in weniger als einer Sekunde aus verschiedenen asiatischen Zeitungsarchiven alle Berichte, die sich im Jahr 1998 mit der Börsenkrise und gleichzeitig der Autoindustrie beschäftigt haben. Wie ich die Infos zusammenstelle, wo ich sie anschaue, was ich damit mache – alles letztlich meine eigene Entscheidung. Wenn ich will, kann ich sogar sofort schauen, ob ich in einer Live-Unterhaltung mit einem Koreaner via Internet mein Informationsbedürfnis vertiefe.

Die klassischen Massenmedien sehen dagegen alt aus. Zeitung, Fernsehen, Radio liefern dem Nutzer Fertigprodukte. Der Leser bekommt zwar »seine« Zeitung, in der aber die Artikel so angelegt sind, dass sie möglichst viele Menschen erreichen. Der Nutzer ist Konsument, er kann sich keine maßgeschneiderte Zeitung zustellen lassen, er kann nicht aktiv werden, indem er mit anderen Lesern in Kontakt tritt, weil er gar nicht weiß, wer einen bestimmten Artikel ebenfalls gelesen hat und darüber sprechen möchte. Und verknüpft sind die Informationen auch nicht: Von der Frankfurter Allgemeinen Zeitung kann ich nicht per Click zu einem thematisch ähnlichen Artikel im Stern oder in der Irish Times weiterclicken. Keine Frage, das Internet besitzt die Zukunft als Nervensystem der Informationsgesellschaft.

Das menschliche Nervensystem hat aber auch Nachteile: Die Information vom schmerzenden Zahn wird in den ganzen Körper transportiert, steckt zum Beispiel den Kopf zu Kopfschmerzen an. Das neuronale Netz des Internets erzeugt Angst vor einer »Totalität der Informationen«: Welche von den Millionen an Informationen brauche ich überhaupt? Wo finde ich meine Ruhe vor dem permanenten Zwang zur Information? Wenn alle Informationen transparent sind, sind dann meine Wünsche und Fragen auch irgendwie transparent in diesem Netz? Matrix hieß der Kultfilm des Jahres 1999 und er packte die Grundängste vor der totalen Information der Netzwerke in eine anschauliche Botschaft: Glauben Sie nicht, wer Sie sind. Denn vielleicht ist unser Leben nur eine Computeranimation in einem riesigen Internet.

Der 4. Mai 2000 verstärkte dann diese Ängste mit einem realen Vorfall: Der Computervirus »I love you« – verteilt über das Internet offensichtlich von einem philippinischen Studenten – legte innerhalb von Stunden weltweit tausende von Unternehmen lahm. Kein Einzelfall: Allein für das Jahr 2000 rechnet die US-Wirtschaft mit Schäden von über 500 Milliarden Mark, verursacht durch Computerviren.

200 Millionen Menschen weltweit, 17 Millionen Menschen in Deutschland nutzen im Jahr 2000 das Internet – Tendenz stark steigend. Die Anwendungsmöglichkeiten des Internets begeistern, aber stricken diese Menschen möglicherweise ein Informationsnetz, das – siehe Mailviren – außer Kontrolle geraten kann, das gleichzeitig aber auch den einzelnen Nutzer durch die Unruhe des permanenten Informationsflusses an die Grenzen seiner Wahrnehmungsfähigkeit bringt? Und wenn dem so ist, ist diese Entwicklung unaufhaltsam?

### Was passiert wirklich?

Das Internet steht paradigmatisch für eine vermeintliche technologische Dauerrevolution. Die CD-ROM, 1995 noch als Zukunftsmedium vorgestellt, ist mittlerweile fast vergessen. Musik auf gekauften CDs? Für Jugendliche nicht sonderlich spannend – »MPG III aus dem Internet« (kostenlos, wenn auch nicht immer ganz legal) heißt der Slogan. WebTV, Internet-Telefon, Chats und Communities, ECommerce und Netvertising – selbst gestandene Unternehmensstrategen und Marktforscher greifen da permanent auf die Vokabel von der"digitalen Revolution« zurück, um die Hochgeschwindigkeitsentwicklung der Medien- und Kommunikationsbranche zumindest sprachlich in den Griff zu bekommen.

Bei genauem Hinsehen wird aber deutlich, dass das Bild »Revolution« den Blick auf das, was da passiert, eher verstellt denn analytisch erleuchtet:

– Unter Revolution versteht man den radikalen Bruch mit Überliefertem. Die Fähigkeit, Informationen zu digitalisieren, d. h. sie zu zerkleinern und individualisiert neu zu verpacken, gibt es schon seit Jahrzehnten. Die Ursprünge des Internets reichen bis 1969 zurück, als das US-Militär mit dem »Arpanet« ein dezentrales Computernetz knüpfte. Was wir erleben ist daher eher eine digitale Evolution: Die Menschen erfinden ständig neue Anwendungsmöglichkeiten (etwa die Vernetzung von Inhalten durch die Computersprache HTML, die via »Hyperlinks« den Sprung von Inhalt zu Inhalt erlaubt), während die zugrunde liegende Technik doch die gleiche bleibt.

– Ist das Internet virtuell? Nein. Denn der Nutzer, der Konsument, ist ein echter Mensch, der z. B. via Internet echte, zuverlässige Informationen möchte, der für echtes Geld echte Produkte kaufen will und in Gesprächsforen mit echten Menschen Kontakt aufnimmt. Für dieses Nutzungsverhalten gibt es viele Belege: Alle Versuche zum Beispiel, im Internet »virtuelle 3-D-Welten« aufzubauen, sind in den letzten fünf Jahren trotz manch pfiffiger Software-Lösung gescheitert. Informationsanbieter mit gutem Ruf im echten Leben wie etwa Der Spiegel, Focus oder Die Welt gehören auch im Internet zu den erfolgreichsten Angeboten. Wenn es reinen Internetgründungen gelungen ist, erfolgreich zu werden, dann denjenigen, die den Leser und den Kunden ernst genommen haben: Etwa der amerikanische Anbieter von Finanz- und Börseninformationen, The Motley Fool, dessen Wahlspruch »Educate, Amuse, Enrich« durch eine glaubhafte Verknüpfung von Expertenmeinungen, Leserbeiträgen und Analysen dokumentiert wird. Das Internet ist also technisches Hilfsmittel. Wenn es um Einkaufen im Internet geht, dann stellt beispielsweise ein guter Internetshop den schnellsten und kürzesten Weg zwischen dem Kunden und seinen Produktwünschen dar. Die Information, das Produkt selbst aber muss für sich selbst überzeugen. Kein Buch, kein Auto, kein Börsentipp wird dadurch schon gut, weil das Produkt oder die News im Internet angeboten werden.

Gerade der letzte Punkt sollte nochmals hervorgehoben werden: Das Bild vom ziellos umherklickenden Internetnutzer, der in den neuronal verknüpften Informationswüsten den Blick für Realität und Fiktion verliert, ist falsch. Kaum ein Internetnutzer besucht in der Woche mehr als 10 bis 15 unterschiedliche Angebote. In der Regel hält er sich auch kaum länger als 30 bis 40 Minuten am Stück im Internet auf.

Die Internetwirtschaft hat diese Mündigkeit des Users, seine Suche nach Verbindung von Authentizität mit kreativer Nutzung des Internetmediums, längst erkannt. Das quantitative Wachstum des Internetangebots geht mit einem qualitativen Wachstum gerade in den letzten zwei bis drei Jahren einher. Es ist ein Qualitätsangebot entstanden, das sich an eine neue Zielgruppe richtet: den digitalen Medienkonsumenten.

### Der digitale Medienkonsument und seine Wünsche

Nimmt man die heute 15- bis 35jährigen, dann ist der digitale Medienkonsument ein Bildschirm-Konsument. Nicht dass er auf Printprodukte verzichtet. Aber der Bildschirm ist sein Leitmedium: (Privat-)TV mit mindestens 30 Kanälen, Organizer, Computer und Internet, Handy, Computerterminals in Bahnhöfen – damit ist diese Generation aufgewachsen. Und selbst die, die z.B. das Internet nicht nutzen, wissen wovon die Rede ist. Diese 15- bis 35jährigen machen heute (Stand: Mitte 2000) ca. ein Viertel der Bevölkerung in Deutschland aus. In zehn Jahren wird der Anteil der »Screenkonsumenten« schon bei fast der Hälfte der Bevölkerung liegen.

Die »digitale Bildschirmgesellschaft« ist damit Realität. Eine konsequente Reaktion auf diese Entwicklung sieht man seit kurzem bei vielen Tageszeitungen: Viele haben ihren Wirtschaftsteil in letzter Zeit kräftig ausgebaut; es gibt mehr und bessere Hintergrundberichte und Analysen, der Platz für Börsennotierungen ist hingegen kaum größer geworden. Das ist logisch: Wer Aktien hat, kann die Börsenkurse immer und überall per Internet und Handy (= Bildschirm) abfragen. In der Zeitung sucht der Interessierte nicht die Kursnachrichten, sondern qualitativ hochwertige Hintergrundberichte.

Und noch einen weiteren Vorteil hat die Internetabfrage von Aktienkursen für den Kunden: Im Internet kann er seine Abfrage personalisieren: So erhält er, wenn er möchte, am frühen Nachmittag den Stand seiner besten und seiner schlechtesten Aktien, gegen 17 Uhr den Überblick über die von ihm ausgewählten 100 wichtigsten Aktien und am Abend eine Bilanz seiner eigenen Aktien. Der digitale Medienkonsument ist es gewohnt, seine Informationen sofort und mit einem großen Maß an Individualisierung zu bekommen.

Dieser Trend zur individualisierten, personalisierten Mediennutzung ist nicht neu: Die Digitalisierung der Zeitungs- und Zeitschriftenproduktion in den 80er Jahren (Desktop-Publishing) führte durch sinkende Produktionskosten und Mehrfachnutzung von Inhalten im Printbereich zum Aufkommen von vielen Spezialzeitschriften, die sich auch in geringer Auflage noch rechnen.

Dahinter steht – so paradox das klingt – die Abkehr der Massenmedien von der Masse. Die Chance, mit einer Botschaft, mit einer Zeitung breiteste Zielgruppen erreichen zu können, verliert stetig an Erfolgsaussicht. Das Internet deutet an, wohin die Entwicklung geht: Individualisierbare Massenkommunikation. Eine gute Internetseite zum Thema Reiseinfos hat beispielsweise aus dem Stand eine technische Reichweite von über 200 Millionen Lesern und ermöglicht doch jedem einzelnen Kunden, seine individuelle Reiseroute, seinen individuellen Impf- und Gesundheitsplan für die Reise zusammen zu stellen. Das Internet ist globaler als jeder der TV-Sender und kann so persönlich sein wie ein handgeschriebener Brief.

### Zwischenbilanz

Zieht man hier eine Zwischenbilanz, dann kann die absehbare Zukunft des Internets durchaus positiv beurteilt werden: Die Möglichkeit einer individualisierbaren Massenkommunikation schafft völlig neue Kommunikations- und Informationsformen. Das rasante Wachstum des Internets – noch nie hat sich eine Technologie so schnell durchgesetzt wie das Internet – zeigt, welche Faszination das Internet auf die Menschen hat. Und auch wenn es überraschen mag: Diese Menschen, die Internetnutzer, gehen mit diesem Medium sehr bewusst um. Nicht virtuelle Scheinwelten interessieren sie, sondern die Echtheit von Menschen, Nachrichten, Angeboten (hier möge der Exkurs erlaubt sein, dass diese Suche nach dem Authentischen gerade für die Kirche eine unglaubliche Chance bietet: denn ist es nicht sie, die mit Glaubwürdigkeit über Wahrheit, Vertrauen und Zukunft sprechen kann?).

Die Sorge um den einzelnen Internetnutzer sollten daher nicht zu groß sein, er weiß das neue Medium, seine Vor- und Nachteile schon richtig einzuschätzen. Und doch kann die Bilanz der Zukunft der digitalen Kommunikation nicht nur strahlend ausfallen. Zwei Begleiterscheinungen der Internetentwicklung stimmen nachdenklich: Das Verschwinden der Masse und die Frage nach dem gleichberechtigten Zugang zu den Informationsnetzen. Zu beiden Punkten einige Gedanken, die diese Probleme zumindest anreißen.

### Ausklinken aus der Gemeinschaft

Internet macht einsam. Wirklich? Vieles spricht dafür, dass unser Sozialverhalten sogar positive Impulse durch das Internet erfährt: ob in Chats, Foren oder Meinungsportalen entstehen Interessensgemeinschaften, sogenannte Communities, die oft transnational geprägt sind (wie insgesamt der Informationszugang tatsächlich global geworden ist). Genau hier beginnt aber das Dilemma: Die Zersplitterung der medialen Masse in kleine und kleinste Communities macht eine gemeinschaftliche Wahrnehmung und Willensbildung immer schwerer. Noch in den 80-er Jahren konnte man davon ausgehen, dass Tagesschau und Tageszeitung wichtig erachtete Themen an nahezu jeden Erwachsenen brachten: Renten- und Sicherheitspolitik, Bundesliga und Papstbesuch – jeder konnte und wollte mitsprechen. Im Internetzeitalter kann man sich leicht aus diesen Debatten ausklinken: Wer sein Geld per Internet in Japan anlegt, eine englische Lebensversicherung hat und mit amerikanischen Freunden über Football plaudert, den interessiert die deutsche Rentenfrage oder die Osterweiterung möglicherweise gar nicht. Für den Einzelnen mag das irrelevant sein. Offen bleibt aber, wie Politik und Gesellschaft ohne Kategorien wie Öffentliche Meinung und Solidarität auskommen, die – Ergebnis gerade des massenmedialen Diskurses – bisher als elementar für Gesellschaft und Politik gleichermaßen angesehen wurden.

## Ohne Internet

Mit Erstaunen stellten die Europäer Anfang 2000 fest, dass Staaten wie Indien oder Bangladesch zu Computernationen mit hochqualifizierten Computertechnikern geworden sind. Tatsächlich hat das Internet Menschen in vielen Staaten Zugang zu Informationen und Märkten gegeben, die bis dato unerreichbar waren: Forschungsergebnisse, Wirtschaftsnachrichten können in Sekunden von jedem Land der Welt aufgerufen werden. Und doch: Es sind nur wenige, die in den Entwicklungs- und Schwellenländern den Zugang zum Internet besitzen. Das Internet ist ein Medium der Industriestaaten. Auch wenn konkrete Zahlen fehlen: Im Jahr 2000 dürften über 75 % der weltweit 200 Millionen Internetnutzer in Nordamerika, Europa, Japan und Australien leben. Daran wird sich in den nächsten Jahren auch nur wenig ändern: Computer und Internetzugänge werden relativ teuer bleiben, ihre sinnvolle Nutzung wird einen hohen Bildungsstand verlangen.

Diese Zugangsschwellen zum Internet führen aber auch in den westlichen Industriestaaten zu einem ungleichen Zugang zu dem neuen Medium. Anders als etwa Radio und Fernsehen wird das Internet wohl kaum zum egalitären Massenmedium werden. Schon Mitte der 90er Jahre hat der US-Spitzenpolitiker Newt Gingrich deshalb gefordert, der Staat solle jedem Sozialhilfe-Empfänger einen mobilen Computer mit Internetzugang geben. Für diese Idee wurde er heftig belacht. Die Idee mag tatsächlich naiv gewesen sein, der Hintergrund ist aber real und bedenklich: Nicht um die Internetnutzung sollte man sich Sorgen machen, sondern um die Nichtnutzung des Internets.

# V. Rundfunk

# Denn sie wissen nicht, was sie senden sollen

## Vom Gebrauchswert des Radios

Arnim Töpel

Nein, ich nehme sie nicht in Schutz. Es gibt keine Entschuldigung. Nur ein paar Erklärungen für das Siechtum dieses Ex-Massenmediums Radio, vor allem die eine: sie können es offenbar einfach nicht besser. Die Macher. Stets gepeinigt von der Panik, »der Hörer« könnte abschalten. Keine Angst, das hat er längst. Innerlich. Nur so läßt sich erklären, wie immer mehr Sendezeit ungestraft totgeschlagen werden darf.

Bin ich ungerecht? Kommt es mir tatsächlich nur so vor, als ob in Deutschlands Radiosendern bis auf wenige Nischen und gleichnamige Programme alles gleich klingt, konfektioniert, absehbar, uninspiriert, beliebig und belanglos. Eine einzige seelenlose Geräuschkulisse.

Achselzucken erntet man, hört man die Macher, gar beifälliges Nicken. Und eine prompte Schuldzuweisung. Schuld hat – natürlich der Hörer. Denn er will es so. Hat es folglich auch nicht besser verdient. Er ist schließlich der Programm-Chef. Denn sie haben ihn ja gefragt. Genauer, fragen lassen, weil sie eigentlich nichts mit dem Hörer zu tun haben wollen, anspruchslos, wie er nun mal ist. Das übernehmen unaufhörlich gutbezahlte Hörer-Forscher, Medienanalysten, Musik-Consulter, in- und externe Berater und sonstige Besserwisser, die sich heuschreckenartig verbreiten, »den Hörer« ausquetschen, was er wann, wie häufig, wie kurz und von einer eher männlichen oder eher weiblichen Stimme hören möchte. Anschließend warten sie mit ebenso absurden wie detaillierten Erkenntnissen auf, die je nach Binnenlaune im Sender zur »Programmphilosophie« erhoben und spätestens alsbald wieder verworfen werden. Das macht sie auch in diesen Kreisen so beliebt und sichert ihren Arbeitsplatz: sie wissen stets zu erläutern, warum ein Programm nicht erfolgreich sein und wieso ihr Arbeitgeber gar nichts dafür können kann.

Ja, unsicher sind sie, die Macher. Denn ihnen fehlt das Wichtigste: sie spüren es nicht. Sie fühlen nicht, was Radio eigentlich ausmacht. Und so schwelgen sie in Musikfarben, Wortanteilen, Sender-Uhren, debattieren

Beitragslängen, Formatbrüche, Anmutungen, Ansprache, Moderatorentraining und Trailerbetten. Statt sich einfach der Frage zu stellen: berührt dieses Programm? Klar, müssten sie doch passen, würden hilflos mitstoppen, in Statistiken blättern, um schließlich eine Runde einzuberufen, in die sie blikken könnten, um die Stimmung auszuloten. Nein, sie haben es einfach nicht, keine Idee, keine Inspiration, keine Vision, nur leider eine Position. Und irgendwer hat sie vermutlich gerade deshalb auf ihren Posten gesetzt, weil sie nicht gefährlich werden. Aber gerade die anderen bräuchte dieses sterbende Medium. Die haben Radio zu dem gemacht, wovon es heute allenfalls noch zehrt. Getriebene, Engagierte, Mutige, Innovative, Spinner, Verrückte, Fanatiker. Persönlichkeiten, die etwas bewirken, die Radio machen wollen, Verwalter haben wir genug.

Und so bleibt als Produkt dieser quälende, gleichförmige, unendliche Minimalkonsens. Das, was den meisten bestenfalls am wenigsten weh tut, was sie am ehesten dulden. Was idealer weise nicht einmal bemerkt wird. Das ist ihre traurige Mission. Dabei versichern sie sich mit konspirativen Mienen mehrmals täglich, bevorzugt an Kantinentischen bei Weißweinschorle, alles ungleich besser und endlich richtig zu machen, dürften sie endlich das Programm so gestalten, wie sie es selber goutierten. Sie, die sie sich allenfalls Deutschlandfunk oder ausgewählte Kultursendungen zumuten, das eigene Programm ohnehin nicht ertragen können. Ja, wenn sie könnten, wie sie wollten. Aber dieser Hörer will es eben so dürftig.

Einzig, wenn die Nachrichten-, Gerüchte- und Katastrophenlage es hergibt, blühen sie auf, sind in ihrem Element, verfallen in Aktivismus, setzen knallhart an der Sache die allmächtigen Hebel der Informationsbeschaffung in Bewegung. Nichts zählt mehr, wenn triumphierend die neueste Anzahl von Todesopfern in den Äther geblasen werden darf. Das ist ihre Stunde, das haben sie gelernt, hier fühlen sie sich sicher und noch omnikompetenter. Findige Journalisten stellen stets die drei entscheidenden Fragen: »Weiß man schon etwas über die Hintergründe? Sind Deutsche unter den Opfern? Und welche Vorwürfe kann man den Einsatzkräften schon im Vorfeld machen?« Denn sie wollen es einfach wissen. Nicht genau – aber sofort. Wenn es nach ihnen ginge, dann gäbe es in den Sendern nur noch zwei Abteilungen: aktuell und brandaktuell.

Doch was, wenn das in Aussicht gestellte Erdbeben verschoben wird, wenn nur Sachschaden die Karambolagen ziert, wenn nichts zur Krise aufgebauscht werden kann? Dann heißt es warten, weitersenden und vielleicht noch einmal mehr überschwenglich und spekulativ »live« zur Börse schalten, »… gleich mehr nach der Musik!« Doch da ist zum Glück ja noch der Hörer. Ist der nun schon verantwortlich für das armselige Programm, so lautet die perfide Konsequenz, soll er doch gefälligst auch selbst das Programm machen. Und so muß er vor allem eines: unbedingt, unaufschiebbar und vor allem unaufhörlich: anrufen. Bevorzugt diese jämmerlichen Hotlines.

Was als Ereignis, als Schaffung von Hörernähe begann, ist längst zur unkalkulierbaren Plage geworden. Nirgends kommen die Menschen so viel zu Wort wie in den Medien. Der Hörer soll sich etwas wünschen, grüßen, fragen, seine Meinung zu allem und jedem äußern, abstimmen, mitraten, und er soll sich gelegentlich und in vertretbaren Dosen offenbaren. »Ihre Fragen rund um den Fußpilz!« – »Und wie ist das mit Ihren Schuldgefühlen, erzählen Sie mal!« – »Ihre Erfahrungen mit Silberfischen?« – »Sollen die Geiseln gewaltsam befreit werden?« – »Haben sie auch einmal einen Flugzeugabsturz überlebt, jetzt anrufen!« – »Merkel zum Friseur, Kohl an die Wand, Möllemann in die Nationalelf – ja oder nein?«

Nein. Denn was der Hörer sagt, interessiert keinen wirklich. Er gerät in eine Welt, in der jeder Politiker, Sportler, Schauspieler, schlicht jeder, ob nun »Promi« oder ahnungsloser Umfragen-Passant nicht als Mensch, sondern als O-Ton begriffen wird. Und auf der ständigen Jagd nach solchen ist der Hörer nun mal der billigste. Man kann ihn jederzeit abrufen, einbauen und ihm zur rechten Zeit den Hahn abdrehen, Denn der Hörer ist – natürlich – beileibe viel zu unpräzise, zu unpointiert, als daß er ungeschnitten »über Sender gehen« könnte. »Da kann man raus!«, lautet denn auch die wichtigste Grundregel, wie man mit einem nachdenkenden, vielleicht nur Atem holenden Menschen zu verfahren hat. Kurz, prägnant, die Emotion auf den Punkt, und dann »… das wächst wieder zusammen, ich drück' Ihnen die Daumen, toitoitoi!« Denn der moderne Hörer darf auch Probleme haben. Die können im Bereich der Schädlingsbekämpfung, der Darmpflege, der Haftpflichtversicherung und sogar noch tiefer im Innern liegen. Hauptsache, sie »kommen knackig rüber« und finden im rechten Rat ihren würdigen Abschluß. Denn Radio ist kompetent, weiß alles, und Radio hat überdies immer Recht. Wenn der Hörer Pech hat, gerät er also nicht nur an einen windigen Scharlatan, der ihm die sofortige Trennung von Frau und Kind anempfiehlt, »… denn in elf Monaten triffst Du Deine Traumfrau!«, sondern noch an einen ambulanten Psycho-Experten, dessen weise Weisung im Vorbeigehen er auch noch preisen darf »Es ist Deine Mutter-Beziehung!

Kannst Du damit was anfangen? Denk mal drüber nach!« Denn die Zeit, sie ist um. Tatsächlich? Wieso eigentlich?

Arrogant, besserwissend, den Hörer alles, nur nicht ernst nehmend. Ohne Respekt vor dem Medium, geschweige denn vor dem Menschen. Verwurstet zwischen Nachrichtenminuten, Hintergrund-, Service- und bunten »Stückchen«. Gebettet in und unterlegt wie alles mit dieser unsäglichen Musik, um ja keinen Moment der Stille aufkommen zu lassen. Nervös, ungeduldig, gierig. Hier hat keine Tiefe, kein Innehalten, kein Nachdenken, keine Substanz Platz. Es störte dieses Gleichmaß der Überflutung. Und das wäre beängstigend, stellte es doch das ganze System in Frage. Das überläßt man den Kirchenminuten. Abgedeckt. Jetzt erst mal schnell weiter, bevor einer die Blutleere bemerkt. Denn es bleibt nichts von diesem Programm. Doch, vielleicht ein buntes Sender-T-Shirt. Versendet. Tja, schade, wir sind eben neugierig, aber leider nicht interessiert. Es gab Zeiten, da wurde das Medium mißbraucht, mittlerweile sind es die Hörer, die mißbraucht werden.

Und das ist der Trost: es scheint ein Ende der Duldsamkeit mit dieser Programmdauerwurst abzusehen. Manchmal, wenn ich schadenfroh aufmerke, weil ich wieder einen Satz höre wie »Eye, alle Leitungen blinken, es wird wieder angerufen wie blöd, aber wir haben da ein kleines technisches Problem …«, da beschleicht mich ein Verdacht: sie haben gar keinen Hörer mehr. Zuhörer sowieso nicht, nein, Hörer überhaupt. »Wenn schon Radio, dann lieber Fernsehen!«, sagt der sich nämlich, legt seine Lieblings-CD auf, kauft Hörbücher, liest Zeitung, bedauert nicht, daß er nicht schon am Vortag (oder noch schlimmer am gleichen Tag) erfahren mußte, was er gerade liest und hört allenfalls bei Nachrichten hin. Das Anrufen überläßt er professionellen Sender-Teams, also in aller Regel dessen Hospitanten. Was sollte ihn auch locken, würde er doch gewiß nur den Radio-Wecker beim Super-Rätsel gewinnen (mein Lieblingssatz: »Hab' ich schon!«).

Nein, nein, ich meine nicht so sehr die Privatsender, die sich im Interesse der werbetreibenden Wirtschaft damit begnügen, Menschen ihre Reichweite zu nennen, die stündlich Autos und zunehmend Millionen ausloben, damit bei den ent-sprechenden Hörerbefragungen möglichst viele halbwegs fehlerfrei memorieren, wo man »den besten Mix, die knackigsten News und die geilsten Voices« hören kann. Oder war es umgekehrt?

Nein, ich meine auch nicht die willfährigen Plapperer, die sich ohne Scheu in jedes Mikrophon ergießen. Die Zwangs-Jungen, penetrant wohlgelaunt und sympathisch, ein bißchen frech, große Klappe statt Persönlichkeit. Denen man zugute halten kann, daß sie erst gar nicht den Eindruck erwecken, als hätten sie uns etwas zu sagen. Die ich längst nicht mehr unterscheiden kann, weil Prozessoren ihr laszives Gurren, munteres Quietschen oder investigatives Nachhaken zu einem womöglich ebenfalls empirisch ermittelten Einheitswohlklang aufblasen. Nein, kein Vorwurf. Sie werden gebraucht und nutzen verständlicherweise die Chance. Ich meine die dahinter. Die das zulassen. Die sie rufen, sich bevorzugt umgeben mit diesen Stereotypen, deren Kontur-, Leb- und Erfahrungslosigkeit wohl zur Einstellungsbedingung geworden ist. Die die Austauschbarkeit postulieren, um die eigene Unsicherheit durch die der Untergebenen und Abhängigen zu kaschieren.

Und ein letztes Nein: es ist alles überhaupt nicht witzig. Es ist ein Trauerspiel. Denn hier geht es nicht um einen fälligen Strukturwandel, die Krise eines Marktsegmentes, es geht um den Niedergang eines ganz besonderen Mediums, das den Menschen so nahe kommt, wie es das Fernsehen nie vermag, diesem deshalb weit überlegen ist. Denn es läßt ungleich mehr Raum für den Empfänger, ist mit ihm oft alleine, im Auto, im Bad, im Büro, beim Bügeln, beim Einschlafen und Aufwachen. Läßt Fragen offen, zerrt nicht alles ans Licht, läßt Bilder und Gedanken zu. Es fordert uns, denn wenn wir wollen, können wir die falschen Töne hören, spüren. Die meisten jedenfalls. Denn Distanzlosigkeit ersetzt nicht Wahrhaftigkeit. Ein Medium, das uns im besten Fall bewegt, provoziert, berührt. Durch ein Wort, einen Ton, eine Melodie, eine Pause. Und das sich so den eigentlichen, den zentralen Fragen unserer Daseinsbewältigung widmet. Ein Medium, das es verdient hat, wenigstens von uns ernst genommen zu werden.

Wir Hörer sind lange genug unterschätzt und unterfordert worden. Machen wir es ihnen nicht so leicht. Nehmen wir sie beim Wort. Hören wir, so schwer es fällt, zu. Laßt uns sie kontrollieren und überführen. Wir müssen nachfragen, einfordern, monieren, mahnen, konfrontieren, wir müssen ihnen die Ausreden abschneiden. Helfen wir, sie zu erlösen von einem Job, den sie nicht zu schätzen wissen. Keine Sorge, sie fallen weich. Packen wir sie bei dem, was sie am wenigsten wahrhaben wollen: Verantwortung.

## Endstation Sehnsucht?

### Ein Aufruf zur kulturellen Zeitgenossenschaft

David Hober

Papst Paul VI. sah im Bruch zwischen Evangelium und Kultur das Drama seiner Zeit. Wie Recht er mit dieser Analyse hatte, zeigt sich heute in ungemein verschärfter Weise. Dabei geben lichte Kirchenbänke nur die Oberfläche für die vielschichtigen, dahinter liegenden Krisenszenarien ab. Es scheint, dass eine zur Zeit sehr mit sich selbst beschäftigte Kirche zunehmend Gefahr läuft, gänzlich den Anschluss an den kulturellen Puls der Gesellschaft zu verlieren. Je weiter sich Kirche hiervon jedoch entfernt, um so irreversibler sind die Folgen nach innen und außen. Im Zustand dieser selbst verschuldeten Defensive kann nur ein Mischklima von Unkenntnis, Ängstlichkeit und nicht selten schlichter Ignoranz entstehen, das gegenüber dem kulturell – ästhetischen Ausdruckswillen der Zeit allenfalls in apologetischem Reflex über kirchliche Pressestellen agiert. Die Einsichten, die die Auseinandersetzung mit dem Theater (wie mit den Künsten überhaupt!) und den hier angebotenen, zumeist ungeschminkten Interpretationen der Befindlichkeit von Gesellschaft und Welt bieten, könnten für die Kirche und die von ihr begleiteten medienästhetischen Diskussionen zu einem in jeder Hinsicht befruchtenden Gewinn werden.

### Entdeckung

»Furcht und der Wunsch zu fliehen sind die beiden kleinen Raubtiere, die im rotierenden Drahtkäfig unserer nervösen Welt einander jagen. Sie hindern uns daran, an irgendetwas tiefere Gefühle zu verschwenden. Die Zeit stürzt auf uns zu mit ihren Medikamententischen voll zahlloser Betäubungsmittel, während sie uns doch schon vorbereitet auf die unvermeidliche, die tödliche Operation«. Mit dieser Einsicht im Hinterkopf schrieb Tennessee Williams seine großen, das Amerikanische Theater der 50er und 60er Jahre bestimmenden Stücke: »Die Glasmenagerie«, »Die Katze auf dem heißen Blechdach« und »Endstation Sehnsucht«. Ein ideales Fluchtmittel ist die Sehnsucht, die herbeigeträumte Erfüllung von Wünschen und Begierden. Von diesen Fluchtmitteln handelt das Stück »Endstation Sehnsucht«. »A Streetcar Named Desire«, so der Originaltitel, ist weniger metaphorisch und signalisiert mehr den Bezug zum Leben, zur Realität. Der Charakter der Sehnsucht als Vehikel wird deutlicher. In den vierziger Jahren, in New Orleans, wo das Stück spielt, tragen die Straßenbahnen Namen statt Nummern.

»A Streetcar Named Desire« – da hört man förmlich, wie Außenwelt und Innenleben, Wirklichkeit und Wunsch aufeinanderprallen. Weg und Ziel einer Straßenbahn sind durch Schienen bestimmt. Bestimmung – im Drama nennt man so etwas Verhängnis. Williams stellt die Frage, wie viel Lüge und Selbsttäuschung nötig sind, um das Leben in seiner Absurdität zu ertragen. Verwahrlosung und Lebensgier, Paranoia und Depression liefern die Koordinaten. In einem solchen System gibt es keine Erfüllung. Das einzige, was Bestand hat, ist die Sehnsucht – und die Liebe, sofern sie unglücklich bleibt. Niemand kommt da lebend raus. Das gilt für Blanche Du Bois, die traumatisierte Lehrerin, die in eine filigran mit der Realität verwobene Traumwelt flüchtet, weil sie die Realität nicht ertragen kann, genauso wie für das »Tier« Stanley Kowalski, der sich buchstäblich durchschlägt nach der Devise: »Glück ist, daran zu glauben, dass man Glück hat«. Das gilt für Blanches Schwester Stella, die sich in ihrer sklavischen Abhängigkeit zu Stanley eingerichtet hat und die ihre Schwester eher in eine Nervenklinik bringen muss, als an ihm ihre deutlich vorhandenen Zweifel laut werden zu lassen. Und das gilt schließlich auch für Mitch, Stanleys schüchtern unbeholfenes Alter Ego. »Frauen am Rande des Nervenzusammenbruchs«, Männer kurz vor der Bewusstlosigkeit. Den Hintergrund des kleinbürgerlichen Krisenzusammenhangs bilden alltägliche Bandenkriege vor der Haustür und allnächtliche Pokerrunden zu Hause.

### Narben des Lebens

Salzburger Festspiele im Sommer 2000. Frank Castorf, Berliner Zwingherr des Theaters und Intendant der Volksbühne am Rosa-Luxemburg-Platz hat Endstation Sehnsucht von Tennessee Williams inszeniert. Nein, er hat das Stück neu erfunden.

Das hat alles nichts mehr mit dem zu tun, was engagierte Englischlehrer vor Jahr und Tag über die schwüle Sensitivität des Stückes der späten 50er Jahre mutmaßten. Hat nichts mehr gemein mit der Ästhetik überhitzter Räume und sich permanent drehender Deckenventilatoren, hat nichts gemein mit der männlich animalischen Penetranz eines muskulösen Stanley Kowalski alias Marlon Brando in durchschwitztem Unterhemd. Castorf ist längst im Jetzt und Heute angekommen. Und das kann nur noch schlimmer werden.

Ganz zu Beginn ahnt man schon, wie es enden wird. In der trostlosen Kiefernholzküche von Stanley und Stella Kowalski sitzt Nachbar Steve Hubbel auf einem Hocker und spielt Gitarre. »It's such a perfekt day«, singt er. Ein Lied von Lou Reed. Und so, wie er die Melodie intoniert, wird klar: Das ist so sicher ein Stück ohne Ende, wie der Song trotzige Behauptung bleibt. Stanley Kowalski trägt viel zu enge Jeans, die seinen Schmerbauch betonen. Bei Castorf ist er ein vom Leben weichgespülter Proll, ein emeritierter Schwadroneur. Und Mitch der beste Freund, Kegel- und Pokerkumpan, sieht in der kurzen Fransenhose, zu der er Cowboystiefel trägt, aus wie ein Zwölfjähriger, der sich ausschließlich im Radius der Flexileine seiner greisen Mutter bewegt. Ein Leben, das das der Mutter lebt. Da kann natürlich aus der kurzzeitigen Zuneigung zu Stellas Schwester Blanche Du Bois nichts werden: »Sie sind nicht rein genug, dass ich sie ins Haus meiner Mutter führen könnte«. Ende der Gefühle.

Ein weiteres und letztes Mal verlieren Blanche und Mitch den Anschluss ans Leben. Bei Castorf ist die von Williams in den Mittelpunkt seines Stücks gestellte Tragödie Blanches auf ein nur noch erahnbares Minimum reduziert. Ihre Vergangenheit, die nie Zukunft kannte, ist längst an eine über dem Bühnenportal amoklaufende Leuchtschrift delegiert. Der ganze Rest dieses verpassten Lebens hat Blanche in zwei Hartschalenkoffer verpackt: Stofffetzen und Federboas. Da, wo Blanche resigniert hat, sucht ihre Schwester noch nach wahren Gefühlen. Doch das hysterische Geplapper Stellas überdeckt nur die gefundene Leere und wird zum Indiz für ein Leben aus zweiter Hand. Ihre Gefühle sind so falsch und so bröselig wie Lebkuchenherzen auf dem Jahrmarkt. Und da der Fernseher sowieso läuft, kann man sich auch gleich mit diesem unterhalten. Castorf zeigt das ganze Kaleidoskop menschlicher Abgründe: Seelische Krüppel, Konsummüll-Junkies, Beziehungsunfähige, schmutzige Herzen, Innenleben wie Barbiepuppen, Patchworker von Lebenslügen. Ausgewiesene aus dem Paradies postmoderner Freiheit. Menschen, die von der Oberfläche rutschen, ohne dass sie jemals Aktien gezeichnet hätten. Und zum furiosen Ende lässt Castorf über die Hebebühne das Bühnenbild nach hinten kippen, während seine Schauspieler mit Inbrunst das Kinderlied »Mutti gib Obacht, dass nichts geschieht« singen. Finale auf der Alltags-Titanic.

## Mediale Enteignung

Die Salzburger Aufführung zeigt das Stück als permanente Miniaturkrise, als individuelles Desaster. Den Prospekt hierfür liefert das Leben oder das, was wir dafür halten. Bei Castorf hat es längst seine Ursprünglichkeit verloren. Es ist abgewandert in die Welt des Containers von Big Brother. Eine in der Bühnendekoration installierte Livekamera macht das für die handelnden Figuren ohnehin als second-hand empfundene Leben zu einem gänzlich virtuellen. Wo das Selbstsein und jede Kommunikation nicht mehr möglich ist, spricht man über den Bildschirm mit sich selbst. Ohne zu wissen, wer da spricht und antwortet.

Dieser kalkulierte Voyeurismus der Inszenierung entlarvt jedes Sentiment buchstäblich automatisch als falsch. Schon deshalb, weil es per se immer schon virtuell gebrochen wird. Dem Zuschauer wird so ganz bewusst eine unverhoffte Zeugenschaft einer nur vermeintlich beiläufigen Grausamkeit zugemutet. Nicht einmal Wegzappen kann ihn retten.

Die Wirklichkeit von Stella, Stanley und all den anderen wird in dem Moment, als sie dem Zuschauer als vollzogen erscheint, zeitgleich zum Bild und damit zu einer Suggestion von Leben. Anschaulicher und zugleich subtiler hat man schon lange keine Medienkritik mehr vernommen. H. M. Enzensberger Diktum vom »Null-Medium« Fernsehen hat hier seine Didaktik gefunden und eine mit oberlehrerhafter Attitüde und ebenso moralinsauer geführte Debatte über Big Brother einen seiner wenigen substantiellen Beiträge.

## Szenenwechsel

Die Salzburger Dramaturgie gibt im vorzüglichen Programmheft einen erstaunlichen Hinweis. Sie stellt die gesamte Aufführung unter den Leitsatz: »Ohne Glauben leben«. Das im ersten Moment erwartete Fragezeichen hinter diesem Motto bleibt jedoch aus. Für die Menschen, die hier vorgeführt werden, scheint damit jede Hoffnung auf eine metaphysische Instanz ausgeschlossen. Das Leben, so wie es hier behauptet wird, ist abgetrennt von jeglicher Sinngebung. Die Welt verspricht dem Menschen nur noch die Welt. Ihr muss er das Äußerste, das Übergreifende abverlangen, um das Äußerste, das Übergreifende von ihr zu bekommen. Wer das für sich nicht bewerkstelligen kann, muss sich mit weniger zufrieden geben – mit ein bisschen Frieden, mit der zarten Versuchung des geglaubten Glücks und der erkalteten Liebe. Scheinbar selbstlos hat die Medienindustrie auch diesen Dienst längst übernommen. Auch davon handelt Castorfs Interpretation und darin steckt zugleich ihr subkutaner Vorwurf gegen die Sinngeber heutiger Tage.

Für die Kirche, die, wie gesagt, auf dem besten Weg ist, ihre Anschlussfähigkeit an die kulturell – ästhetischen Auseinandersetzungen der Zeit zu verlieren, sollte dies ein Warnsignal sein: Allein aus Gründen ihres Selbstverständnisses, das immer den Protest gegen die Halbierung des Lebens impliziert, wird sie endlich nachhaltig zur Kenntnis nehmen müssen, dass die Künste und hier insbesondere das Theater die Kunstform ist, die zur Zeit, wie vielleicht keine andere, die Sehnsüchte der Menschen zeigt und thematisieren kann. Damit wird das Theater nicht selten zur schmerzlichen, wenngleich unabdingbaren Seh- und Wahrnehmungshilfe, zum diagnostischen Instrumentarium unserer Tage. Diesen Seismograf zunächst ohne dogmatische und moralische Verengung ernst- und hinzunehmen wird mit dafür vorentscheidend sein, inwieweit Kirche es auf der Wahrnehmungsebene für nicht wenige Zeitgenossen gelingen kann, ihr Anliegen des Evangeliums einzubringen.

Die Lehre aus Salzburg ist für mich neben vielen anderen ein Plädoyer für eine neue Allianz mit dem Ästhetischen. Eine Allianz zwischen Kirche und künstlerischer Ästhetik, die die Zeitgenossenschaft wagt und die darin übereinkommt, gegenseitig unvoreingenommen Sehhilfe sein zu wollen für das, was Sein und Schein ist, für das, was Wirklichkeit und Wahrheit ist. An dieser Stelle sollten sich die Künste und die Kirche begegnen. Und dann, und nur dann, kann vielleicht mit begründeter Gewissheit mit Blanche Du Bois am Ende der zweiten Szene im zweiten Akt gehofft werden:« Manches Mal – kommt Gott uns nahe – so schnell! Mit einem Male!«

# Sound of Sunday

## Gottesdienste beim Frühstücksei

Markus Schächter

Anruf in der Redaktion: Welcher Gottesdienst am Sonntag denn übertragen werde? Die evangelischen Kollegen sind dran. Am anderen Ende der Leitung ein tiefer Seufzer. »Schade, dann muss ich bei dem Sauwetter doch in die Kirche gehen ...«

Fernsehen als Ersatz für den eigenen Kirchenbesuch am Sonntag, genau das hatten die katholischen Bischöfe befürchtet, als das Zweite Deutsche Fernsehen (ZDF) Mitte der 80er Jahre den Vorschlag machte, jeden Sonntag einen Gottesdienst zu übertragen, immer im Wechsel zwischen den Konfessionen. Man hatte Angst, dass die Bequemlichkeit siegen könnte und die Gläubigen verleitet würden, zu Hause zu bleiben. Eine heftige theologische Diskussion entspann sich zusätzlich um die Frage, ob der Gottesdienst als Feier eines Glaubensgeheimnisses so profaniert werden dürfe, dass er für jedermann und jedefrau per Fernbedienung zugänglich wäre und nebenbei zum Frühstück konsumiert werden könnte.

Nach anfänglichem Zögern wollte man sich damals die pastorale Chance doch nicht entgehen lassen und stimmte zu, nicht ohne eine wissenschaftliche Studie in Auftrag zu geben. Deren Ergebnisse konnten die Bedenken zerstreuen, auch wenn in regelmäßigen Abständen die Argumente von der Profanierung und dem besonderen Wesen einer gottesdienstlichen Feier, die sich der medialen Übertragung entziehe, immer wieder auftauchen. Die Theologie mag sich damit beschäftigen, Liturgiewissenschaftler und Fernsehbeauftragte der Kirchen sollen den Dialog und die Weiterentwicklung der Argumente ruhig pflegen, für uns als Fernsehmacher gibt es einfachere Gründe.

Gottesdienstübertragungen sind ein klassisches Service-Programm. Angeboten für eine bestimmte Zielgruppe, auf dem Hintergrund öffentlich-rechtlicher Verantwortung, ein wesentlicher Beitrag zur Sonntagskultur in unserem Land. Das ZDF erfüllt diesen Auftrag als einziger Sender in Deutschland, und die Zuschauer sind dankbar dafür. Das Programm erreicht die Zuschauer, für die es gemacht wird. Da sind zum einen diejenigen, die selbst nicht in der Lage sind, am Sonntag in die Kirche zu gehen, weil sie alt oder krank sind, oder weil sie kleine Kinder zuhause haben. Für sie ist der Fernsehgottesdienst ein echter, weil der einzig mögliche Ersatz für die eigene, aktive Teilnahme. Und dann sind da zum anderen jene, die zusätzlich zum eigenen Gottesdienstbesuch aus Interesse die Übertragungen verfolgen, weil sie sehen wollen, wie andere Gemeinden feiern, wie eine bestimmte Kirche von innen aussieht oder was ein anderer Pfarrer zum Evangeliumstext zu sagen hat. Für sie ist der ZDF-Gottesdienst Anregung und Impuls, bietet Vergleichsmöglichkeiten, die sie sonst nicht hätten.

Die Regelmäßigkeit der Übertragungen jeden Sonntag hat dazu geführt, dass eine starke Zuschauerbindung entstehen konnte. In den Neunzigerjahren hat sich die absolute Zahl der Zuschauer mehr als verdoppelt, von 360.000 auf knapp 800.000. Diese Zahl ist weitgehend konstant geblieben. Wenn die Marktanteile inzwischen leicht zurückgehen, liegt das daran, dass neue Programmfarben am Sonntagmorgen neue Zuschauergruppen gewonnen haben, die das Fernsehgerät zum gemütlichen Sonntagsfrühstück einschalten, aber keinen Gottesdienst sehen wollen. Dass das Gerücht, das ZDF wolle die Gottesdienste reduzieren, zahlreiche Proteste und Unterschriftenaktionen auslösen konnte, zeigt uns als Programm-Machern, wie wichtig dem Publikum dieser Service weiterhin ist.

Die konfessionelle Aufteilung spielt für das Gros der Zuschauer dabei kaum eine Rolle. Wir wissen, dass Katholiken auch die protestantischen Übertragungen ansehen und umgekehrt. Dennoch wird mit Argusaugen darüber gewacht, dass der Proporz stimmt. Wehe, wenn aus unterschiedlichen Gründen Termine getauscht werden mussten und drei Gottesdienste derselben Konfession hintereinander ausgestrahlt werden. Dann kommen die Protestbriefe, ob denn das ZDF jetzt ganz antikatholisch/antiprotestantisch geworden sei – das gleiche wiederholt sich, einige Wochen später mit umgekehrten Vorzeichen, wenn der Ausgleich erfolgt. Ein Beweis, dass es den Menschen durchaus nicht gleichgültig ist, welche Art von Gottesdiensten übertragen wird.

Das Engagement der Zuschauer für die Gottesdienstübertragungen ist hoch. Ausfälle und vorzeitiges Ausblenden bei Überziehungen werden mit heftigen Anrufen und Briefen geahndet. Leicht fließt der Vorwurf aus der Feder, mit den Christen könne man es ja machen, während Gottschalk immer überziehen dürfe. Nicht immer gelingt es, Einsicht dafür zu wecken, dass eine Überziehung am Sonntagmorgen bis in die Abendstunden kaum ausgeglichen werden kann und der Nachrichten-Zuschauer kein Verständnis dafür hätte, wenn die »heute«-Sendungen unpünktlich wären wegen der zweiten und dritten Strophe eines Dankliedes im Gottesdienst. Eine Überziehung ab 22.00 Uhr ist zwar für die nachfolgenden Sendungen auch ärgerlich, aber leichter zu vertreten.

Auch Lob und Dank für die Sendungen werden häufiger ausgesprochen als für andere Programmfarben. In den Gemeinden, die im Anschluss an die Übertragungen einen Telefon- und Briefdienst anbieten, gehen bis zu 500 Anrufe ein, überwiegend mit positiver Tendenz. Und manche Gemeinde hat aus dem Zuschauerecho schon Konsequenzen gezogen für ihren pastoralen Alltag; der zeitliche Aufwand für die Vorbereitungen der Fernsehübertragung hat sich für die Gemeinden im Rückblick immer gelohnt.

Die Entwicklung der Medien lässt sich nicht aufhalten. Längst sind neue Diskussionen entstanden, z. B. ob das Internet ein geeigneter Raum sei für Gottesdienstübertragungen, ob es überhaupt einen virtuellen Gottesdienst geben könne und ob im digitalen Zeitalter ein Spartenkanal für Religion und Gottesdienste sein Publikum finden würde oder nicht. Angesichts dieser Diskussionen muten die gegenwärtigen Auflagen für katholische Gottesdienstübertragungen fast anachronistisch an. Die katholischen Bistümer des deutschsprachigen Raumes haben in ihren »Leitlinien für die mediale Übertragung von gottesdienstlichen Feiern« festgelegt, dass katholische Gottesdienste grundsätzlich nur »live und vollständig« übertragen werden dürfen. Die Vorstellung eines Gottesdienstes in Häppchen-Form, ein »The best of today's service« muss dem Liturgen tatsächlich wie ein Sakrileg erscheinen und der programmliche Wert einer solchen Ausschnittskultur ist fraglich. Vor allem das »Live-Gebot« ist jedoch für die Programmplaner ein dicker Brocken, der eine zeitversetzte Ausstrahlung und/oder eine Wiederholung auf Phönix oder 3sat unmöglich macht. Die theologische Begründung, dass die Mitfeier des Gottesdienstes am Bildschirm die zeitgleich real feiernde Gemeinde voraussetzt scheint für Christen in Übersee nicht zu gelten. Dort wird nämlich z. B. in Kanada angesichts der unterschiedlichen Zeitzonen innerhalb des eigenen Landes durchaus ein Gottesdienst zeitversetzt ausgestrahlt. Ob er damit weniger Bedeutung für die Zuschauer hat als ein live-Gottesdienst mag als Frage an die liturgische Kommission zurückgegeben werden.

Bei allem Verständnis für die Sorge, dass Gottesdienste in den Sog der Vermarktung geraten und um der Quote willen zur liturgischen Show werden könnten, täten die Kirchen gut daran, die Erfahrungen der Fernsehmacher besser auch für ihre eigenen Zwecke zu nutzen. Welche Bedürfnisse haben die Zuschauerinnen und Zuschauer? Welche Botschaft hat die Kirche, um darauf Antworten zu geben? Und wie kann dies modern und fernsehgerecht umgesetzt werden, um die Menschen auch zu erreichen? Kritische Anfragen an die konkrete Gottesdienstgestaltung und Erfahrungen der Redakteure und Regisseure mit den Zuschauerreaktionen können helfen, die eigene Sache besser und verständlicher rüberzubringen. Hier bietet sich eine Chance, über Wirkungen und Symbole mehr nachzudenken, Rhetorik, Körpersprache und Aussage einer Predigt zu überprüfen. Die Erkenntnisse der Medienforschung und die genaue Auswertung von Einschaltverhalten können wichtige Hinweise liefern für das Feiern von Liturgie.

In den letzten Jahren hat sicher auch die Zahl derer zugenommen, die den Gottesdienst lieber im Fernsehen verfolgen als selbst in die Kirche zu gehen. Untersuchungen darüber gibt es nicht. Aber es ist fraglich, ob diese Menschen sich ohne unsere Übertragungen aufraffen würden zum aktiven Gottesdienstbesuch – viel eher ist zu vermuten, dass dann am Sonntag eher nichts in dieser Hinsicht stattfinden würde. Zu behaupten, es gäbe einen Zusammenhang zwischen Vermehrung der Gottesdienstübertragungen und Rückgang der Gottesdienstbesucher hieße lediglich dem Boten der schlechten Nachricht die Schuld für die Nachricht zu geben.

Fernsehprogramme sind Spiegelbild der Gesellschaft. Die Bedürfnisse verändern sich im Lauf der Jahre, der sonntägliche Gottesdienstbesuch gehört für immer weniger Menschen zum festen Bestandteil ihrer Wochenendgestaltung. Aber es scheint, als sei eine gewisse Sehnsucht und vielleicht auch ein vages Gefühl der Verpflichtung geblieben, die durch den Griff zur Fernbedienung befriedigt werden können.

Den Gottesdienstübertragungen kommt dadurch eine neue Rolle zu: sie erinnern allein durch ihre Existenz daran, dass der Sonntag sich von anderen Tagen unterscheidet und warum er dies tut. Es geht nicht nur um einen arbeitsfreien Tag, der jedem turnusmäßig zusteht, sondern um eine kulturelle Errungenschaft, um den Hinweis darauf, dass eine Gesellschaft als Ganze Raum braucht zur Muße, zur Besinnung und zur Entfaltung von Religiosität. Indem das Programm dem Rechnung trägt, hilft es, der Gefährdung des Sonntags entgegenzuwirken. Aber das ZDF kann nur den Rahmen bieten, die Inhalte müssen aus den Kirchen selbst kommen. Gottesdienstübertragungen sind weder Ursache für leere Kirchenbänke noch ein Rezept gegen sie. Wenn es nicht mehr gelingt, Gottesdienste so zu feiern, dass sie den Menschen Freude, Trost und Anregung für ihren Alltag geben, kann auch die beste Fernsehregie der Langeweile und Belanglosigkeit nicht entgegensteuern.

Der Gottesdienst beim Sonntagsbrunch ist eine Chance. Wenn die Christen »Salz der Erde« sein wollen, dürfen sie sich vor ein bisschen Frühstücksei nicht fürchten.

## Augenblick der Freiheit

Ulrich Harbecke

So ist das. Man eilt durch die langen Korridore des Senders, ringsum Geschäftigkeit, Stimmen, Papiere, Erregung. Und dann irgendwo ein Schwarzes Brett. Man überfliegt routiniert die »Ab- und Ankündigungen«. Stellen werden ausgeschrieben, Gegenstände ausgesondert, Regularien geklärt, und dann auch ein, zwei Zettel, die den Tod eines Kollegen oder einer Kollegin melden.

Was nun? – Weiterrennen? Vielleicht eine Spur schneller als nötig? Oder innehalten, den Schritt verlangsamen, einen kleinen Spielraum schaffen? – Die nächste Sendung wird ohnehin fertig und dadurch auch nicht schlechter. Ein Gesicht taucht auf, eine Stimme, ein Tonfall, eine unverwechselbare Gestik, vielleicht prägend verbunden mit Gesicht und Tonfall einer Sendung, einer Reihe oder gar des ganzen Senders. Ein Journalistenkollege, dem man sich verwandt fühlt, weil man seine Hoffnungen und Ängste, seine Niederlagen und Triumphe an sich selbst erfahren hat. Vielleicht einer, der kleiner erscheinen wollte als er war? Vielleicht einer, der den Faltenwurf liebte, den wirkungssicheren Auftritt, das kleine Getöse derer, die sich des Transitorischen ihrer Existenz unterbewusst sind.

Wer war dieser Mensch? – Vielleicht ein Enthüller, den das Jagdfieber packte und der dann keine Schonzeit gelten ließ. Vielleicht ein Begleiter und Mitgestalter des politischen oder kulturellen Alltags auf der Suche nach dem Ausgleich der Interessen. Tat er das Nötige? Behielt er das Gemeinwohl im Auge, verzichtete er auf Pirouetten und Schaum. War er ein genauer Beobachter, ein geduldiger und findiger Kundschafter, ein schnörkelloser Zeuge der Zeit, oder gelüstete es ihn, seine ganz persönlichen »fingerprints« und Duftmarken zu setzen? War er Bote zwischen oben und unten, zwischen drinnen und draußen, zwischen links und rechts? Liebte er den »Glanz der Dauer« oder doch eher den »Triumph des Augenblicks«? War er Enzym im Stoffwechsel der Gesellschaft oder schäumendes Hormon?

Was war sein Geheimnis? – Ging er mit Bedacht und Ernst zu Werke?

184

Konnte er lachen? Genießen? Hatte er Distanz zu den Figuren, den Spiel-
regeln und den Spielzügen des öffentlichen Schachbretts? War es gar die
Distanz des Zynikers, der nur »über die Bande« spielt und gar nicht wirklich
wissen will, wonach er fragt? – Und die Fragen, waren sie wichtiger als die
Antworten, die er erhielt? Hakte er sie nur ab, routiniert, ungeduldig, weil
er natürlich längst wusste, welche Antwort er bekommen würde, oder ar-
beitete es noch in ihm, während er formulierte? Schob er seinen Zettel beiseite, wenn im Auge des Gegenübers plötzlich eine Wahrheit aufblitzte? –
Das machte den anderen vielleicht nervös. Der war ja nur gekommen, um
sein Pfauenrad zu schlagen, schnell ein paar Worthülsen abzulassen und
Präsenz zu mimen. Und nun kümmerte sich jemand ernsthaft um die
öffentlichen Dinge, wog ab, rang mit eigenen Zweifeln, überprüfte die Be-
schaffenheit einer Situation, zögerte die abschließende Erkenntnis hinaus,
denn eines wusste er: abschließende Erkenntnisse sind immer falsch.

Und hier im Sender? Warf man ihm vor, die »Erbhöfe« öffentlich-
rechtlicher Tugenden zu verteidigen? Oder schritt er mutig voran in die
breite Bedeutungslosigkeit des »hochauflösenden« Fernsehens? Ließ er sich
beeindrucken von den rasch wechselnden »Soldatenkaisern« des zerbröseln-
den Imperiums? Liebäugelte er mit den kommerziellen Reiterhorden, die
alle Grenzen überrannten und ihre Gäule in die Tempel stellten, auf nichts
anderes aus als Weiber und rasche Beute? Oder widerstand er der »angesag-
ten« Spaßgesellschaft ins Angesicht, sehenden Blickes die Wühltische der
kaufkräftigen Altersgruppen missachtend?

In seinem »Mythos von Sisyphos« deutet Albert Camus das Schicksal
des Mannes, den die Götter verurteilt haben, einen Stein den Berg hinauf-
zurollen. Kaum hat er's geschafft, kaum ist er oben angekommen, entgleitet
ihm der Stein, und er muss hinab, um es erneut zu versuchen. Und so geht
es in alle Ewigkeit. Aber – so Camus – inmitten dieses absurden Daseins und
im furchtbaren Zyklus dieser nie zu bewältigenden Aufgabe gibt es einen
Moment der Freiheit, einen Augenblick, der dem Menschen gehört und
nicht den strafenden Göttern. Es ist die Phase des Abstiegs vom Berg. Die
kann ihm niemand nehmen, wenn die Sache funktionieren soll. Hier kann
er hinabschlendern, im Bündnis mit der Erdanziehung, ein Liedchen pfei-
fen oder die Fäuste in die Hosentaschen stemmen.

Greifen wir nicht zu hoch, aber Redakteure und Moderatoren kennen
diesen Moment. Die Sendung ist gelaufen. Die Verabschiedung ist gesprochen. Die Scheinwerfer weichen dem Arbeitslicht. Kameras werden im Hintergrund geparkt. Mitarbeiter eilen in den Feierabend. Die Maske blättert

ab. Das Gesicht taucht wieder auf. Man sitzt noch einen Moment am Pult, inmitten einer Stille, die sich wie ein Ölfleck ausbreitet. – Der Mensch auf dem Zettel am schwarzen Brett, auch er hat diesen Augenblick erlebt, unbemerkt von seiner Umgebung, aber es war auch sein geheimer Augenblick der Freiheit, im Zyklus des Sendeplans, im Dauerlauf der redaktionellen Arbeit, sein Moment des Nachdenkens über diesen unruhigen, absurden, herrlichen und gefährlichen Beruf. Oft hat man versucht, ihn zu definieren, den Journalisten, diese Ausgeburt des modernen Staates und der offenen Gesellschaft, aber jeder Versuch war vorläufig und vergeblich. Das liegt nicht nur am rasch wechselnden Tagesgeschehen. Das ist nicht nur der Ritt auf dem Tiger der chaotischen Ereignisgeschichte. Es muss tiefere Gründe haben.

In allem, was wir politisch tun, steckt auch das Gegenteil unserer Absichten. Wie sonst könnten sich diese so oft in ihr Gegenteil verkehren? Kommt daher das Misstrauen des Journalisten – auch gegen das eingetroffene Ereignis, gegen die offenkundige Tatsache? Ich spreche von den sensibleren Vertretern der Branche. Dort wo sich andere schon begnügen und abfinden und ihre Ruhe haben, bleibt bei ihm ein Zweifel. Ohne den Beweis konnte er glauben. Mit dem Beweis in der Hand kann er es nicht mehr. Das Wirkliche scheint nicht wahr. Das Wahre nicht wirklich. Und er muss es selbst finden. Der Verdacht muss ihn persönlich umtreiben, den »Krimi« der Recherche muss er mit eigenen Sinnen erleben. Es muss ihn Zeit kosten, Kraft, Geborgenheit. Wer ihm eine Information schenkt, macht ihn wütend. Auch mag er keine Gedanken, die sich zu bald schon als richtig herausstellen. Wo sich andere selbstgefällig auf die Schenkel schlagen, hört er seine Dämonen kichern. – Ich spreche von den sensibleren Vertretern der Branche.

Auch das spürt er in jenem hellsichtigen Augenblick: Die Tage des Kalenders sind kein Kartenspiel, das man mischen, sortieren und wiederholen kann. Jeder ist Ernstfall, flüchtig und unerbittlich. Man kann ihn nicht üben, um immer klüger mit ihm zu verfahren. So bleibt der Journalist, auch der fleißigste, im Grunde immer »des Tages trauriger Dilettant«, Liebhaber zwar, aber immer auf dem Sprung und immer unverrichteter Dinge. – Ich spreche von den sensibleren Vertretern der Branche.

Und manchmal, in jenem Augenblick, ist da vielleicht der kleine und absurde Wunsch, etwas ungeschehen zu machen, nicht den Fehler, nicht den Irrtum, nicht die ungeschickte Frage oder Formulierung, auch nicht eine Schuld, denn die hat ihre Sühne. Nein, einen einzigen, winzigen Vor-

gang der Geschichte. – Es nähme aller Last des Vergangenen die Feindselig-
keit. Es gäbe der Hoffnung eine Perspektive nach rückwärts. Und es gäbe
ihm, dem Jäger des Tatsächlichen, einen Hauch von Magie. – Ich spreche
von den sensibleren Vertretern der Branche.

Aber er ahnt es auch in jenem Augenblick. Der Hunger des Journalisten, einmal geweckt, ist nicht mehr zu stillen. Vielleicht kann er ihn von
Zeit zu Zeit überlisten und in Schlaf wiegen, aber nie hat er wirklich gefunden, was er sucht. Dazu müsste er ja aufhören zu suchen. Finden tut nur die
Müdigkeit in ihm. Das scheinbar triumphale Gefühl: »Ich hab's!« – »Das ist
es!« ist immer Resignation. Wer eine Sendung gemacht hat, hat eigentlich
nur die Mittel gewonnen, eine ganz andere Sendung zu machen. Das heißt,
die jeweils nächste richtet sich gegen die vorige. Keine setzt sich zur Ruhe.
Jede bleibt mit allen im Diskurs. Immer wieder rollt der Stein den Berg
hinab.

Talleyrand, einer der klügsten Köpfe der europäischen Geschichte,
meinte einmal, eine Verfassung müsse zweierlei sein: kurz und unklar. Er
hatte begriffen, dass kein Verfassungstext die ganze Fülle der Lebenswirklichkeit einer Nation normieren kann. Und unklar, damit die Unschärfe des
Textes offen bleibe für die wechselnden Veränderungen des politischen Geschehens. – Hier, glaube ich, spitzt der Journalist die Ohren, denn er hört
das Stichwort, das ihn auf die Bühne ruft. Er nämlich schreibt die Verfassung eines Volkes weiter, vorsichtig, mit Bleistift und Radiergummi, mit
Geduld und Sorgfalt und zuweilen mit Frechheit und Phantasie. Er schreibt
in die unscharfen Ränder des Textes seine Nachrichten, Reportagen und
Kommentare, seine Statements und Interviews, seine Aufsager und Mode-
rationen. Es geht ihm um die Verfassung der Menschen, um die Wirklichkeit ihrer Lebensumstände, um ihre Träume und Traumata. Und hier wird
er wohl auch von den Mitgliedern einer christlichen Kirche verstanden, von
den sensibleren zumindest. Auch sie wissen, wie oft sich ihre Absichten ins
Gegenteil verkehren. Auch ihnen ist das Wirkliche nicht wahr, und an einen
Gott, den ihnen jemand aus Katechismen und Codices beweist, können sie
nicht mehr glauben. Er muss sie Zeit kosten, Kraft und Geborgenheit. Ein
wohlfeiler und geschenkter Gott macht sie wütend, denn ihr Hunger, einmal geweckt, ist nicht mehr zu stillen. Immer wieder rollt auch ihr Stein den
Berg hinab.

Gewiss, dereinst finden beide in der Hölle ihren Platz, aber zuvor im
Gericht werden sie Gott ein paar Fragen stellen und sich nicht mit vor-
schnellen Antworten abfinden. Vielleicht erzählen sie ihm auch ein paar

Geschichten aus den Dunkelzonen ihrer Erfahrungen und Erlebnisse, Geschichten, die den Weltenschöpfer staunen machen. Begierig will dieser mehr davon hören, und wie weiland Sheherazade schiebt er die Vollstreckung des Urteils auf, – für mindestens tausendundeine Nacht …

Nun liegt das Schwarze Brett schon ein paar Gänge und Ecken zurück. Der Aufzug beendet das kleine Zwischenspiel. Fröhliche Kollegen und Kolleginnen kommentieren das Wetter oder freuen sich sichtlich aufs Wochenende. – »Wie geht's?« fragt einer. – »Gut«, sagt der andere.

# Jetzt wird es lustig

## oder Die Inflation der Komik im deutschen Fernsehen

René Heinersdorff

Im deutschen Fernsehen ist die Diskussion um die Komik lange entbrannt, spätestens, seit man festgestellt hat, dass die »heitere« Schiene Quote machen kann und somit Werber auf den Plan ruft. Das abfotografierte Theater ist aus der Mode gekommen, da die Darstellungsform für die nahe Kamera allzu deutlich wirkt. So hieß das Zauberwort eine ganze zeitlang »Sit-Com«, was nichts weiter heißt als Situationskomödie, eine etwas sinnlose Wortschöpfung, da sich jede Komödie sowieso aus den Situationen rekrutiert, die sie ausmacht. Der Versuch, dabei allgemeingültige Regeln für Komik aufzustellen, den viele Dramaturgen und Redakteure unternommen haben, war unfruchtbar, wie überhaupt der Versuch, Regeln für Erfolg aufzustellen.

Einzig das Produktionsprinzip für Sit-Coms konnte ausgemacht werden. Drei Tage Proben, wie am Theater, der dritte schon mit Kameras, vierter Tag reine Kamera – Proben mit einer Generalprobe und fünfter Tag eine Aufzeichnung ohne, und eine mit Publikum. Meistens 3–5 MAZ-Kameras. Dieses Prinzip wurde dann, nachdem man feststellte, dass die angeblich gefundenen Rezepte für Komödie so keinen Bestand hatten, variiert. Mal ganz ohne Publikum, mal mit anderem technischen Equipment, mal nur vier Tage, usw. Dass allein Inhalte die Form bestimmen können und nicht umgekehrt, wurde häufig völlig übersehen.

Auf der Suche nach Inhalten über die Form, hat sich die Komik im deutschen Fernsehen inflationiert. Hektische Suche, nach der Form der Komik im deutschen Fernsehen war die Folge. Comedy-Shows, Comedy-Talks und vieles mehr geben sich die Klinke in die lachende Hand.

Der alte theatralische Haudegen Alexander May, Schauspieler und lange Jahre Generalintendant in Hannover, sagte einmal: Komödie ist Tragödie, nur etwas schneller. Der Gedanke ist klar: Besonders die Dinge, die dem Betrachter komisch erscheinen, können nur dann wirklich komisch sein, wenn die betrachteten Figuren in existentielle Nöte geraten. Der Liebhaber im Schrank, die Sahnetorte im Gesicht und das Ausrutschen auf der

Bananenschale ist ja eigentlich für die beteiligten Figuren alles andere als komisch. Und je glaubwürdiger die Situation dargestellt wird, desto dramatischer ist sie und um so komischer wird sie. Da unterscheidet sich die Komödie in nichts von der Tragödie. Den Unterschied macht dann nur das Ausklammern von bestimmten Elementen, wie zum Beispiel Tod und Verletzung, sowie das Stattfinden des Happy End. Und somit hat die Komödie einen weit unterschätzten Stellenwert, der sich in der deutschen Literatur, durch die typisch deutsche Trennung von Unterhaltung und Ernst, verschärft darstellt. Was nicht ernst ist, ist wertlos, und was lustig ist, steht in dem dringenden Verdacht, oberflächlich zu sein. Schon die Wortwahl ist unselig und bei genauem Nachdenken kaum einzusehen, warum etwas »Ernstes« nicht unterhaltend sein kann und etwas »Komisches« nicht ernsthaft.

Die Tatsache, dass die Komödie unter Umständen viel subversiver und viel unaufwendiger kritisieren, verdeutlichen und auf Missstände hindeuten kann, wird dabei oft übersehen. Das führt zu einem merkwürdigen, aber erklärbaren Exzess: Statt sich um die Seriosität der Komödie zu bemühen, werden ihre Mittel vor allem in den Medien inflationiert. Gröbste Mittel in Form und Inhalt werden zum Standard und wirkliche Situationen gibt es nicht.

Die Komödie hat anscheinend unter literarischen Beurteilungskriterien wie Poesie und Sprache sowie unter gesellschaftspolitischen wie Aussage und Inhalt und unter dramaturgischen wie Form und Ökonomie beim Feuilleton und in der öffentlichen Wahrnehmung kaum eine Chance. Wenn nicht großartige, vom Schwank bis zur Groteske beherrschende Klassiker wie Lessing, Kleist oder Shakespeare mitschwingen, wird die Komödie als Kunstform kaum akzeptiert. Und selbst diese Klassiker werden oft unendlich verfremdet, da ihre Komödien ja sonst »nur« Komödien wären. Das führt natürlich zu einer großen Frustration. Viele Komödien-Autoren, jahrelang der Frage ausgesetzt: Wollen Sie nicht mal etwas Richtiges schreiben, oder: Wann schreiben Sie denn mal etwas Ernstes, sahen sich – vor allem im Feuilleton – erst akzeptiert, als sie ein Werk vorlegten, das zweifelsfrei keine Komödie war. Der amerikanische Autor Neil Simon, durfte nach dreißigjähriger Tätigkeit (man hatte am Broadway bereits ein Theater nach ihm benannt) in dem Fachblatt »Theater Heute« lesen, dass mit dem Abdruck eines seiner Stücke, seine »Literarische Premiere« stattgefunden hatte.

Viele Komiker haben Zeit ihres Lebens darunter gelitten, dass sie »nicht ernst« genommen wurden. Ihre Kunst schien leichtes Spiel, mühelos und daher ohne Tiefe. Ihr unermüdliches Bemühen verblasste nur zu oft neben dem ausdruckslosen, aber betroffenen Gesicht eines mittelmäßigen Kollegen. Komiker, die Jahrzehnte lang ihr Publikum geschickt und mit Herz, Verstand und ungeheurem Können an sich gefesselt haben, gewannen ihre ersten Kritiker-Preise erst, wenn sie tragische Figuren, wie dem Tod Geweihte oder Verlassene gespielt hatten. Die Welt der Komödie empfindet somit einen ständigen Beweisdruck, eine permanente Deakzeptanz, und es entsteht ein Konvolut an Minderwertigkeitskomplexen. Und nun tritt der Umkehrschub ein. Nicht das redliche, aber eben aussichtslose Bemühen um Seriosität um die Komödie, sondern die Distanz dazu, ist die Folge. Diese Suche nach Distanz zeigt sich aber nicht in einer völligen Abkehr, sondern in einer inneren Abkehr. Einer Abkehr, in der Komödie von vorne herein als Komödie gekennzeichnet wird. Man spielt nicht Komödie, sondern man parodiert sie. Man lässt sich nicht von den Situationen der Komödie leiten, sondern man leitet sie, indem man sich – fast kommentierend – neben sie stellt. Viele zeitgenössische Komiker der Nation überhöhen in Folge dessen ihre Mittel ins Unermessliche. Das führt dann zu den unerträglichen Grimassen, zu dem verbalen Schwachsinn und den Geschmacklosigkeiten, denen wir im Fernsehen täglich ausgesetzt sind. Komik scheint nicht mehr das zu sein, was gezeigt wird, sondern wie es gezeigt wird. David Letterman ist David Letterman, Harald Schmidt spielt Harald Schmidt.

Bevor also irgend jemand den bösen Verdacht äußern kann, dass es sich »bloß« um Komödie handeln könne, hat man durch die Darstellungsweise den Argwöhnischen schon den Wind aus den Segeln genommen, in dem man klar gemacht hat: Seht her, das ist ja nur Komödie, ich weiß es ja selbst, bitte glaubt mir, ich stelle ja nur eine Form zur Schau und bin weit davon entfernt, das für Inhalt zu halten, bitte verschont mich also mit eurer Kritik. Und auch das verunsicherte deutsche Publikum ist glücklich. Hier weiß man, dass man lachen darf bzw. muss. Das nimmt einem keiner übel, denn es ist ja vorher schon als lustig gebrannmarkt. Zur absoluten Sicherheit werden im Bedarfsfall ja auch konservierte Lacher eingespielt, damit keiner den Augenblick verpasst, den Grünlicht zum Lachen gibt. Und wer sich selber vorher anzeigt, kann später nicht geoutet werden.

Solange wir in Deutschland klare Kriterien benötigen, um mit einem Inhalt umgehen zu können, solange dürfen wir uns nicht wundern, wenn die Form den Inhalt bei Weitem übersteigt.

# Regulierung für elektronische Medien?

Gernot Lehr

Konvergenz der Medien, Globalisierung der Medienmärkte, neue Medienordnung 2000, Zentralisierung und Deregulierung der nationalen Medienaufsicht – dies sind nur einige Schlüsselbegriffe der aktuellen medienpolitischen und medienrechtlichen Diskussionen, die auf den verschiedenen Ebenen heftig und mit durchaus wechselnden Rollen der Beteiligtengeführt wird. Ausgangspunkt dieser Debatte ist die zutreffende Feststellung, dass sich die strikte Trennung zwischen elektronischer Massen- und Individualkommunikation in der bisherigen Schärfe nicht mehr aufrechterhalten lässt.

Die Digitalisierung der Übertragungswege, insbesondere des Breitbandkabelnetzes mit einer weltweit einmaligen Spitzenanschlussdichte von ca. 70 Prozent aller Haushalte in Deutschland, wird – nach einer Übergangsphase partieller Verknappung – zu einer Vervielfachung der Übertragungskapazitäten führen. Diese Kapazitäten werden in Zukunft nicht nur für traditionellen Rundfunk, also für Hörfunk- und Fernsehangebote, sondern auch für individuelle Kommunikation genutzt werden. Eine besonders interessante übertragungstechnische Fortentwicklung ist die Rückkanalfähigkeit: Der computergestützte Fernsehzuschauer wird zum Beispiel für ihn attraktive Accessoires eines fiktionalen Films »anklicken« und sich in einem Fenster über die Werbeangebote informieren können, diese elektronische Sonderverbindung des Rezipienten kann im elektronischen Kauf etwa eines Kugelschreibers, Buches, Kleidung- oder Schmuckstückes oder gar Autos enden. Zugleich wird insbesondere die Erhöhung von Übertragungskapazitäten insbesondere der Telefonnetze die audiovisuellen Online-Angebote verstärken. Das Fernsehgerät wird durch nutzerfreundliche Computer abgelöst werden. So hat die Bertelsmann Broadband Grout hier zukunftsweisende Modelle vorgestellt.

Die traditionellen Rundfunkveranstalter stellen sich dieser Entwicklung zum einen, indem sie ihre Auftritte im Internet zum Begleitmedium der Rundfunkprogramme machen. Dies kann soweit gehen, dass beispielsweise im Anschluss an einen »Tatort« aus Rheinland-Pfalz ein Online-Chatroom mit der Schauspielerin Ulrike Volkerts als Kommissarin Lena Odenthal eingerichtet wird. Zum anderen nutzen private Rundfunkveranstalter ihre bestens eingeführten Programm-Markennamen als sehr erfolgreiche Internetportale für Softwareangebote, die mit dem eigentlichen Programm wenig zu tun haben.

Der zunehmende Wegfall beschränkter technischer Übertragungswege für audiovisuelle Angebote sowie der weltweite und damit nicht national regulierbare Zugang zum Internet führen dazu, dass audiovisuelle Software nicht mehr allein von traditionellen öffentlich-rechtlichen oder privaten Rundfunkveranstaltern angeboten wird. Weltweit befinden sich weitere Akteure aus den verschiedensten gewerblichen und nichtgewerblichen Bereichen als Softwareanbieter in den Startlöchern oder bereits in der Zielgeraden. Es wird die These vertreten, dass der traditionelle Rundfunk seine Vermittlungsfunktion verliere und von individuellen Softwareangeboten abgelöst werde. Die Richtigkeit dieser These muss unter Berücksichtigung der Konsumgewohnheiten der Bevölkerung gewiss in Zweifel gezogen werden. Der nicht-computergestützte Rundfunk wird als Begleitmedium im Alltag oder als Freizeitmedium weiterhin gefragt sein. Jedoch wird die gezielte Online-Rezeption von audiovisuellen Spartenangeboten zunehmen, zumal die jüngeren Generationen den Umgang mit Computern verinnerlichen. Hierbei darf der Vorteil nationaler Marktauftritte von Software-Angeboten nicht gänzlich unterschätzt werden, da sich zumindest derzeit noch nationale Anbieter am Markt besser positionieren können.

Es ist also von dem Tatbestand veränderter Übertragungstechniken und -kapazitäten und veränderter Anbieterstrukturen, nicht jedoch grundsätzlich veränderter Inhalte in der modernen und zukünftigen Medienwelt auszugehen. Zu welchen rechtspolitischen Konsequenzen für die Medienordnung in Deutschland kann diese Entwicklung führen? Nähern sich die elektronischen Massenmedien nicht zunehmend der Situation der Printmedien an? Warum sollte der Gesetzgeber in einem solchen Fall elektronische Medien anders als die Presse behandeln? Müssen Software-Angebote überhaupt einer besonderen Regulierung unterstellt werden? Können elektronische Software-Angebote bzw. der sogenannte »Content« nicht dem freien Spiel der Marktkräfte unter Beachtung der allgemeinen Gesetze überlassen werden, die sich z.B. auf die Regelung von Jugendschutz, von Ehrenschutz oder von Wettbewerbschutz beschränken?

Nach der ständigen Rechtssprechung des Bundesverfassungsgerichts ist der Rundfunkbegriff im Sinne des Grundrechts der Rundfunkfreiheit aus Art. 5 Abs. 1 Satz 2 Grundgesetz nicht statisch, etwa durch bestimmte Übertragungsformen geprägt. Soll die Rundfreiheit, so das Bundesverfassungsgericht im 6. Rundfunkurteil, unter den Bedingungen raschen technischen Wandels ihre normative Kraft bewahren, dann dürfe bei der Bestimmung von Rundfunk nicht nur an eine bereits eingeführte Technik angeknüpft werden. Anderenfalls könne sich die grundrechtliche Gewährleistung nicht auf jene Bereiche erstrecken, in denen gleichfalls die Funktion des Rundfunks, wenn auch mit neuen Mitteln, erfüllt würde.

Wenn aber die Übertragungstechnik kein Definitionsmerkmal für die regulierungsrechtliche Sonderrolle des Rundfunks ist, stellt sich die Frage nach sonstigen rundfunkspezifischen Eigenschaften im Unterschied zu anderen Massenmedien. Das Bundesverfassungsgericht hat einst auf den besonders hohen finanziellen Aufwand für die Veranstaltung von Rundfunk hingewiesen, der nur wenigen gesellschaftlichen Gruppen den Zugang zu diesem Medium erlaube. Dieses Merkmal greift für Online-Software-Angebote nicht ein; regelmäßige Publikationen im Internet sind mit relativ geringen finanziellen Mitteln zu bewerkstelligen. Nach der neueren Rechtsprechung des Bundesverfassungsgerichts sind es vor allem die Suggestivkraft, die Aktualität und die Breitenwirkung, die die Bedeutung und den besonderen Regelungsbedarf von Rundfunk und rundfunkähnlichen Angeboten begründen.

Unterstellt man, dass aufgrund der technischen Entwicklung in Zukunft Software – Angebote, die über Online abgerufen werden können, eine fernsehähnliche Qualität haben werden, so ist ihnen grundsätzlich auch eine besondere Suggestivkraft und Breitenwirkung zuzuordnen. Allerdings werden alle elektronischen Medien mit einer Zunahme von Angeboten ihre suggestive Breitenwirkung etwas einbüßen, wenn man von möglichen Leitmedien wie den öffentlich-rechtlichen und privaten Vollprogrammveranstaltern mit Marktanteilen von jeweils über sieben Prozent einmal absieht. Außerdem ist stets der verfassungsrechtliche Sinn und Zweck der Einordnung unter den Rundfunkbegriff im Sinne des Art. 5 Abs. 1 Satz 2 Grundgesetz zu berücksichtigen: der Schutz des freien Meinungs-, Willens- und Wertebildungsprozesses, für den der Rundfunk Medium und Faktor ist. Für diese spezifischen gesellschaftlichen Funktion des Rundfunks oder der rundfunkähnlichen Kommunikation werden viele audiovisuelle Online-Angebote wie Teleshopping oder Wetterdienste allenfalls eine untergeordnete Rolle haben. Gleichwohl sollte man nicht dem verfassungsrechtlichen Irrtum unterliegen, dass nur audiovisuelle Angebote mit politischen Inhalten für den durch Art. 5 Abs. 1 Satz 2 Grundgesetz geschützten Prozess der freien Meinungsbildung von Relevanz wäre. Gerade auch Unterhaltungsformate tragen maßgeblich zur gesellschaftlichen Wertebildung bei und können deshalb eine bedeutende Suggestivkraft ausüben.

Diese Erwägungen zeigen, dass nach rechtlichen Kriterien nicht alle Software-Angebote gleichgestellt werden können, vielmehr eine differenzierte Betrachtungsweise sachgerecht ist. Die Landesgesetzgeber sind zur Ausgestaltung der Medienordnung verpflichtet. Hierbei können sie einen weiten Gestaltungsspielraum in Anspruch nehmen. In Ausübung dieses legislativen Gestaltungsspielraums haben die Landesgesetzgeber ihre Zuständigkeit wahrgenommen und im Hinblick auf die Regulierungsdichte für audiovisuelle Software-Angebote bereits unterschiedliche Regelungen im Vergleich zum Rundfunk getroffen.

Die Landesgesetzgeber differenzieren in § 20 Abs. 2 Rundfunkstaatsvertrag zwischen Rundfunk im engeren (einfachgesetzlichen) Sinne und Mediendiensten. Für Mediendienste gelten nicht der Rundfunkstaatsvertrag und die Landesrundfunkgesetze, sondern der von den Ländern verabschiedete Mediendienste-Staatsvertrag. Nach § 4 Mediendienste-Staatsvertrag sind Mediendienste – anders als Rundfunkangebote – zulassungs- und anmeldfrei. Unter den fast regulierungsfreien Mediendiensten werden die an die Allgemeinheit gerichteten Informations- und Kommunikationsdienste in Text, Ton oder Bild verstanden, die nicht unter den Rundfunkbegriff des § 20 Rundfunkstaatsvertrag fallen. Diese definitorische Zirkelschluss wird nur dadurch praktikabel, dass der Gesetzgeber in § 20 Abs. 2 Mediendienste-Staatsvertrag Regelbeispiele auflistet, die nur Mediendienste und nicht Rundfunk darstellen: Verteildienste für Fernseheinkauf und für Messergebnisse oder Datenermittlungen, Textdienste, Abrufdienste und Telespiele. Anbieter derartiger oder vergleichbarer Mediendienste können eine rundfunkrechtliche Unbedenklichkeitsbescheinigung bei der zuständigen Landesmedienanstalt beantragen; eine gesetzliche Verpflichtung hiezu besteht nicht. Sollte sich ein Mediendienst aufgrund seiner publizistischen Relevanz zu einem Rundfunkangebot entwickeln, so steht der zuständigen Landesmedienanstalt ein Rückholrecht in die rundfunkrechtliche Regulierung zu. Ein solcher Fall ist in der bisherigen Praxis, soweit ersichtlich, noch nicht aufgetreten, zumal hierzu das Einvernehmen zwischen allen 15 Landesmedienanstalten in Deutschland herzustellen ist. Der Mediendienste-Staatsvertrag beschränkt sich im wesentlichen auf die Regulierung von Werbung, Jugendschutz und Datenschutz. Für diejenigen Dienste, die ausschließlich dem individuellen Leistungs- oder Datenaustausch dienen, also nicht von der Allgemeinheit abgefragt werden können, gilt das vom Bundesgesetzgeber erlassene Teledienstegesetz, das ebenfalls keine intensive öffentliche Regulierung vorsieht.

Was folgt aus diesem Ausflug in die Regelungstechnik de lege lata? Im Internet abrufbare Online-Angebote sind bereits weitgehend dereguliert. Sie werden zwar verfassungsdogmatisch dem Rundfunk im Sinne des Art. 5 Abs. 1 Satz 2 Grundgesetz zugeordnet, soweit sie an die Allgemeinheit gerichtet sind. Jedoch greift die Rundfunkaufsicht der Landesmedienanstalten nur ausnahmsweise, weil Mediendienste in der Regel allein potentiell bei Veränderung ihrer Inhalte der Rundfunkregulierung unterliegen. Aus dem Rundfunk bekannte – wenngleich dort stark liberalisierte – konzentrationsrechtliche Regulierungen der Anbieterstrukturen sind für übliche Mediendienste obsolet. Entsprechendes gilt für etwaige Erfordernisse an wirtschaftliche oder fachliche Leistungsfähigkeit der Veranstalter. Gelegentlich wird in der rechtspolitischen Diskussion die Forderung erhoben, die zwischen und in den Bundesländern zersplitterte Aufsichtsstruktur für elektronische Medien zu vereinheitlichen und zu konzentrieren. Der derzeitige Zustand würde Entwicklung dieses Marktes in Deutschland behindern.

Angesichts der bereits erfolgten weitgehenden Deregulierung für Content-Angebote außerhalb des traditionellen Rundfunks kann diese Forderung nicht überzeugen. In der Praxis stellt es regelmäßig kein Problem dar, die rechtlichen Voraussetzungen für die Etablierung eines Online-Angebotes zu schaffen.

Dessen ungeachtet gelten die allgemeinen Gesetze, insbesondere das Strafgesetzbuch und der zivilrechtliche Schutz des allgemeinen Persönlichkeitsrechts sowie das Urheberrecht für jegliches publizistisches Handeln, also auch für Online-Auftritte im Internet. Eine Deregulierung steht in diesen rechtlichen Bereichen nicht zur Diskussion. Die Problematik in der Rechtswirklichkeit besteht darin, dass sich die allgemeinen Gesetze gegenüber solchen Inhalte-Anbietern nicht durchsetzen lassen, die ihre Angebote aus dem Ausland unterbreiten und sich der deutschen Gerichtsbarkeit entziehen. Dieses Problem ließe sich nur durch internationale Regelungen über rechtliche Minimumstandards wie das Verbot von Kinderpornografie lösen, zu deren Sanktionierung sich die vertragsschließenden Staaten verpflichten müssten. Darüber hinaus bedarf es der Fortentwicklung und Vereinfachung von Software, die den Nutzern von Computern eine Selbstkontrolle ermöglichen. Diese Selbstkontrollsysteme sollten insbesondere Eltern von minderjährigen Kindern offen stehen. Den weitgehenden Verzicht auf Regulierung von Anbieterstrukturen und der mangelnden Durchsetzbarkeit der allgemeinen Gesetze auf international angebotene Inhalte ist ein ausgeprägtes System der Selbstkontrolle durch den Nutzer entgegenzusetzen.

Aufgrund der technischen und publizistischen Fortentwicklung der Medienordnung stellt sich darüber hinaus immer wieder erneut die Frage, ob der traditionelle Rundfunk einschließlich seiner Online-Begleitmedien einer Deregulierung bedarf. Der legislative Gestaltungsspielraum ist insoweit eingeschränkt, dass sich der Gesetzgeber nicht gänzlich zurückziehen darf. Die Auslegung der Rundfunkfreiheit durch das Bundesverfassungsgericht stellt es dem Gesetzgeber jedoch frei, die Lizenzpflicht der Rundfunkveranstalter durch eine bloße Anzeigepflicht zu ersetzen, wenn hierdurch nicht die Meinungspluralität des Gesamtsystems Rundfunk gefährdet würde. Ob und wann eine solche Situation eintritt, obliegt wiederum der nur eingeschränkt justiziablen Tatsachenfeststellung und Prognose des Gesetzgebers.

Auf den Ebenen der Europäischen Kommission und der Welthandelsorganisation sind starke Tendenzen erkennbar, jegliche audiovisuellen Angebote einschließlich Rundfunkangebote entgegen der nationalen rechtlichen Einordnung als Dienstleistungen zu qualifizieren. Abgesehen davon, dass eine solche europarechtliche oder internationale Einordnung mit dem Grundrecht der Rundfunkfreiheit nicht vereinbar wäre, wenden sich inzwischen auch viele private Rundfunkveranstalter in Deutschland gegen diesen Deregulierungsansatz.

Die verfassungsrechtliche Sonderstellung von Rundfunkveranstaltern bringt wichtige Privilegierungen mit sich, so z. B. im Hinblick auf die Bedingungen des Zugangs zu Übertragungskapazitäten. Vor diesem Hintergrund erscheint es derzeit als zweifelhaft, ob die Regulierten eine stärkere Deregulierung für den Bereich der traditionellen elektronischen Medien politisch anstreben sollten.

# Zueignung

# Wer hilft hoffen?

## Zueignung für Bischof Hermann Josef Spital

Eugen Biser

Um die Hoffnung ist es schlecht bestellt; denn auf den heutigen Menschen trifft nur allzu genau die biblische Diagnose zu: »ohne Hoffnung und ohne Gott in der Welt« (Eph 1, 12). Nach Paul Valery lebt er mit dem Rücken zur Zukunft. Und nach Karl Jaspers hat sich seiner ihr erklärtes Gegenteil. »eine so noch nie gewesene Lebensangst«, bemächtigt. Sie selbst aber, die Hoffnung, scheint auf eine Schwundstufe herabgesunken zu sein; denn nach Ingeborg Bachmann kauert sie »erblindet«, also ohne noch eines Zieles ansichtig zu sein, »im Licht«. Zwar haben sich zwei Denker, ein Marxist und ein Christ, Ernst Block und Karl Matthäus Woschitz um ihre Rehabilitierung bemüht. Doch der eine stürzte nach dem Urteil Joachim Fests infolge seiner politischen Demaskierung »von seinem Wolkenthron«, während das Werk des andern nahezu unbeachtet blieb. Wo liegen die Ursachen dieses Tatbestands?

### Ursachen

Nach der biblischen Diagnose im Niedergang des Gottesglaubens, der in erschreckendem Maß verfällt. Sicher aber auch in der evidenten Krise des Menschen. Dabei zeichnet sich sogar ein wahrer Teufelskreis ab. Denn ohne Hoffnung kommt es zu keinem integralen Menschsein, während doch gerade dieses die Voraussetzung dafür ist, dass der Mensch Hoffnung schöpft und hoffen lernt. Doch dem heutigen Menschen liegt zwar noch viel an Profit und Prestige, aber kaum noch an ihm selbst. Die Identitätskrise, die gegen Ende der Neuzeit um sich griff und von Dichtern und Denkern der Romantik vorgefühlt wurde, hat ihn befallen und in seinem Selbst- und Selbstwertbewusstsein verstört. Nachdem er kaum den Höllen der terroristischen Diktaturen entronnen ist, unterwirft er sich lustvoll der beängstigend um sich greifenden Medienabhängigkeit, die ihn nachgerade in eine

Metapher seiner selbst zu pervertieren droht. Gleichzeitig bedroht ihn aber nicht weniger eine fortschreitende Parzellisierung und Atomisierung aller Verhältnisse, die der Hoffnung den Boden entzieht; denn nach Gabriel Marcel lautet ihre vollständige Formel »Ich hoffe auf Dich – Gott – für uns«. Deshalb kann nicht eindringlich genug gefragt werden: Wer hilft uns hoffen?

### Wer hilft hoffen?

Letztlich antwortet darauf nur die Erinnerung an den, der der Hoffnung überhaupt zum Durchbruch verhalf und ihre Sache so sehr vertrat, dass ein urchristliches Wort von ihm sagen konnte: »Christus in euch – er ist die Hoffnung auf die Herrlichkeit« (Kol 1, 27). Zwar steigerte sich Nietzsche in seinem antichristlichen Affekt zu der Behauptung »erst von mir an gibt es wieder Hoffnungen«. Doch verstrickte er sich damit in einen fatalen Selbstwiderspruch, da er mit seiner Lehre von der ewigen Wiederkunft des Gleichen der Rückkehr zur hoffnungsfremden Antike das Wort redete. Denn diese brachte ihr Verhältnis zur Hoffnung nirgendwo krasser als im Mythos von der Büchse der Pandora zum Ausdruck, die als Bodensatz und damit als das schlimmste aller Übel die Hoffnung enthält. In dieser in sich selbst verschlossenen Welt stieß Jesus das Tor zur Hoffnung auf, indem er ihr anstelle ihres hoffnungslosen Kreisens in sich selbst ein Ziel gab, wie es dann Paulus, fast wie im Stil einer vorweggenommenen Evolutionstheorie, umschrieb. Der Vergänglichkeit unterworfen, liegt sie bis zur Stunde in Geburtswehen, jedoch beseelt von der Zuversicht, schließlich zur »herrlichen Freiheit der Gotteskinder« – für Paulus das Hochziel allen menschlichen Seins und Strebens – zu gelangen.

Zerrissen durch konfessionelle Konflikte hat das Christentum unbestreitbar schweres Leid über die Welt gebracht. Doch hat es gleichzeitig Unzähligen einen Lebensinhalt gegeben und der Menschheit zu größten Fortschritten verholfen. Mit seiner Botschaft von der Freiheit, Liebe und Geduld hat es den Grund für eine freiheitlich-demokratische – auf die Prinzipien der Liberalität, Solidarität und Toleranz gegründete – Lebensordnung gelegt. Mit seiner Erziehung zur Barmherzigkeit hat es Wärme in die hasserfüllte Welt seiner Vorgeschichte gebracht. Und mit seiner Lehre von der unantastbaren Würde des Menschen hat es den Menschenrechten Bahn gebrochen. Seine größte Vergünstigung besteht jedoch darin, dass es der Welt ein Hoffnungsziel gab und sie in der Hinwendung dazu aufatmen ließ.

### Hoffnung durch den Stifter

Für die Christenheit konkretisiert sich diese Hoffnung in der vom Zweiten Vaticanum bestärkten Zuversicht, dass sie, nicht zuletzt im Rahmen einer zusammenwachsenden Welt, nach Weisung ihres Stifters die Spaltung überwinden und zur Einheit in Glaube und Liebe zusammenfinden werde. Durch die Erneuerung des Alleinvertretungsanspruchs der katholischen Kirche erlitt die ökumenische Bestrebung jedoch einen folgenschweren Rückschlag, der wegen des damit verbundenen Hoffnungsverlustes eines Wortes der Klärung bedarf. Nach aller Erfahrung kann diese nur auf dem Weg einer Vorwärtsstrategie erzielt werden. Die weitgreifende Diskussion gilt eindeutig einer Frage der Lehre und damit der christlichen Wahrheit, die ihre dogmatische Ausformung durch Einbeziehung platonischer und aristotelischer Lehren erlangte und, wie nicht übersehen werden darf, aus dem Bestreben nach Abgrenzung von irrigen Lehrmeinungen hervorging. Von dieser christlichen Wahrheit ist aber sorgfältig die – viel zu wenig bedachte – Wahrheit Christi zu unterscheiden, die sich in Struktur und Vermittlung nachhaltig von der Erkenntniswahrheit unterscheidet. Denn diese besteht in einem Gefüge von wahren Geltungen und wird dem gemäß lehrhaft vermittelt. Dagegen ist die Wahrheit Christi antlitzhaft verfasst, sie leuchtet auf und teilt sich dem Rezipienten daher auf insinuativem Weg mit. Die aufgebrochene Krise sollte, um ihr einen positiven Sinn abzugewinnen, als Anlass genommen werden, sich von der christlichen Wahrheit, so wichtig sie ist, auf die im Antlitz Jesu aufscheinende und in ihm gegebene zurückzubesinnen.

Das hätte zweifellos zur Folge, dass der von Jesus ausgehende Hoffnungsimpuls neu begriffen würde. Denn der Ausblick in die Zukunft war für die Menschheit solange verhangen, als sie sich von Gott ebenso begünstigt wie bedroht fühlte, und um so mehr bedroht, als sie sich in ihren meist leidvollen Geschichtserfahrungen in sein Strafgericht gezogen sah. Im Antlitz und Wirken Jesu tritt ihr jedoch der entgegen, der es in einem Akt revolutionärer Kühnheit wagte, den aus Zutrauen und Angst gewobenen Schleier vom Bilde Gottes zu entfernen, der die Mauer der Unnahbarkeit Gottes durchstieß, der den Abgrund der Gottesferne überbrückte und Gott für die vor ihm zitternde Welt als den Inbegriff der bedingungslosen Liebe entdeckte. Im Blick auf ihn lichtete sich die verdüsterte Zukunft auf, so dass man ihr unerschrocken entgegensehen und zuversichtlich entgegengehen konnte. Doch was spricht dafür, dass man das auch heute, in dieser Stunde der Resignation und wachsenden Lebensangst, noch vermag?

## Hoffnung durch Einigung?

Mit der Eindringlichkeit eines epochalen Zeitzeichens spricht dafür das im Entstehen begriffene »Haus Europa«. Unter dem Eindruck der ungeheuren Ernte, die der Tod, vor allem in den beiden Weltkriegen, abgefahren hatte, zogen die Architekten dieses Hauses die einzig richtige Lehre aus der Geschichtserfahrung dieser Zeit, dass nun endlich ein Mit- und Füreinander an die Stelle der alten Rivalitäten und Konflikte treten müsse. Tatsächlich gehört es zu den größten Hoffnungszeichen der Gegenwart, dass die Völker, die sich in Jahrhunderte langen Raub- und Zerstörungskriegen zerfleischten, den Entschluss zur Einigung fassten und ihn durch die Schaffung der europäischen Institutionen und der gemeinsamen Währung in die Tat umsetzen. In Form eines politischen Faktums ersten Ranges widersprachen sie damit der pessimistischen Prognose Samuel Huntingtons vom drohenden Zusammenprall der Zivilisationen, die als eine Art Schattenbeschwörung dessen gelten kann, was im Fall der unterbliebenen Einigung zu befürchten gewesen wäre. Freilich wäre es nie zu dem verheißungsvollen Zusammenschluss gekommen, wenn es bei der deutschen Teilung geblieben wäre. Deshalb muss die durch einen Akt welthistorischer Einsicht und bewundernswerten Mutes herbeigeführte Wiedervereinigung als das die europäische Einigung besiegelnde Zeitzeichen gesehen und gewürdigt werden. Trotz aller noch so begrüßenswerten Initiativen ist das neue Europa aber immer noch mehr Utopie als bereits gesicherte Realität und darum mehr noch Aufgabe als bereits erreichtes Ziel. Was muss zur Festigung des bereits ins Werk gesetzten getan werden?

## Konsolidierung der Hoffnung

Das ist die Frage nach den Vorhaben, die im Interesse der Zukunftssicherung ins Auge gefasst und der Initiativen, die zum Ziel der Konsolidierung

der Hoffnung heute ergriffen werden müssen. Nichts bestätigt den Zwie-
spalt der bestehenden Situation so sehr wie die Tatsache, dass von der wichtigsten dieser Initiativen nur in Form eines Desiderats die Rede sein kann.
Wenn die biblische Diagnose – »ohne Hoffnung und ohne Gott« – recht
behält, müsste sich doch die gebündelte Kraft aller Religionen darauf richten, dem Andringen des ozeanischen Atheismus zu wehren und den Gottesglauben, besonders im europäischen Haus, zu festigen. Doch wie soll das ins
Werk gesetzt werden, solange unübersehbare Anzeichen dafür sprechen,
dass die Kirche sich der heraufdrohenden Gefahr weder bewusst ist noch
Anstalten zu ihrer Überwindung trifft! Intensiv um die Festigung des Dach-
firstes ihrer Architektur bemüht, scheint ihr zu entgehen, dass das tragende
Fundament wegzubrechen droht.

Wohl aber könnte etwas wesentliches im Vorfeld geschehen. Obwohl
das Wort »Heimat« derart verpönt ist, dass es kaum ein Politiker noch in
den Mund zu nehmen wagt, liegt doch Entscheidendes an der Entwicklung
eines gesellschaftlichen Zusammengehörigkeits- und Heimatgefühls. Und
das nicht zuletzt aus zu wenig bedachten religiösen Gründen. Denn das
wahre Subjekt des Gottesglaubens ist nach biblischen Verständnis nicht so
sehr der Einzelne als vielmehr die ihn tragende Gemeinschaft. Alles muss
daher daran gesetzt werden, die noch fortbestehenden Schranken zwischen
den im europäischen Haus Zusammenwohnenden abzubauen, Diskrimi-
nierungen wie die kaum erst überwundene Österreichs auszuschließen
und statt dessen das Gefühl der Zusammengehörigkeit und der gemeinsamen Verantwortung zu wecken. Denn der immer wieder drohenden Zersplitterung und neuer Verfeindung kann wirksam nur durch eine Kultur der
Verständigung und Solidarität begegnet werden.

Das aber müsste zusätzlich durch Bemühungen unterstützt werden, die
den Bewohnern des europäischen Hauses, zusammen mit dem Gefühl der
Geborgenheit das der Sicherheit und geborgener Lebensverhältnisse vermitteln. Denn nichts untergräbt die Menschlichkeit so sehr und nichts leistet,
wie die Geschichte beweist, der Unmenschlichkeit so sehr Vorschub wie die
Lebensangst, die, wie Jaspers am Vorabend der deutschen Katastrophe
(1931) bemerkte, zum unheimlichen Begleiter gerade des modernen Menschen geworden ist. Das aber setzt ebenso eine Erziehung zu mehr Menschlichkeit wie eine Abkehr von der verbreiteten Einstellung voraus, die den
Satz des Evangeliums, wonach der Mensch »nicht allein vom Brot« lebt, auf
den Kopf stellt und alles – bis in die von Börsenkursen eingenommenen
Nachrichtensendungen – auf ein hemmungsloses Gewinnstreben abstellt.

### Schritte nach vorn

Wenn das nicht bloßes Wunschdenken bleiben soll, müssen Voraussetzungen dafür geschaffen und Wege der Konkretisierung gebahnt werden. Am Anfang dessen müsste die Dankbarkeit gegenüber denen stehen, die die flüchtige Gunst der Stunde genutzt und sowohl den europäischen Zusammenschluss wie die deutsche Wiedervereinigung ins Werk gesetzt haben. Sie haben damit eine Utopie realisiert und ein Hoffnungszeichen erster Ordnung aufgerichtet. Dieser Dank kann aber in nichts besserem als in dem Versuch bestehen, das Entstandene zu festigen und auf eine tragfähige Grundlage zu stellen. Nach dem Durchgang durch die Höllen der beiden Diktaturen muss jedem Einsichtigen klar sein, dass dieses Fundament nur in den Prinzipien der Liberalität, der Solidarität und der Toleranz bestehen kann. Einem verbreiteten Irrtum zu Folge sind diese Prinzipien Errungenschaften der Aufklärung. Ihr verdanken sie zwar ihre Universalisierung und weltweite Anerkennung; doch sind sie, wie niemand besser als Lessing, der Vater des Toleranzgedankens, wusste, ihrer ursprünglichen Herkunft nach Geschenke des Christentums an eine von Unfreiheit, Feindschaft und Hass verdunkelte Welt.

Wenn die Jugend, der das entstehende Haus gehören wird, für diese Ziele gewonnen werden soll, muss mit allen Mitteln der Überzeugung und Überredung versucht werden, ihr das als leuchtendes Strebeziel vor Augen zu stellen. Das kann nur in Form einer Anfrage an die Wissenschaft und Kunst dieser Zeit gesagt werden. Warum fand Beethoven unter den bedrückenden Verhältnissen der Restauration die Kraft, die Menschen seiner Zeit im Aufblick »zum Vater überm Sternenzelt« mit der Verheißung »alle Menschen werden Brüder« zu Solidarität und Verbundenheit aufzurufen, und warum ergeht sich die heutige Kunst, unbeeindruckt von den gerade dieser Stunde gegebenen Zeitzeichen, fast nur in Beschwörungen des Verfalls und Niedergangs? Und warum sah sich Novalis am Vorabend der napoleonischen Kriege bewogen, in seinem Essay »Die Christenheit oder Europa« ein geradezu visionäres Zielbild des europäischen Gemeinschaft zu entwerfen, während die Welt noch immer – und wohl vergebens – auf eine philosophische, theologische oder künstlerische Würdigung der Wende von 1989 wartet, die doch das Ende des lähmenden Ost-West-Konflikts, die Unzähligen die jahrzehntelang entbehrte Freiheit und die den Deutschen das Himmelsgeschenk der Wiedervereinigung gebracht hatte? Da sich Inspirationserlebnisse nicht herbeireden lassen, müsste sich die

Politik dazu aufgerufen fühlen, in die Bresche zu springen und vor allem der Jugend deutlich zu machen, dass es sich lohnt, im Interesse der Stabilisierung des entstehenden Hauses sich für die sein Gefüge tragenden Prinzipien einzusetzen. Denn die Freiheit wird nur all zu rasch verspielt, wenn sie nicht in ihrem unschätzbaren Wert gewürdigt und gegen alle Tendenzen zur Etablierung neuer Sklaverei, nicht zuletzt in Gestalt der modernen Medien, verteidigt wird. Ebenso kann nur konsequente Rücksicht auf die Schwachen und bewusste Zuwendung zu den »Erniedrigten und Beleidigten« (Dostojewskij) die heutige Lebenswelt davor bewahren, sich in eine von Rücksichtslosigkeit und Selbstsucht bestimmte Kältehölle zu verwandeln. Vor allem aber wird nur eine als menschlicher Kraftakt begriffene und durchgehaltene Toleranz den sonst zu befürchtenden »Crash« der Zivilisationen und Religionen verhindern können.

Zweifellos kommt das der Etablierung eines Ideals in einer Zeit gleich, die nach dem Urteil wacher Beobachter im Zeichen eines unsichtbaren Bildersturms steht. Doch die Psychologie tritt nun einmal dafür ein, dass nichts einen Menschen so wirksam der Lethargie entreißt und zur Freisetzung seiner schlummernden Energien bewegt wie ein von ihm als Hochbild seines Strebens erfasstes Ziel. Deshalb sollte keiner, dem die Zukunft der europäischen Heimat am Herzen liegt, in dem Bemühen nachlassen, auf die Errichtung dieses Hochbilds hinzuarbeiten.

### Hoffnungsträger

Unwillkürlich richtet sich der suchende Blick am Ende solcher Überlegungen auf Hoffnungsträger in dieser trotz aller Vergünstigungen so hoffnungsarmen Zeit. Mit gutem Grund heftet sich dieser Blick auf den Jubilar, dem diese Festschrift gilt. Bischof Hermann Josef Spital ragt aus der deutschen Bischofskonferenz als eine Persönlichkeit von Mut, Weitblick, Kirchentreue und Menschlichkeit hervor, in der sich theologische Einsicht mit seelsorglichem Engagement beispielhaft verbinden. Für seine wache Beobachtung des Zeitgeschehens spricht nicht zuletzt die durch seine Tätigkeit als Medienbischof dokumentierte Erkenntnis der schicksalhaften Bedeutung, die den Medien für den Fortgang der gesellschaftlichen, kirchlichen und menschlichen Verhältnisse zukommt. Nicht umsonst setzt er der von den Medien ausgehenden Erosion seine theologisch fundierte Spiritualität entgegen, die ihre inspirierende Mitte in dem Gott hat, der der Menschheit in Christus sein liebendes Antlitz zuwandte und sich von dem, der ihn sucht, »erfahren lässt«. Er wird, daran ist kein Zweifel, als Vorbildsgestalt in die Geschichte der deutschen Kirche eingehen. Wer das Glück hatte, ihn persönlich kennen zu lernen, wird sich eingestehen müssen, belehrt, bereichert und ermutigt aus der Begegnung mit ihm hervorgegangen zu sein. Vor allem aber ist ihm dafür zu danken, dass er sich in dieser Zeit der Resignation als ein Bischof erwies, von dem Hoffnungsimpulse ausgehen. So ist er die persönliche Verifizierung dessen, was die vorausgehenden Überlegungen zu verdeutlichen suchten.

# Autorenverzeichnis

Eugen Biser (München)
Jahrgang 1918, langjährige Tätigkeit als Religionslehrer, theologische Promotion 1956, philosophische Promotion 1961, Habilitation 1965. 1965–1969 Professor für Fundamentaltheologie an der Universität in Passau, dann in Würzburg. 1974–1986 Ordinarius für Christliche Weltanschauung und Religionsphilosophie an der Universität München. Seit 1987 Direktor des dortigen »Zentrums Seniorenstudium«. Dekan der Klasse VII (Weltreligionen) der Europäischen Akademie für Wissenschaft und Kunst in Salzburg sowie korrespondierendes Mitglied der Heidelberger Akademie der Wissenschaften.

Bischof Franz-Josef Bode (Osnabrück)
Jahrgang 1951, Studium der Theologie und Philosophie. 1975 Priesterweihe und mehrjährige Seelsorgetätigkeit im Erzbistum Paderborn. Anschließend Präfekt im Erzbischöflichen Theologenkonvikt. 1986 Promotion zum Dr. theol., anschließend weitere Seelsorgetätigkeit. 1991–1995 Weihbischof im Erzbistum Paderborn. 1995 Ernennung zum Bischof von Osnabrück. 1996 innerhalb der Deutschen Bischofskonferenz Wahl zum Vorsitzenden der Jugendkommission. Darüber hinaus u. a. Mitglied der Publizistischen Kommission der Deutschen Bischofskonferenz.

Klaus Driever (Augsburg)
Jahrgang 1965, nach einem Voluntariat Studium der Politik, Geschichte und Jura. 1989–1998 verschiedene Tätigkeiten als Chefredakteur bei »Hochschulreport«, »Uni-online/Burda«, »ProSieben Online«, »ProSieben Digital Media«. Seit 1998 Direktor »New Media« im Weltbild-Verlag und Geschäftsführer der Booxtra GmbH (Augsburg).

## Gernot Facius (Wachtberg)

Jahrgang 1942, arbeitet seit 1976 bei der überregionalen Tageszeitung »Die Welt« als Politik-, Meinungs- und Medienredakteur sowie stellvertretender Chefredakteur. Zur Zeit Autor der Zeitung in Bonn. Unter anderem stellvertretender Vorsitzender der Stiftervereinigung der Presse e. V., Mitglied der Jury des Theodor-Wolff-Preises und des Katholischen Journalistenpreises der Deutschen Bischofskonferenz.

## Erzbischof John Patrick Foley (Rom)

Jahrgang 1935, in Philadelphia/USA geboren. 1962 Priesterweihe; 1963–1965 Korrespondent in Rom und Promotion zum Dr. phil. 1966 Master's Degree in Journalismus (Columbia University in New York); ab 1967 Redakteur bzw. Chefredakteur (1970) der Wochenzeitung und gleichzeitig Professor für Philosophie am Priesterseminar der Erzdiözese Philadelphia. 1981–1984 Vizepräsident der »Catholic Press Association« der USA und Kanadas. 1984 Ernennung zum Präsidenten der (damaligen) Päpstlichen Kommission (seit 1988 Rat) für die Sozialen Kommunikationsmittel und Bischofsweihe. Seit 1994 auch Mitglied des Päpstlichen Rates für die Kultur.

## Ulrich Gregor (Berlin)

Jahrgang 1932, Studium der Physik, Philosophie, Romanistik und Zeitungswissenschaft. Zahlreiche journalistische Tätigkeiten besonders im Filmbereich. 1963 Gründung der »Freunde der Deutschen Kinemathek«, ab 1966 Dozent für Filmgeschichte und Filmtheorie an der Deutschen Film- und Fernsehakademie Berlin. Seit 1971 Leitung des »Internationalen Forums des Jungen Films« der Berliner Filmfestspiele.

## Ulrich Harbecke (Köln)

Jahrgang 1943, Studium der Theaterwissenschaft, Musikwissenschaft, Kunstgeschichte und Geschichte, 1969 Promotion zum Dr. phil. Ab 1970 freier Mitarbeiter und Moderator beim Westdeutschen Rundfunk, zahlreiche Reportagen. Seit 1976 Redakteur für Geschichte/Politik und Musik im Schulfernsehen. Seit 1994 Leiter der Programmgruppe Religion/Philosophie im Programmbereich »Kultur und Wissenschaft«.

## René Heinersdorff (Düsseldorf)

Jahrgang 1963, Schauspieler und Regisseur. Mitglied der Direktionen des Kölner Theater am Dom und der Münchener Kleinen Komödie am Max II.

Leitet das Düsseldorfer Theater an der Kö. Inszenierte und spielte in über 50 Komödien an deutschen Bühnen und inszenierte »Sit-Comedies« und »Comedy-Shows« für das deutsche Fernsehen.

### Karsten Henning (Bonn)

Jahrgang 1957, Diplomreligionspädagoge und Medienpädagoge. Zunächst Religionslehrer an Gewerblichen Berufsschulen, dann medienpädagogischer Referent bei der Fachstelle für Medienarbeit der Diözese Rottenburg-Stuttgart. Seit 1989 Leiter des Referats AV-Medien in der Zentralstelle Medien der Deutschen Bischofskonferenz mit den Schwerpunkten Kurzfilm und Multimedia.

### Wilm Herlyn (Hamburg)

Jahrgang 1945, Studium der Philosophie, Geschichte und Politikwissenschaft, Promotion zum Dr. phil. 1971 Voluntariat bei der Tageszeitung »Welt«, anschließend Redakteurstätigkeit. 1977 Chef vom Dienst, 1980 Leitung des Korrespondentenbüros Nordrhein-Westfalen, 1987 erste stellvertretender Chefredakteur der Tageszeitung »Rheinische Post«, seit 1991 Chefredakteur »Deutsche Presse-Agentur«, Hamburg.

### David Hober (Bonn)

Jahrgang 1964, Dr. theol., studierte nach einer Schauspielausbildung und mehreren Engagements an verschiedenen Bühnen, Arbeiten für das Fernsehen, Hörfunk und Synchron Katholische Theologie in Bonn. Seit 1996 Dozent für Praktische Rhetorik am Priesterseminar Köln und seit 1998 Leiter des Referats Rundfunk (Hörfunk/Fernsehen) in der Zentralstelle Medien der Deutschen Bischofskonferenz.

### Reiner Hochstein (†; Ludwigshafen)

Jahrgang 1940, gestorben am 7. September 2000. Promotion zum Dr. jur.; 1974–1987 Leiter des Referats Medienrecht in der Staatskanzlei Nordrhein-Westfalen. Seit 1987 Direktor der Landeszentrale für private Rundfunkveranstalter (LPR) Rheinland-Pfalz.

### Reinhold Jacobi (Bonn)

Jahrgang 1941, Dr. phil., 1970–1972 Wissenschaftlicher Referent im Cusanuswerk; 1973–1978 Direktor der Katholischen Akademie Schwerte (Ruhr); 1978–1988 Referent für Film/Audiovisuelle Medien in der Zentralstelle Medien der Deutschen Bischofskonferenz, 1988–1992 Referent für Hörfunk und Fernsehen, seit 1992 Leiter der Zentralstelle und Sekretär der Publizistischen Kommission der Deutschen Bischofskonferenz.

### Norbert Kebekus (Freiburg)
Jahrgang 1958, Dr. theol., Studium der katholischen Theologie und Promotion in Münster. Referent für Gemeindepastoral und den Bereich »Pastoral und Internet« im Erzbischöflichen Seelsorgeamt Freiburg. Seit 1998 Internet-Seelsorger.

### Matthias Kopp (Bonn)
Jahrgang 1968, Theologe, Archäologe, Journalist. 1993 bis 1997 zunächst freier Mitarbeiter dann Redakteur bei Radio Vatikan. Seit 1997 Leiter des Referats Presse/Verlagswesen in der Zentralstelle Medien der Deutschen Bischofskonferenz und Geschäftsführer des Katholischen Kinder- und Jugendbuchpreises. Seit 1999 Vorstandsmitglied der Gesellschaft Katholischer Publizisten und Mitglied im Zentralkomitee der Deutschen Katholiken.

### Gernot Lehr (Bonn/Hamburg)
Jahrgang 1957, Studium der Rechtswissenschaften und der Volkswirtschaft. 1986 Zweites juristisches Staatsexamen. 1981–1985 Mitarbeiter am Lehrstuhl für Kirchenrecht und öffentliches Recht der Universität Bonn, 1986 Mitarbeit im Justitiariat einer Rundfunkanstalt. 1987 Eintritt als Rechtsanwalt in die Anwaltssozietät Redeker Schön Dahs & Sellner. Berater der Publizistischen Kommission der Deutschen Bischofskonferenz.

### Klaus Müller (Münster)
Jahrgang 1955, Studium der katholischen Theologie und Philosophie in Regensburg, München, Freiburg und Rom (Promotion zum Dr. theol.). 1984 Priesterweihe und mehrjährige Seelsorgetätigkeit im Bistum Regensburg. 1992 Lehrbeauftragter für Homiletik an der Universität Regensburg, 1994 Habilitation in Freiburg i. Br. Seit 1996 Professor und Direktor des Seminars für »Philosophische Grundfragen der Theologie« an der Universität Münster.

### Rolf Pitsch (Bonn)
Jahrgang 1957, Studium der Germanistik, Publizistik, Buch-, Schrift- und Druckwesen. Journalistische Ausbildung und Berufstätigkeit bis 1987, dann

Leiter des Referats Presse/Verlagswesen in der Zentralstelle Medien der Deutschen Bischofskonferenz und Geschäftsführer des Katholischen Kinder- und Jugendbuchpreises. Seit 1996 Direktor des Borromäusvereins und Vorstandsmitglied in der »Stiftung Lesen«.

### Markus Schächter (Mainz)

Jahrgang 1949, Studium der Geschichte, Politologie, Publizistik und Religion. Zunächst freie journalistische Tätigkeit. 1977–1981 Pressesprecher des Kultusministeriums Rheinland-Pfalz. Seit 1981 beim Zweiten Deutschen Fernsehen (ZDF). Unter anderem Referent des Programmdirektors, Leiter der ZDF-Redaktion »Kultur und Gesellschaft«, Leiter der ZDF-Redaktion »Kinder und Jugend«, 1993–1998 Leiter der ZDF-Hauptabteilung Programmplanung. Seit 1998 Programmdirektor des ZDF.

### Martin Thull (Köln)

Jahrgang 1948, Dr. phil. Nach dem Studium der Germanistik, katholischen Theologie und Pädagogik, Promotion in Erziehungswissenschaften. Anschließend Voluntariat bei der Kölnischen/Bonner Rundschau, dann über zehn Jahre in verschiedenen Funktionen tätig, unter anderem als Redakteur der Katholischen Nachrichtenagentur. 1990–2001 Leiter des Katholischen Instituts für Medieninformation (KIM) in Köln, in dem film-dienst, Fernsehdienst und Funkkorrespondenz erscheinen. Ab Sommer 2001 Geschäftsführer in der Aachener Verlagsgesellschaft mbH (AVG).

### Arnim Töpel (Walldorf)

Jahrgang 1959, gelernter Jurist und Träger des Deutschen Kleinkunstpreises. Durch die Talksendung »Talk mit Töpel« beim SWR einem breiten Publikum bekannt geworden. Tourt mit eigenem Programm und Klavier bundesweit durch die deutsche Kleinkunstszene.

### Rainer Steib (Stuttgart)

Jahrgang 1963, Journalist und Theologe. Nach ersten Jahren Berufserfahrung als Religionslehrer Referent für katholische Religion am Institut für Film und Bild in Wissenschaft und Unterricht in München (FWU). Dann Referent für Medienpädagogik und Mediendidaktik im Bistum Rottenburg-Stuttgart, seit 1994 Leiter der dortigen Fachstelle.

Michael Verhoeven (München)
Jahrgang 1938, Medizinstudium mit Abschluss 1966 in München. Seit 1953 erste Berührungen mit dem Film. Seit den 60er Jahren Realisierung für Fernsehen und Kino mit der eigenen Produktionsfirma »Sentana«. Herausragende Produktionen und Oscarnominierung 1990 und dem »Silbernen Bären« in Berlin. Neben zahlreichen Auftragsproduktionen für das Fernsehen kontinuierliche Arbeit an Kinoproduktionen.

Klaus Wessely (Graz)
Jahrgang 1965, Agraringenieur, 1995 Promotion zum Dr. theol. Lehrtätigkeit im Bereich Theologie und Film bzw. Theologie und Neue Medien an den Universitäten Graz, Innsbruck, Dresden und Little Rock (USA). Derzeit wissenschaftlicher Mitarbeiter am Lehrstuhl für Fundamentaltheologie an der Universität in Graz.

Matthias Wörther (München)
Jahrgang 1955, studierte Germanistik und Theologie, Promotion zum Dr. theol. Zunächst als Gymnasiallehrer tätig, seit 1986 Referent für Medienpädagogik bei der Fachstelle »medien und kommunikation« im Erzbistum München-Freising; Mitglied der katholischen Filmkommission.

Wolfgang Wunden (Stuttgart)
Jahrgang 1942, Dr. theol. Seit 1998 Leiter des Bereichs »Unternehmensstrategie« in der Unternehmensplanung des Südwestrundfunks (SWR) in Stuttgart. Mitgründer und Mitglied der »Gesellschaft für Medienpädagogik und Kommunikationskultur« (GMK) sowie des »Netzwerk Medienethik«.

Reinhold Zwick (Freiburg)
Jahrgang 1954, Studium der katholischen Theologie und Germanistik, Promotion zum Dr. theol., anschließend Habilitation. Bis 1996 Assistent am Lehrstuhl für »Biblische Theologie« an der Universität Regensburg, seitdem Professor für Alt- und Neutestamentliche Exegese an der Katholischen Fachhochschule Freiburg i. Br. Mitglied der Katholischen Filmkommission für Deutschland.